构建事业单位人事管理的完整体系
提供事业单位人事管理问题的解决方案

弗布克事业单位规范化管理系列

（第2版）

事业单位人力资源管理工作手册

周鸿 编著

中国劳动社会保障出版社

图书在版编目(CIP)数据

事业单位人力资源管理工作手册/周鸿编著. — 2版. — 北京：中国劳动社会保障出版社，2018
ISBN 978-7-5167-3385-1

Ⅰ.①事… Ⅱ.①周… Ⅲ.①行政事业单位-劳动力资源-资源管理-中国-手册 Ⅳ.①D630.3-62

中国版本图书馆CIP数据核字(2018)第046479号

中国劳动社会保障出版社出版发行
(北京市惠新东街1号 邮政编码：100029)

*

保定市中画美凯印刷有限公司印刷装订　　新华书店经销

787毫米×1092毫米　16开本　14.5印张　279千字
2018年4月第2版　2018年4月第1次印刷
定价：45.00元

读者服务部电话：(010)64929211/84209103/84626437
营销部电话：(010)84414641
出版社网址：http://www.class.com.cn

版权专有　　侵权必究
如有印装差错，请与本社联系调换；(010)50948191
我社将与版权执法机关配合，大力打击盗印、销售和使用盗版
图书活动，敬请广大读者协助举报，经查实将给予举报者奖励。
举报电话：(010)64954652

前 言

事业单位的人力资源管理工作在遵守国家有关人事政策的同时，如何构建自己的实务化管理体系？如何借鉴企业人力资源管理的6大模块将人力资源管理工作落到实处？事业单位的绩效考核和激励制度该如何设计？事业单位的人才结构和培训体系该如何建立？

对于事业单位人力资源管理的这些具体问题，我们首次摒弃了理论的探讨，从实践和操作的层面，试图通过设计、范例、工具、图表、流程、制度、方案、细则、规范、办法，将这些问题一一落实，给出了具有可操作性的整体解决方案。

本书主要以学校、医院、科研所、文化团体4类事业单位为主体，从人力资源管理的6大模块出发，详细设计了事业单位的人力资源规划、职位说明书设计、人才招聘与录用、人员培训体系设计、薪酬福利体系设计、绩效考核体系设计、员工岗位异动管理、员工关系管理等实操性内容。

实用性、范例性、工具性是本书的3大突出特点。

1. **实用性**

本书从实践的角度，以具体的工具、方法、方案、细则、规范等，**全方位阐述了事业单位人力资源管理的8大主要工作事项**，对于事业单位的人力资源管理者来说，可以**拿来即用**或**改后即用**，非常方便实用。

2. **范例性**

在本书中，我们将具有可操作性以及可以在实践层面上提高组织效率的管理实务工具和解决方案，用**制度范例、工具表单和工作流程**的形式表现出来。这些**简单易用**的工具为事业单位人力资源管理工作提供了可参照执行的**范例**，读者可根据所在组织的实际情况进行调整，使之更适用于本单位的实际情况。

3. **工具性**

本书可以作为事业单位人力资源管理工作者的案头手册、工作手册、工具书，方便查找，易于参照。

在本书编写的过程中，孙立宏、邹霞负责资料的收集和整理，毕汪峰、贾月负责全书图表的编排，李艳负责修订本书的第一章，郭蓉负责修订本书的第二章，王海燕负责修订本书的第三章，王晓春负责修订本书的第四章，唐丽颖负责修订本书的第五章，朱恒峰负责修订本书的第六章，姜农娟参与编写本书的第七章，郭学利参与编写本书的第八章，全书由周鸿统撰定稿。

目 录

第一章 事业单位人力资源规划 ... 1

第一节 定编定员管理 ... 2
一、定编定员标准 ... 2
二、定编定员 ... 2

第二节 人力资源规划 ... 4
一、人力资源需求预测 ... 4
二、人力资源供给预测 ... 7
三、人力资源规划案例 ... 10

第三节 人力资源规划工具 ... 13
一、人员需求预测工具 ... 13
二、人员供给预测工具 ... 15
三、人力资源规划方案范例 ... 17

第二章 事业单位职位说明书设计 ... 19

第一节 事业单位岗位设置与评价 ... 20
一、岗位设置 ... 20
二、岗位评价 ... 24

第二节 事业单位岗位说明书编制 ... 26
一、岗位说明书的编写 ... 26
二、学校岗位说明书范例 ... 27
三、医院岗位说明书范例 ... 49
四、科研所岗位说明书范例 ... 77
五、图书馆岗位说明书范例 ... 81

第三章 事业单位人才招聘与录用 ... 83

第一节 事业单位人才招聘录用管理 ... 84

一、人才招聘工作准备 …………………………………………………… 84
　　二、人才招聘工作流程 …………………………………………………… 86
　　三、人才招聘工作制度 …………………………………………………… 87
　　四、学校公开招聘工作人员暂行规定范例 ……………………………… 87
　　五、医院专业技术人员竞聘办法范例 …………………………………… 89
　第二节　管理岗位人才招聘与录用 …………………………………………… 90
　　一、招聘计划编制与申报 ………………………………………………… 90
　　二、招聘方式与招聘渠道 ………………………………………………… 90
　　三、人才招聘考试与考核 ………………………………………………… 91
　　四、人才招聘公示与录用 ………………………………………………… 94
　第三节　专业技术岗位人才招聘与录用 ……………………………………… 95
　　一、学校专业技术岗位人才招聘录用管理 ……………………………… 95
　　二、医院专业技术岗位人才招聘录用管理 ……………………………… 98
　　三、科研单位专业技术岗位人才招聘录用管理 ………………………… 104
　　四、文化团体专业技术岗位人才招聘录用管理 ………………………… 106
　第四节　工勤技能岗位人才招聘与录用 ……………………………………… 108
　　一、工勤技能岗位招聘渠道 ……………………………………………… 108
　　二、工勤技能岗位招聘管理 ……………………………………………… 108
　第五节　事业单位领导干部选拔与任用 ……………………………………… 111
　　一、学校党政领导干部选拔任用工作办法范例 ………………………… 111
　　二、医院处级干部选拔任用工作实施方案范例 ………………………… 115
　　三、政务服务中心干部选拔任用工作实施方案范例 …………………… 117

第四章　事业单位人员培训体系设计 …………………………………………… 121

　第一节　培训体系设计 ………………………………………………………… 122
　　一、培训需求分析 ………………………………………………………… 122
　　二、培训课程设计 ………………………………………………………… 124
　　三、培训效果评估 ………………………………………………………… 125
　　四、培训经费管理 ………………………………………………………… 126
　第二节　培训内容设置 ………………………………………………………… 126
　　一、管理岗位人员培训内容设置 ………………………………………… 126
　　二、专业技术岗位培训内容设置 ………………………………………… 128
　　三、工勤技能岗位培训内容设置 ………………………………………… 133

第五章 事业单位人员薪酬福利体系设计 ……………………………… 137

第一节 事业单位人员薪酬组成 …………………………………… 138
一、岗位薪酬设计 ……………………………………………… 138
二、薪级薪酬设计 ……………………………………………… 140
三、绩效薪酬设计 ……………………………………………… 140
四、津贴补贴设计 ……………………………………………… 140
五、事业单位人员薪酬调整 …………………………………… 142
六、事业单位新聘用人员薪酬待遇 …………………………… 143

第二节 事业单位人员福利项目 …………………………………… 144
一、常见福利项目 ……………………………………………… 144
二、福利基金管理 ……………………………………………… 147

第三节 事业单位福利设施管理 …………………………………… 148
一、福利设施项目 ……………………………………………… 148
二、学校食堂管理制度范例 …………………………………… 148
三、科研所职工宿舍管理办法范例 …………………………… 150

第六章 事业单位绩效考核体系设计 …………………………………… 153

第一节 绩效考核体系设计 ………………………………………… 154
一、事业单位绩效考核方法 …………………………………… 154
二、管理岗位绩效考核设计 …………………………………… 156
三、专业技术岗位绩效考核设计 ……………………………… 161
四、工勤技能岗位绩效考核设计 ……………………………… 174

第二节 奖惩制度设计 ……………………………………………… 176
一、学校奖惩制度设计范例 …………………………………… 176
二、医院奖惩制度设计范例 …………………………………… 180
三、研究所奖惩制度设计范例 ………………………………… 183

第七章 事业单位员工岗位异动管理 …………………………………… 185

第一节 员工职业发展规划 ………………………………………… 186
一、员工职业发展规划内容 …………………………………… 186
二、员工职业发展规划方案范例 ……………………………… 187
三、职业发展通道设计 ………………………………………… 189

第二节　人员晋升设计 ... 191
一、人员晋升考核制度范例 ... 191
二、人员晋升推荐制度范例 ... 194
三、人员职级评定、晋升管理办法范例 ... 195
四、人员晋升管理流程 ... 198

第三节　员工调动与离退管理 ... 199
一、人员调动管理制度范例 ... 199
二、在编员工辞职管理办法范例 ... 201
三、在编员工退休管理规定范例 ... 203
四、员工离退交接管理办法范例 ... 204

第八章　事业单位员工关系管理 ... 207

第一节　员工行为纪律规范 ... 208
一、教职工日常行为规范范例 ... 208
二、医务人员日常行为规范范例 ... 209
三、科研所职工日常行为规范范例 ... 210
四、公共图书馆管理人员工作纪律规定范例 ... 211
五、事业单位节假日值班管理规定范例 ... 212

第二节　劳动关系管理 ... 213
一、聘用合同 ... 213
二、劳动合同 ... 216
三、劳动争议处理 ... 216

第三节　人事档案管理 ... 217
一、人事档案管理岗位职责 ... 217
二、学校人事档案管理办法范例 ... 218
三、人事档案保管制度范例 ... 219

第四节　职业健康与劳动保护管理 ... 220
一、职业安全健康管理 ... 220
二、教职工劳动防护用品管理规定范例 ... 222
三、实验室劳动保护用品管理规定范例 ... 223

第一章

事业单位人力资源规划

事业单位人力资源管理
工作手册

第一节 定编定员管理

一、定编定员标准

定岗定编是确定岗位和确定岗位编制的合称。前者是设计组织中承担具体工作的岗位，后者是设计从事某个岗位的人数。而定编定员就是采取一定的程序和科学的方法，对确定的岗位进行各类人员的数量及素质配备。

定编定员标准是指在一定的生产技术组织条件下，为企业生产或工作岗位、设备或工种以及群体等规定的人员配备的数量界限，主要有单位用工标准和服务比例标准两种形式，如图1—1所示。

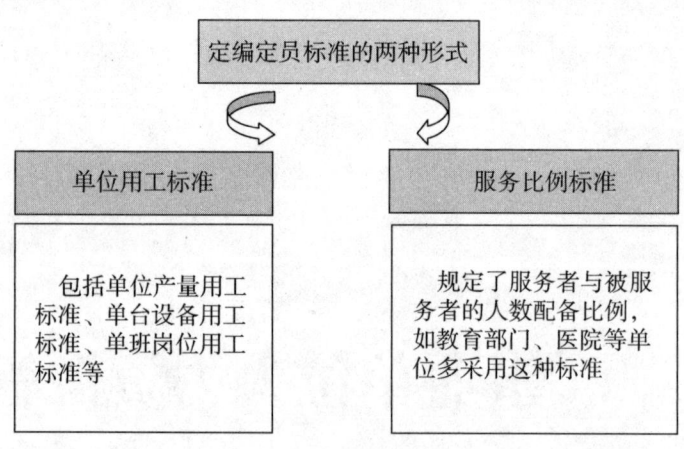

图1—1 定编定员标准的两种形式

二、定编定员

定编定员是事业单位人员管理的主要内容之一，也是事业单位管理的重要组成部分。正确合理地进行定编定员管理，对保证事业单位各项功能的充分发挥、推动各项任务的圆满完成、促进事业单位的良性发展，均有着十分重要的意义。具体来说，其作用表现在以下四个方面。

1. 定编定员管理为事业单位合理配备各部门各类人员提供可靠的依据。
2. 定编定员管理为事业单位编制人力资源计划提供准确的数据与依据。
3. 定编定员管理可以为事业单位不断挖掘人才，为员工合理定位，做到人与事的合理配置。

4. 定编定员管理为调整组织架构和职位设计提供可靠依据。

（一）定编定员的原则

实施事业单位定编定员管理的目的，是为了实现事业单位的教育、科技、文化、卫生等社会服务功能，完成事业单位所承担的各项工作任务，最大程度地满足服务对象的要求，保证事业单位的常态运行。在进行事业单位定编定员工作时，应遵循以下原则。

1. 服务于事业单位经营发展战略、以实现单位经营目标为中心的原则

2. 保证事业单位运作快捷、有效、精简、节约的原则

3. 促进单位持续发展、各类人员配置合理和各种结构比例优化的原则

4. 实现定编定员动态管理的原则

5. 人员编制形式多元化的原则

（二）定编定员的依据

事业单位定编定员主要依据 5 个要素，见表 1—1。

表 1—1　　　　　　　　事业单位定编定员的依据及相关说明

定编定员的依据	相关说明
国家和各级政府主管部门的编制标准	1. 如《事业单位岗位设置管理试行办法》中规定："人事部会同有关行业主管部门制定有关行业事业单位岗位设置管理的指导意见" 2. 如《河南省事业单位机构编制管理办法》中规定"核定事业单位内设机构领导职数：编制数额在 5 名以下的，核定 1 职；编制数额在 6～10 名的，核定 2 职；编制数额在 11 名以上的，核定 3 职" 3. 如《医院管理评价指南》中规定："病房护士与床位比至少达到 0.4∶1，重症监护室护士与床位比达到（2.5～3）∶1，医院护士总数至少达到卫生技术人员数量的 50%"

续表

定编定员的依据	相关说明
单位规模效应	根据事业单位业务特点、单位规模的大小等决定定编定员数量
工作量的多少与工作职责任务的轻重	在定编定员工作中可能对出现一个职位的工作量需要多人完成，也可能会一个人承担多个职位的工作及职位职责任务，在进行编制时均需要予以考虑
重点科室建设	根据事业单位经营发展战略需要，在考虑重点科室建设时，要给予一定的标准权重
单位工作产出效益	—

（三）定编定员的方法

根据事业单位经营的特点和性质，进行定编定员时要根据岗位工作效能需求、人员素质要求、工作职责要求、总体成本预算、具体成本限制，同时结合政策环境、社会发展状况、历史水平、同行水平、组织资源、技术条件选择合适的定编定员方法。

定编定员的方法及其说明见表1—2。

表1—2　　　　　　　　　定编定员的方法及其说明

方法	说明
劳动效率定编法	根据生产任务和职工的劳动效率以及出勤等因素来计算岗位人数的一种定编方法，适用于事业单位中劳动定额的人员
比例定员法	以专业技术人员数量与专业技术相关的某一类事物总数之比为基础，类推各类人员比例数
设备定员法	以专业技术人员数量和工作量与设备使用频率之比以及班次数等为基础，来推算定员人数
备注：专业技术工作人员和管理人员中不同等级人员的比例人数的定员方法，可以根据其职责和工作量，参照效率定员和岗位定员计算法进行估算	

第二节　人力资源规划

一、人力资源需求预测

（一）人力资源需求预测的影响因素

在进行人力资源需求预测时，影响人力资源需求数量和构成的因素主要有如图1—2所示的两大方面。

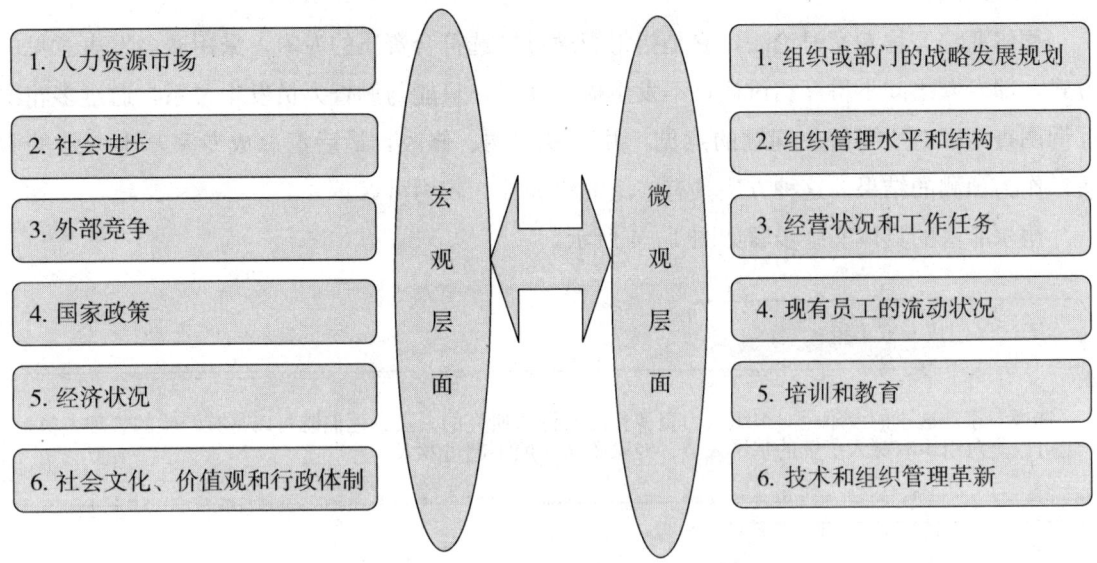

图1—2 人力资源需求预测的影响因素

(二) 人力资源需求预测的方法

1. 经验预测法

"经验预测法"指组织内的管理人员凭借个人的经验和直觉,对组织未来的人力资源需求进行预测,分为"自下而上"和"自上而下"两种方式,如图1—3所示。

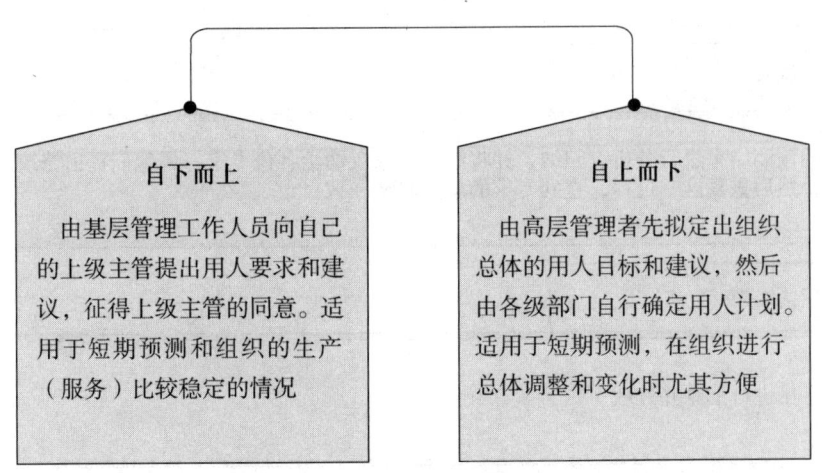

图1—3 经验预测法

2. 德尔菲法

德尔菲法又称专家讨论法，它是指组织通过挑选符合资质的专家，采用匿名发表意见的方式，即专家之间不得互相讨论，不发生横向联系，只能与调查人员发生关系，通过多轮次征询调查专家对所要解决问题的意见，并反复归纳、修改，最后汇总成专家基本一致的看法，作为预测的结果。这种方法具有广泛的代表性，较为可靠。

德尔菲法的具体实施步骤如图 1—4 所示。

第1步　组成专家小组

选择专家，这里的专家是对组织人力资源预测有深入研究的人员，他们既可以是有经验的管理人员，也可以是对组织有深入了解的基层人员，专家团队一般不超过20人

第2步　预测准备

向所有专家提出所要预测的问题及有关要求，并附上组织历年的人力资源需求的所有材料，同时请专家提出还需要什么材料。然后，由专家做书面答复

第3步　收集预测结果

各个专家根据相关的材料，提出自己的人力资源需求预测意见，并说明自己是怎样利用这些材料并提出预测值的，最后收集预测结果

第4步　意见修改

将第一轮的预测结果进行分析、归纳，并将综合结果反馈给各位专家，请他们提出修改意见并说明修改的理由，然后重复这一过程，直到专家的意见趋于一致

第5步　汇总结果

对专家的意见进行汇总并处理

图 1—4　德尔菲法具体实施步骤

3. 时间序列分析法

这是一种相对简单的时间预测方法,即根据过去一定时期内员工数量的变动趋势对未来的人力资源需求做出预测,比较适合于短期的人力资源预测,如图1—5所示。

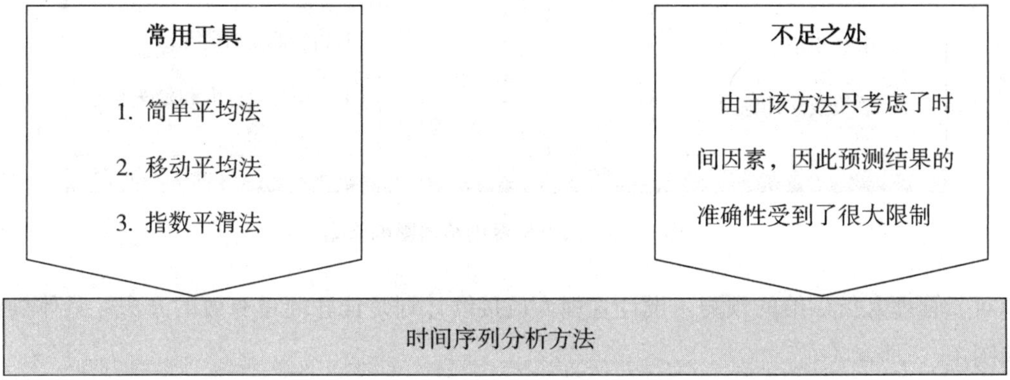

```
常用工具
1. 简单平均法
2. 移动平均法
3. 指数平滑法

不足之处
由于该方法只考虑了时间因素,因此预测结果的准确性受到了很大限制

时间序列分析方法
```

图1—5　时间序列分析法说明

4. 回归分析法

该方法是根据数学中的回归原理对人力资源需求进行预测。人力资源的需求水平总是和某个或某些因素具有高度确定的相关关系,这样就可以用数理统计的方法定量地把这种关系表示出来,从而得到一个回归方程,可以简单、方便地预测人力资源需求量。这一方法的关键是找出与人力资源需求量高度相关的变量。回归分析方法分为一元回归分析方法和多元回归分析方法。

二、人力资源供给预测

(一) 人力资源供给的影响因素

人力资源供给是指一个组织在未来某一时点或某一时期的人力资源可供数量。影响事业单位人力资源供给的因素主要分为组织内部环境和组织外部环境两类,如图1—6所示。

(二) 人力资源供给预测的方法

人力资源供给分为外部人力资源市场的供给和企业内部的人力资源供给两部分。

企业内部人力资源供给的方法在此简单介绍其中的两种。

1. 管理人员接续计划

组织外部环境
1. 宏观经济状况
2. 外部人力资源市场
3. 工会组织
4. 政策及法律法规
组织内部环境
1. 员工流失情况
2. 员工知识和技能水平
3. 内部流动情况
4. 员工满意度和薪酬水平

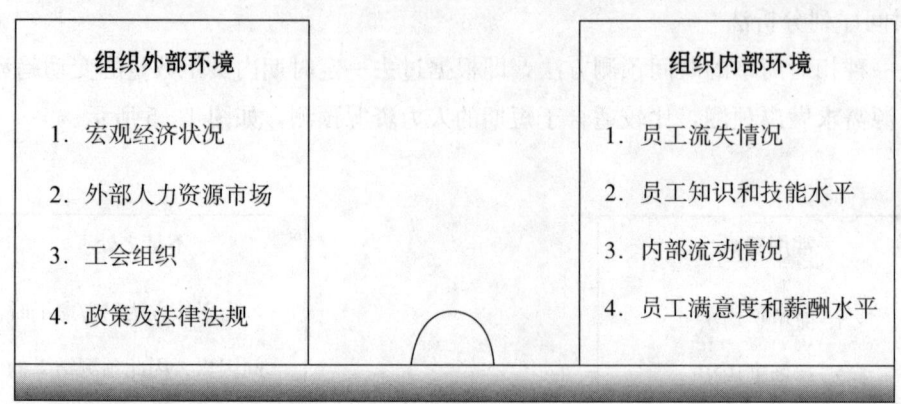

图 1—6　人力资源供给的影响因素

对于管理人员供给的预测，设计管理人员接续计划是比较简单有效的方法，具体操作流程如图 1—7 所示。

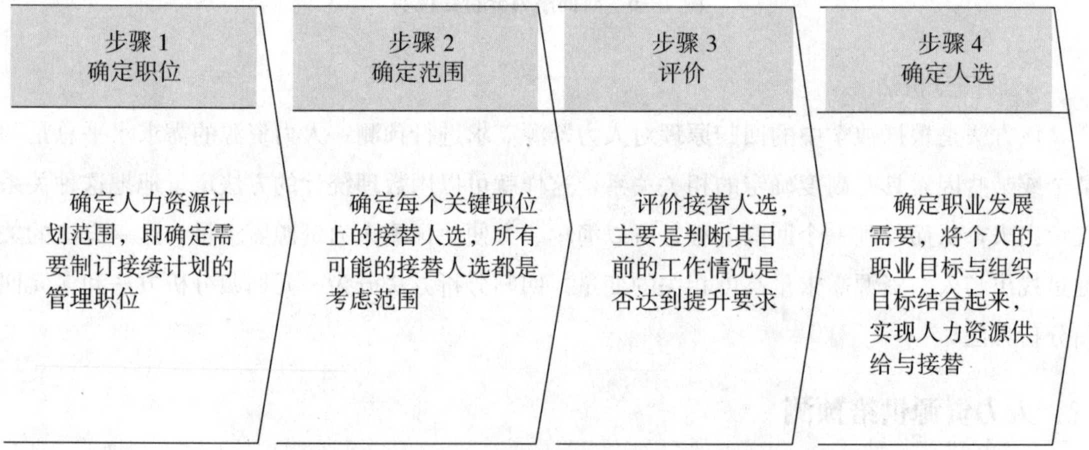

步骤 1
确定职位
确定人力资源计划范围，即确定需要制订接续计划的管理职位
步骤 2
确定范围
确定每个关键职位上的接替人选，所有可能的接替人选都是考虑范围
步骤 3
评价
评价接替人选，主要是判断其目前的工作情况是否达到提升要求
步骤 4
确定人选
确定职业发展需要，将个人的职业目标与组织目标结合起来，实现人力资源供给与接替

图 1—7　管理人员接续计划具体操作流程

在进行管理人员供给预测时，还要考虑外部各种招聘渠道的补充数量，结合内部管理人员的岗位轮换、晋升和降职的流动情况，确定各层级管理人员的补充数量，如图 1—8 所示。

2. 马尔可夫预测法

马尔可夫预测法就是通过收集具体的历史数据，找出组织过去人事变动的规律，由此推测未来的人事变动趋势。该方法假设组织中员工流动方向与概率基本保持不变，如图 1—9 所示。

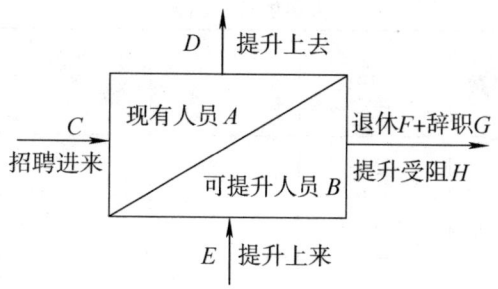

其中：B=D+H

图1—8 管理人员供给预测要考虑流动性

编制人员变动矩阵表	预测未来人员变动	人力资源供需比较
表中元素表示从某一周期两个工作之间调动的员工数量的历史平均百分比。一般以5~10年为周期来估算年平均百分比	将计划初期每一工作的人员数量和变动概率相乘，纵向相加，即得到组织内未来劳动力的净供给量	将人力资源供给与人力资源需求相比较，即可得到需要招聘的人员数量

图1—9 马尔可夫预测法说明

人员变动矩阵表是通过对各个层级的岗位在不同时间的人员变动进行分析的模型，具体见表1—3。

表1—3　　　　　　　　　　人员变动矩阵表

岗位/级别	人员调动的概率				
	1	2	3	4	流出
A	0.7	0.05	—	—	0.25
B	0.1	0.7	—	—	0.2
C	—	0.05	0.8	0.05	0.1
D	—	—	0.15	0.65	0.2

在预测未来的人员变动情况时，将计划初期每一种工作的人员数量与每一种工作的人员变动概率相乘，然后纵向相加，即得到组织未来劳动力的净供给量。以表1—3为例，该组织中，A、B、C、D四类岗位人员供给情况见表1—4。

表 1—4　　　　　　　　　　人员供给预测表

岗位/级别	初期人员数	1	2	3	4	流出
A	40	28	2	—	—	10
B	60	6	42	—	—	12
C	120	—	6	96	6	12
D	180	—	—	27	117	36
预计的人员供给量	—	34	50	123	123	70

3. 技能清单法

技能清单是一个用来反映员工工作能力特征的列表，表中所包含的主要内容包括姓名、雇员数量、工作类别、工作经历、培训经历、教育背景及各种正式评估的结果等。

技能清单可以帮助人力资源规划人员预估现有员工调换工作岗位可能性的大小，决定哪些员工可以补充当前的空缺。

三、人力资源规划案例

下面以教师人力资源规划案例来说明具体事业单位人力规划操作程序。

学校要实现自己的战略目标，在每个发展阶段上都要拥有与工作需求相适应的人力资源。因此，必须对学校目前和未来的人力资源进行科学的预测和有步骤的规划。

教师是学校重要的人力资源，对教师的人力资源规划主要有两个层次，即教师人力资源总体规划和教师人力资源业务规划。

教师人力资源总体规划是根据学校的发展战略而确定的人力资源管理的总目标和配套政策，主要包括教师人力资源的供求分析、预测的依据、供给与需求的比较，以及人力资源管理的实施步骤和总体预算。

教师人力资源业务规划是总体规划的分解与具体化，它包括一些具体的业务计划，其具体内容如图 1—10 所示。

（一）信息收集与分析

信息收集与分析是教师人力资源规划的前期工作，其收集的信息主要包括表 1—5 所列的三方面内容。

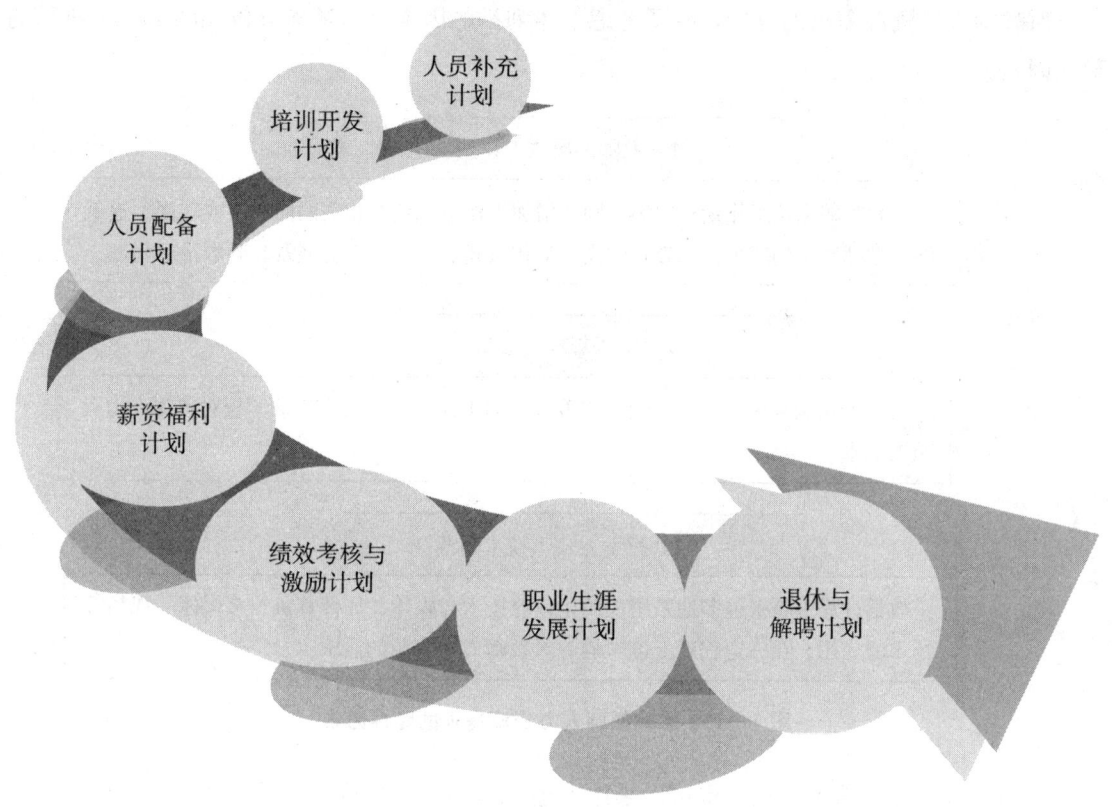

图 1—10 教师人力资源业务规划的内容

表 1—5　　　　　　　　　　教师人力资源规划所需收集的信息

收集的信息	说　　明
外部环境信息	如社会经济发展形势、国家的教育法规和教育政策等，这些信息都会影响到学校的发展战略及教师人力资源的规划
内部环境信息	主要有学校的发展战略、学校的规模、校园文化等方面的信息资料
现有教师人力资源信息	通过对现有教师人力资源的数量、质量、结构等方面进行"盘点"，获取教师的年龄结构、专业结构和学历、职称层次的分布等基本信息。此外，还要分析现有教师的使用情况，是超编还是缺编、其工作能力如何等

（二）人力资源需求分析

教师的晋升、调动等内部流动，退休、辞职、解聘等自然流失，社会发展对教师人才素质的要求、教育市场竞争的加剧等都会影响学校对教师的需求状况。

对教师人力资源需求的分析，除了考虑上述列举的因素外，还需分析如图 1—11 所示的隐性因素。

1. 教师的岗位工作量

如教师的岗位工作量不饱满，则要增加工作量或合并相关的岗位，或转岗，这就涉及教师数量的减少；如教师的岗位工作量超负荷，这就会涉及教师数量的增加

2. 班级规模与数量

学校的班级规模与数量直接决定着教师的工作量，也决定着该学校对教师人力资源的需求

3. 教学方式与技术的改变

教学过程中越来越多地采用现代化教育技术与媒体，如计算机、多媒体、视频等技术的应用；在一定程度上也影响着对教师人力资源的需求

图 1—11　影响教师人力资源需求的隐性因素

教师人力资源的需求分析，也可以采用上述列举的经验预测法、德尔菲法等，同时也可将多种方法结合起来使用，以确保人员需求预测的准确性。

（三）人力资源供给分析

教师人力资源组织内部供给可以从如图 1—12 所示的三方面进行分析。

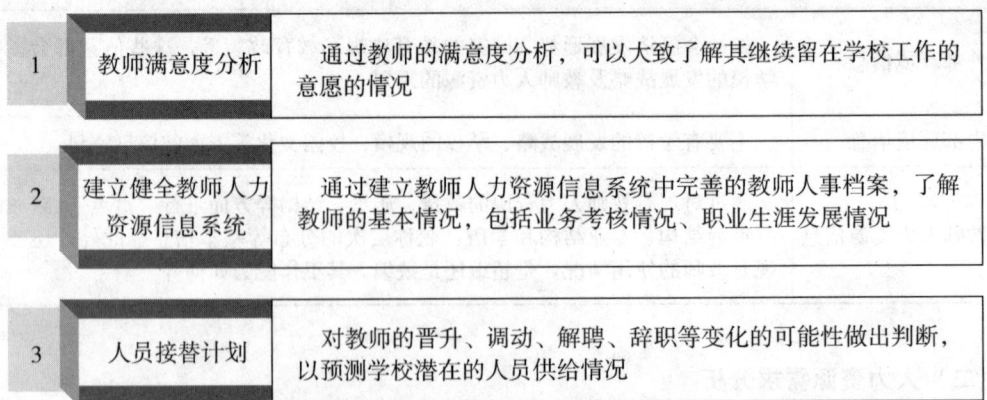

1	教师满意度分析	通过教师的满意度分析，可以大致了解其继续留在学校工作的意愿的情况
2	建立健全教师人力资源信息系统	通过建立教师人力资源信息系统中完善的教师人事档案，了解教师的基本情况，包括业务考核情况、职业生涯发展情况
3	人员接替计划	对教师的晋升、调动、解聘、辞职等变化的可能性做出判断，以预测学校潜在的人员供给情况

图 1—12　教师人力资源内部供给分析

影响教师人力资源组织外部供给的因素主要有国家的总体发展形势与就业政策、教育市场竞争状况、人们的就业观念与意识等。

(四) 人力资源供需平衡分析

在组织的发展过程中，组织中的人力资源一直是处于一种动态的供需失衡的状态。当学校面对教师人力资源供需不均衡的状态时，应采取相应的措施，使之保持相对的平衡，其具体内容如图1—13所示。

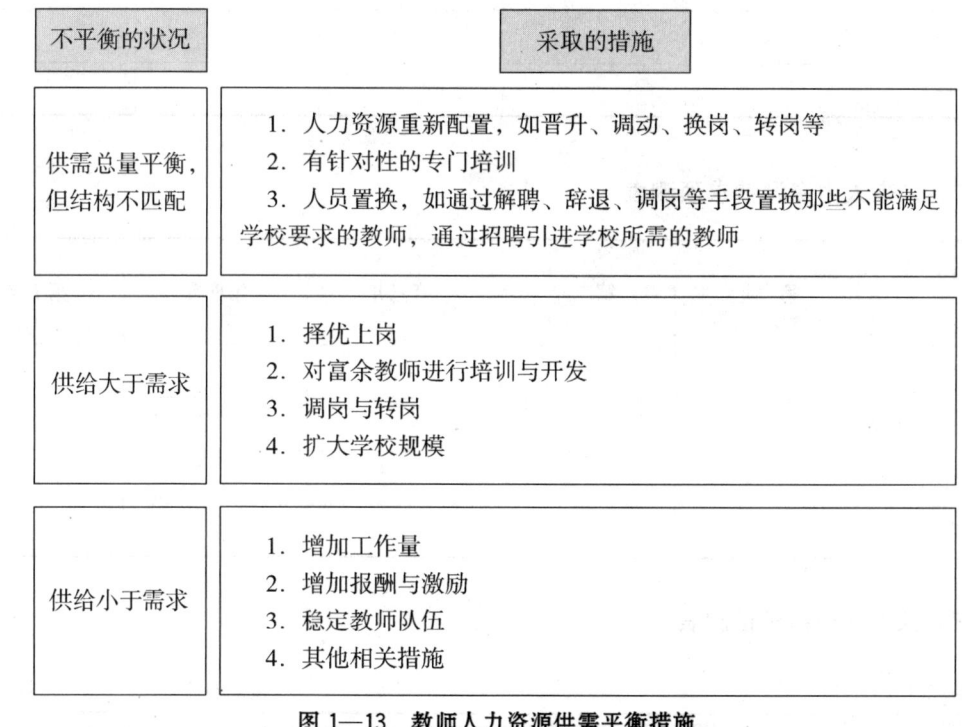

图 1—13 教师人力资源供需平衡措施

第三节 人力资源规划工具

一、人员需求预测工具

事业单位人员需求预测工具样例如下所示。

（一）现实人力资源需求预测表

编制日期：____年____月____日

科室/部门	目前编制	人员配置情况			人员需求
		超编	缺编	不符合岗位要求	
技术科					
人事科					
……					
合计					

（二）未来人力资源需求预测表

预测期 岗位	第一年	第二年	第三年	第四年	第五年
管理岗位					
专业技术岗位					
工勤岗位					
备注					

（三）人力资源需求预测表

科室/部门：　　　　　　　　　　　　　　　　　　　编制日期：____年____月____日

岗位	现有人员	流入人员			流出人员				预计人员	需求人员
		晋升	换岗	降级	晋升	换岗	降级	离职		
预测依据										
意见审批										

（四）人力资源需求计划表

部门	医师（人）			备注
	本科	硕士	博士	
××部	—	1	—	—
××部	1	1	—	硕士及以上学历，××以上职称，5年以上工作经验
××部	—	—	1	系统管理员，计算机专业，本科，熟悉网络、软件工程及数据库，有相关工作经验者优先
……	……	……	……	……

※※人力资源需求计划表

二、人员供给预测工具

事业单位人员供给预测工具样例如下所示。

（一）人员技能清单

编制日期：　　年　　月　　日

姓名		职位		职位编号	
所属部门		直接领导		入职时间	
1. 教育背景（从高中以上填写）					
时间		学校		所获学历	专业
2. 所受的培训					
培训时间		培训机构		培训课程	培训内容

续表

3. 工作经验			
工作时间	担任职务	主要工作职责	证明人

4. 所掌握的技能

5. 可能晋升的职位

6. 职业发展方向

7. 个人特长

8. 兴趣爱好

（二）人员变动统计清单

岗位	期初人员数量	期末人员数量				离职人员数量
		1	2	3	4	
A						
B						
C						
D						
未来人员供给量						

三、人力资源规划方案范例

版本	××医院人力资源需求预测方案		
___年___月	颁布部门：	执行部门：	执行日期：

一、医院现有人力资源现状盘点

医院人力资源部在岗位分析的基础上确定医院目前的岗位编制和人员配置情况。通过进行医院人力资源的盘点，对人员的缺编、超编以及是否符合任职资格的要求等进行盘点、统计，其结果如下所示。

1. 人员结构分析

（1）人员年龄结构

医院现有人员的年龄分布见下表。

医院现有人员年龄结构表

年龄（岁）	20以下	21～30	31～40	41～50	51～60
人数（人）	××	××	××	×××	×××
占总人数比重（%）	×	××	××	××	××

（2）人员素质结构

医院各类人员的学历结构分布见下表。

医院人员学历结构表

学历	高中及以下	大专	本科	硕士研究生	博士研究生及以上
人数	×	×	××	××	××
占总人数比重（%）	×	×	××	××	××

（3）职位分类情况

医院各类人员分布见下表。

医院各类人员分布情况表

职位	卫生技术人员	工程技术人员	党政管理人员	信息管理人员	经济管理人员	工勤人员
人数	×××	×××	××	××	××	××
占总人数比重（%）	××	××	×	×	×	×

2. 人员变动分析

医院2016年离职人员信息统计及汇总见下表。

续表

医院 2016 年人员离职信息统计表

姓名	原部门	职位	学历	专业	离职原因	离职时间
××	××	××	××	××	××	××
××	××	××	××	××	××	××
××	××	××	××	××	××	××

3. 用工需求分析

将上述统计结论与医院管理者进行讨论与修正，该统计结论即为医院 2017 年用工需求信息统计及汇总，具体见下表。

医院 2017 年用工需求信息统计表

用工部门	用工数量	用工职位	需求人数
××	××	××	××
××	××	××	××
××	××	××	××

二、医院人力资源预测

1. 根据医院发展规划和外部环境分析，确定医院各部门的工作量以及工作量的增长情况。

2. 根据工作量的增长情况，确定各部门还需要增加的岗位及人数，各部门依据人力资源部的具体要求及各部门的实际情况选择合适的人力资源需求预测方法进行预测，并由人力资源部进行汇总统计，该统计结果即为医院未来人力资源需求。

3. 对预测期内退休的人员进行统计，并根据医院历史数据，对未来可能发生的离职情况进行预测，则该两部分统计和预测结果之和即为医院未来流失人力资源。

4. 将医院现实人力资源需求、医院未来人力资源需求与医院未来流失人力资源汇总，即得医院整体人力资源需求。

如：2016 年医院现有人员××××人，拟退休员工××人，基于"能者上，平者让，庸者下"的用人原则，到 2017 年公司预减员××人，新招聘××人，做到各类人员比例合理，其中党政管理人员占××%，经济管理人员占××%，卫生技术人员占××%，工程技术人员占××%，信息管理人员占××%，职能支持类人员占××%，工勤人员占××%。

三、审议与实施

本需求预测由人力资源部会同各部门负责人共同拟定，报请医院中高层领导审议与评定，并经院长批准通过后由人力资源部负责组织实施。

修订记录	修订标记	修订处数	修订日期	审批签字

第二章

事业单位职位说明书设计

事业单位人力资源管理
工作手册

第一节 事业单位岗位设置与评价

一、岗位设置

事业单位根据其社会功能、职责任务和工作需要设置的工作岗位,应具有明确的岗位名称、职责任务、工作标准和任职条件。

事业单位要按照科学合理、精简高效的原则进行岗位设置,坚持按需设岗、竞聘上岗、按岗聘用、合同管理。

(一)事业单位岗位类别

事业单位岗位分为如图 2—1 所示的三大类别。

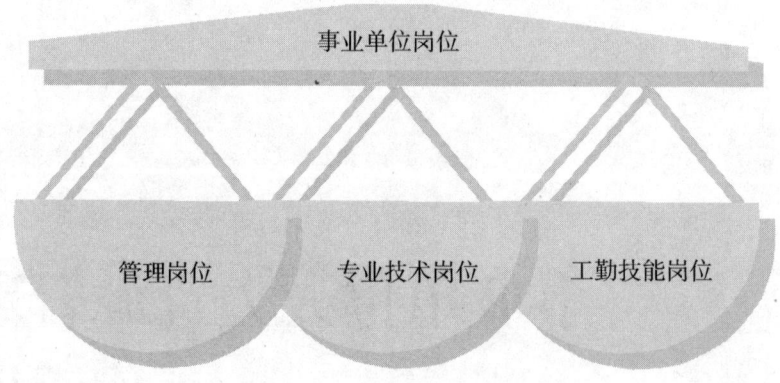

图 2—1 事业单位岗位类别

除上述三类岗位外,事业单位还可根据自己的需求设置特设岗位。

> **事业单位的特设岗位**
>
> 根据事业单位的事业发展和工作需要,经批准,也可以设置特设岗位,主要用于聘用急需的高层次人才等特殊需要。特设岗位是事业单位的非常设岗位,不受事业单位岗位总量、最高等级和结构比例的限制,在完成工作任务后,按照管理权限可以核销,实质上是属于管理岗位、专业技术岗位和工勤技能岗位中的一种。

在事业单位的日常运营中,管理岗位、专业技术岗位和工勤技能岗位承担不同的工作职责和内容，因此，其设置要求也是不同的。事业单位各类岗位的界定与设置要求如图2—2所示。

管理岗位	1. 管理岗位指担负领导职责或管理任务的工作岗位 2. 管理岗位的设置要适应增强单位运转效能、提高工作效率、提升管理水平的需要
专业技术岗位	1. 专业技术岗位指从事专业技术工作，具有相应专业技术水平和能力要求的工作岗位 2. 专业技术岗位的设置要符合专业技术工作的规律和特点，适应发展社会公益事业与提高专业水平的需要
工勤技能岗位	1. 工勤技能岗位指承担技能操作和维护、后勤保障、服务等职责的工作岗位 2. 工勤技能岗位的设置要适应提高操作维护技能、提升服务水平的要求，满足单位业务工作的实际需要 3. 鼓励事业单位后勤服务社会化，已经实现社会化服务的一般性劳务工作不再设置相应的工勤技能岗位

图2—2 事业单位各类岗位的界定与设置要求

（二）事业单位岗位等级划分

根据《事业单位岗位设置管理试行办法》和《〈事业单位岗位设置管理试行办法〉实施意见》等规定，结合本单位岗位性质、职责任务和任职条件等，可以对事业单位的管理岗位、专业技术岗位、工勤技能岗位分别划分通用的岗位等级。

管理岗位分为10个等级，即一至十级职员岗位。专业技术岗位分为13个等级，包括高级岗位、中级岗位和初级岗位。工勤技能岗位包括技术工岗位和普通工岗位，其中技术工岗位分为5个等级，即一至五级，普通工岗位不分等级。具体内容见表2—1。

表2—1　　　　　　　　　　事业单位岗位等级表

管理岗位		专业技术岗位			工勤技能岗位		
一级	部级正职	高级	正高级	一级	技术工	一级	高级技师
二级	部级副职			二级		二级	技师
三级	厅级正职			三级		三级	高级工

续表

管理岗位		专业技术岗位			工勤技能岗位		
四级	厅级副职	高级	正高级	四级	技术工	四级	中级工
五级	处级正职		副高级	五级		五级	初级工
六级	处级副职			六级	普通工		
七级	科级正职			七级			
八级	科级副职	中级		八级			
九级	科员			九级			
十级	办事员			十级			
		初级		十一级			
				十二级			
			员级	十三级			

(三)事业单位岗位结构比例

根据事业单位的社会功能、职责任务、工作性质和人员结构特点等因素,综合确定事业单位管理岗位、专业技术岗位、工勤技能岗位总量的结构比例。

事业单位三类岗位的结构比例控制标准如图2—3所示。

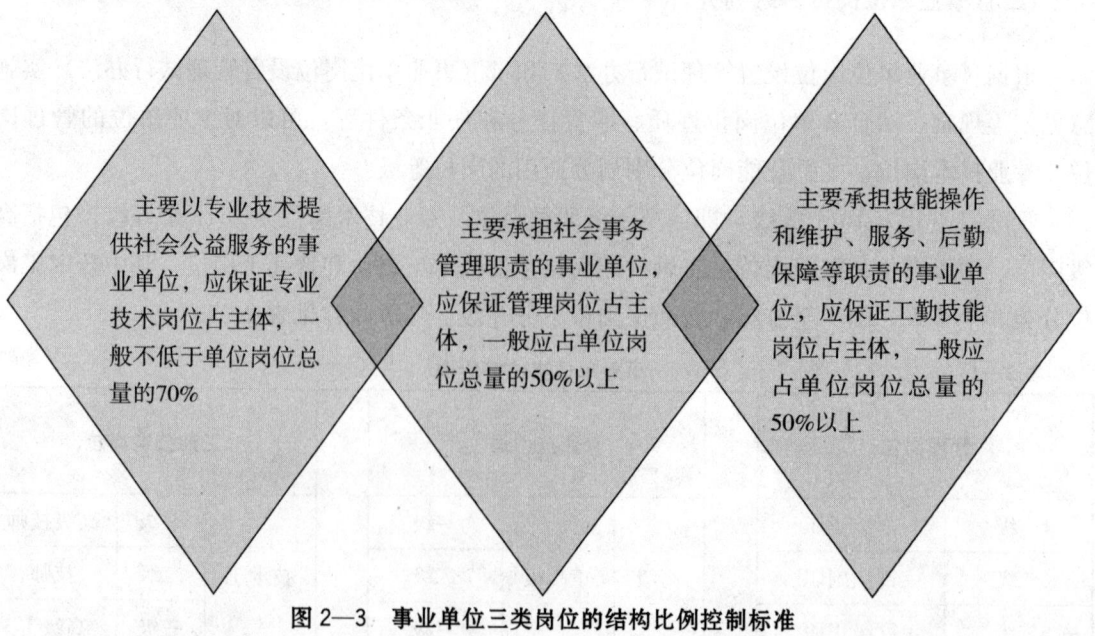

图2—3 事业单位三类岗位的结构比例控制标准

（四）事业单位岗位最高等级控制

事业单位的岗位最高等级控制是指在政府人事行政部门和事业单位主管部门依据有关政策，对事业单位可设立的管理岗位、专业技术岗位、工勤技能岗位的最高等级进行限制性的规定。

进行岗位最高等级控制：一方面体现了不同类型、不同层级事业单位的特点；另一方面也是政府加强对事业单位的人事监管、提高公共支出社会效益的客观需要。对三类岗位的相关规定如图 2—4 所示。

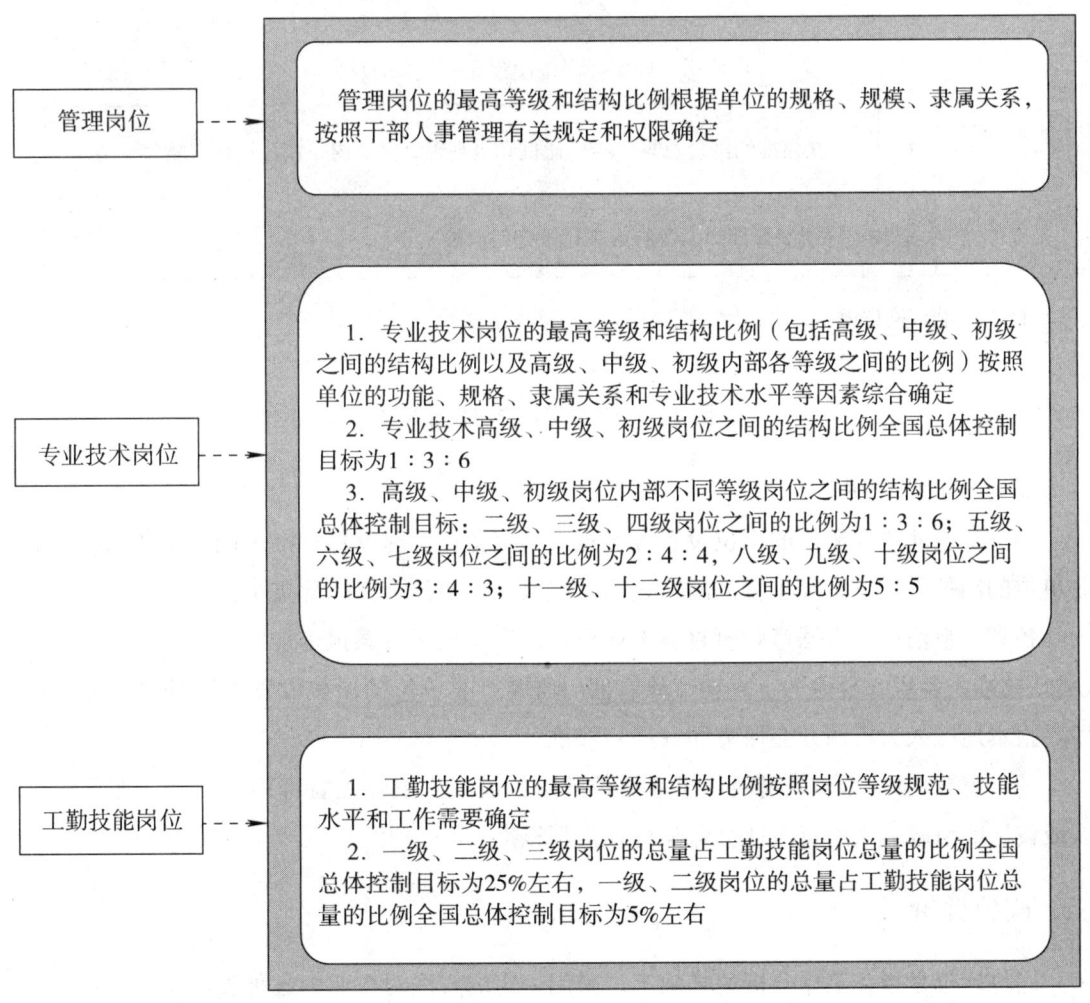

图 2—4　事业单位三类岗位最高等级控制与结构比例控制说明

（五）事业单位岗位设置程序及权限

1. 事业单位岗位设置程序

事业单位岗位设置按以下程序进行，具体如图2—5所示。

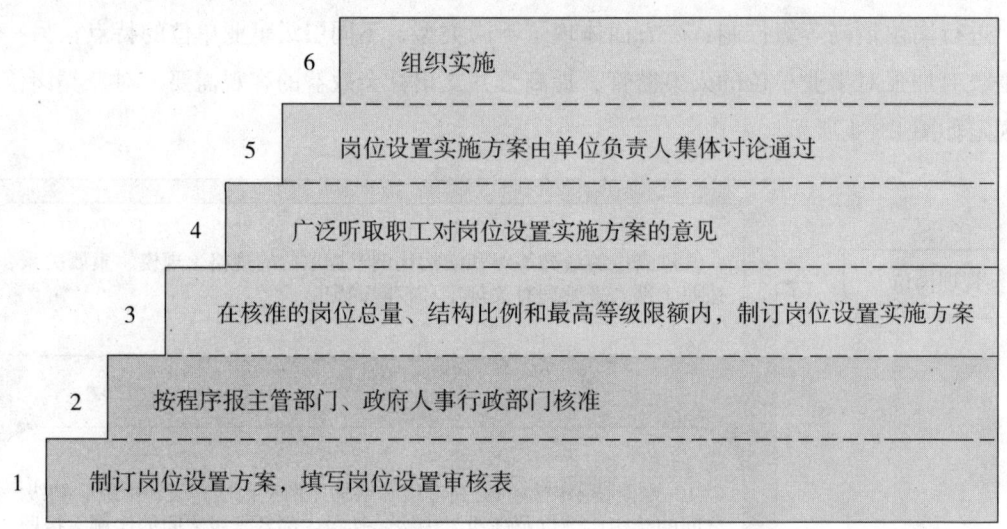

图2—5 事业单位岗位设置程序

2. 相关权限说明

国务院直属事业单位的岗位设置方案报人力资源社会保障部核准。国务院各部门所属事业单位的岗位设置方案经主管部门审核后，报人力资源社会保障部备案。

各省、自治区、直辖市政府直属事业单位的岗位设置方案报本地区人力资源社会保障厅（局）核准。各省、自治区、直辖市政府部门所属事业单位的岗位设置方案经主管部门审核后，报本地区人力资源社会保障厅（局）核准。

地（市）、县（市）政府所属事业单位的岗位设置方案经主管部门审核后，按程序报地区或设区的市政府人力资源社会保障行政部门核准。

二、岗位评价

岗位评价是指在工作分析的基础上，采用一定的方法对企业中各种工作岗位的性质、责任大小、劳动强度、所需资格条件等特性进行评价，以确定岗位相对价值的过程。

岗位评价的方法有多种，在此简要介绍其中的四种，如图2—6所示。

组织或单位在进行岗位评价的过程中，一般都是将劳动责任、劳动技能等主要影响因素

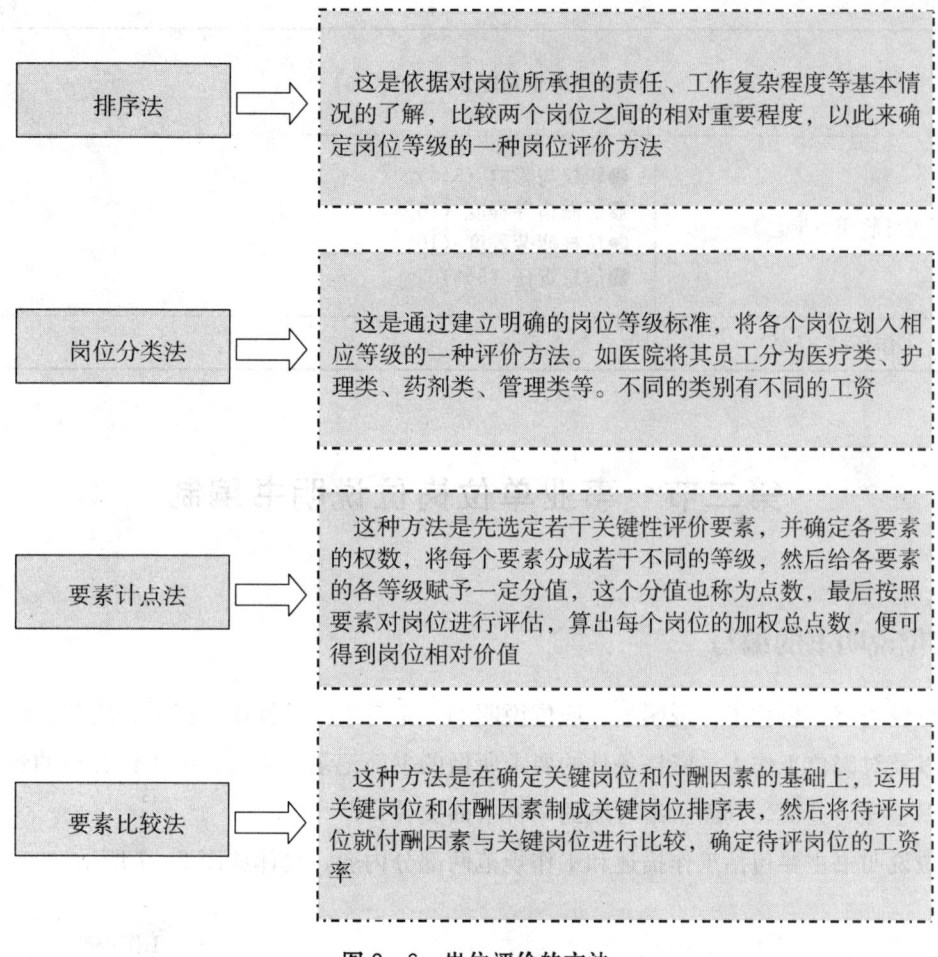

图 2—6 岗位评价的方法

根据需要分解成若干细化的评价要素。某医院的岗位评价要素指标体系见表 2—2。

表 2—2　　　　　　　　　某医院岗位评价要素指标体系

岗位评价指标体系（100%）	
任职资格（30%）	●所需知识和学历（15%） ●所需技能和能力（15%）
工作难易程度（35%）	●工作复杂性（10%） ●工作创造性（15%） ●所循依据（10%）

续表

岗位评价指标体系（100%）	
责任轻重（30%）	●职权与影响（5%） ●所需指导程度（10%） ●精神疲劳程度（10%） ●信息责任（5%）
工作环境（5%）	—

第二节 事业单位岗位说明书编制

一、岗位说明书的编写

岗位说明书，也称工作说明书、职位说明书，是对工作的性质、任务、责任、环境、处理方法以及对岗位工作人员资格条件的要求所做的书面记录。它是根据工作分析的各种调查资料加以整理、分析、判断所编写成的一种书面文件。

岗位说明书主要包括工作描述和工作规范两部分内容，具体如图2—7所示。

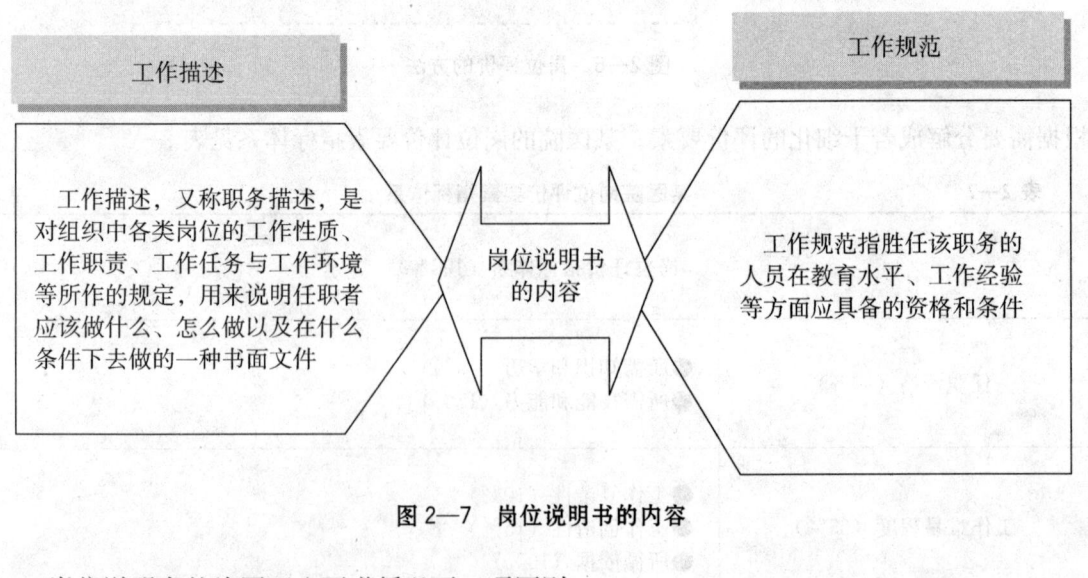

图2—7 岗位说明书的内容

岗位说明书的编写至少要遵循以下三项原则。

1. 对应性原则

不同单位、不同部门的每个岗位的职责要求及任职条件是有差异的，同一级别、不同岗位的岗位说明书要体现岗位要求的特点，要体现同一单位、同一处室内每个岗位的明确分工和各个岗位之间的协调衔接

2. 客观性原则

岗位说明书要以"事"为中心，客观、真实地反映岗位职责和任职条件

3. 规范性原则

岗位职责和任职条件的文字表述，力求精练准确，并按重要程度排序，事业单位也可以根据相关要求使用统一的格式

岗位说明书是岗位聘任的基础文件之一。事业单位的种类较多，工作性质差异较大，因此更要根据本单位内部实际情况，科学分析，认真论证，明确各系列岗位的职责要求、目标任务、工作标准和任职条件及特殊要求，编写出能体现本单位岗位特性的岗位说明书。

二、学校岗位说明书范例

（一）小学部分岗位职位说明书

1. 小学校长岗位说明书

单位名称（盖章）：　　　　　　　　　　编写日期：＿＿＿＿年＿＿＿月＿＿＿日

岗位名称	校长	工作部门	校长室
岗位类别	管理岗位	岗位等级	
工作描述			
工作概述	1. 规范学校办学行为，严格依法治校 2. 加强师资队伍建设，促进教师专业化发展 3. 推进教育教学改革，促进学生全面发展 4. 重视学校安全工作，避免人为造成的重大安全事故 5. 建立健全教育教学质量保障体系，不断提升教育教学质量			

续表

	工作描述
岗位职责	1. 组织制订、实施、检查学校工作计划，并不断提出改进措施 2. 领导学校的教育教学工作，深入教学第一线，了解教育教学计划的执行情况及师生的教学情况，并根据实际情况提出要求，引导进行教育教学改革 3. 负责学校的教师队伍建设工作，组织教学经验交流和教学改革的研究，打造一支高素质的教师队伍 4. 领导各部门并发挥家长的积极性，开展学生思想政治教育和品德修养教育工作 5. 负责选拔、聘任、考核学校基层干部，做到知人善用，建设一支精干的管理干部队伍 6. 制订、实施学校的基建计划和校容规划，保证学校教学条件与校容校貌的不断改善 7. 建立健全学校规章制度，认真检查执行情况，负责对违纪的师生员工做出妥善处理
工作标准	1. 全面贯彻党的教育方针，实施素质教育，营造良好的校风、教风和学风 2. 全面负责学校的教育教学和管理工作，依照相关规定，全面履行其职责和义务 3. 以"优化教师队伍、创新激励机制、强化育人功能、健全管理体制"为重点，使学校成为本地区的示范学校
	资格要求
任职条件	1. 思想政治素质好，责任心强 2. 熟悉教育政策法规和中小学管理工作，有较高的教育理论水平和较强的组织管理能力，具有团结协作精神，作风民主 3. 能按照管理部门的指导意见，结合实际情况制订学校年度工作计划以及学校发展规划 4. 具有教师资格证书和中级以上专业技术职称，有11年以上的教学或管理经验

2. 小学一级教师岗位说明书

单位名称（盖章）：　　　　　　　　编写日期：＿＿＿＿年＿＿＿＿月＿＿＿＿日

岗位名称	小学一级教师	所在部门	
岗位类别	专业技术岗位	岗位等级	
工作描述			
工作概述	胜任学校安排的小学相应学科的教学任务，完成满工作量或学校需要的超工作量教育教学任务和其他临时任务		
岗位职责	1. 承担学校安排的教学任务，备课、讲课、辅导，批改作业，考核学生成绩 2. 在课内外对学生进行思想品德教育，担任班主任、少先队辅导员，或组织、辅导课外活动 3. 承担和组织年级的教育教学研究工作		
工作标准	1. 教书育人，为人师表，责任心强 2. 教学质量高，教育、科研有成果，师生反映较好 3. 认真钻研教材及教学大纲，运用科学的教学方法组织教学 4. 认真完成常规的教学工作		
资格要求			
任职条件	小学二级教师任教三年以上，或者高等师范学校及其他高等学校专科毕业生见习一年期满，经考核，表明能履行一级教师职责并具备下列条件： 1. 掌握所教学科的教学大纲、教材、教学原则和方法，正确传授知识和技能，教学效果好 2. 具有正确教育小学生的能力和班主任、少先队辅导员工作经验，教育效果好		

(二) 中学部分岗位职位说明书

1. 中学校长岗位说明书

单位名称（盖章）：_____　　　　编写日期：_____年_____月_____日

岗位名称	校长	工作部门	校长室
岗位类别	管理岗位	岗位等级	

	工作描述
工作概述	负责贯彻执行国家教育方针政策、法律法规，对学校的教育教学和行政管理工作全面负责
岗位职责	1. 全面掌握学校的整体发展方向并负责组织实施 2. 组织制订学校中长期发展战略规划及年度经营计划，并进行分工、组织实施 3. 全面领导和组织学校德育工作、教学工作、体卫工作、总务工作，对其业务进行宏观指导 4. 加强教师队伍管理，优化教师队伍年龄、性别、知识、能力等结构；不断提高教师职业道德水准、文化业务水平和教育、科研能力 5. 遵循教学规律，深化教学改革，加强教学管理，开展教学研究；注重应用现代教育技术，不断提高教学质量 6. 加强校产管理，搞好环境建设；关心学生和教职工生活，不断改善办学条件和教职工待遇 7. 制订、更新和执行学校各项规章制度 8. 签署日常行政、业务文件
工作标准	1. 学校发展规划科学合理，可操作性强，工作计划切实可行 2. 实施素质教育成效突出，学生德智体美等全面发展 3. 学校各项事务管理规定制度健全，执行有力，实效明显 4. 教师队伍建设措施得力，有各级各类骨干教师 5. 教学质量高，学生、家长、社会满意度高 6. 各职能部门职责清晰，配合密切，运转有序
	资格要求
任职条件	1. 大学本科及以上学历，原则上有三年以上的副职经历 2. 获得中学高级职称六年以上 3. 获得校长岗位培训证书 4. 年度考核称职以上等次 5. 掌握教育学、心理学、教育管理学等相关学科知识，有较高的教育理论水平 6. 熟悉中学教育教学和科研工作，熟悉新课程改革，能主持开展教育教学和科研管理 7. 具备科学决策能力、组织管理能力和执行力，有较强的书面和口头表达能力，掌握学校教学工作的全局，能指挥各项业务工作 8. 具有相应的教师资格

2. 中学一级教师一级岗位说明书（语文）

单位名称（盖章）：　　　　　　　　　　　　编写日期：＿＿＿＿年＿＿＿＿月＿＿＿＿日

岗位名称	中学一级教师一级岗位	工作部门	语文教学组
岗位类别	专业技术岗位	岗位等级	八级

	工作描述
工作概述	从事学校语文课的教学工作，制订教学计划，完成教学任务
岗位职责	1. 承担中学语文学科的教学任务，备课，讲课，辅导，批改作业，考核学生成绩 2. 正确把握教材的重点、难点，抓住课文特点制订课时教学目标，设计具体的训练内容和训练方法，认真撰写教案。教案具有实用性，为教学服务 3. 按学期教学要求，制订好作文教学计划。每学期作文应完成教材编排的篇数 4. 承担和组织教育教学研究工作 5. 指导二、三级语文教师的教育教学工作，或承担培养新教师的任务 6. 在课内外对学生进行思想品德教育，担任并胜任班主任或组织、辅导学生课外活动 7. 承担学校安排的其他工作，服从学校临时安排的代课任务
工作标准	1. 对所教学科具有比较扎实的基础理论和专业知识，周课时不少于＿＿节（课时不足时应根据学校工作需要，兼任行政或其他工作） 2. 独立掌握所教学科的教学大纲、教材、教学原则和教学方法，正确传授知识和技能，并结合教学开展课外活动，发展学生的智力和能力，教学效果好 3. 每年要在学校范围内讲授2～3次公开示范课 4. 能根据中学生的年龄特征和思想实际，进行思想政治教育和品德修养教育，教育效果良好 5. 具有组织和指导教学研究的能力并承担一定的教学研究任务。撰写理论联系实际且具有一定水平的经验总结、科研报告或论著至少一篇

	资格要求
任职条件	1. 博士学位；或硕士学位，并在二级教师岗位任教2年以上；或学士学位或大学本科毕业学历，并在二级教师岗位任教4年以上；或大学专科毕业学历，在中学二级教师岗位任教4年以上 2. 获得中学一级教师职称 3. 掌握语文学科比较扎实的本学科基础理论和专业知识，独立掌握语文学科的课程标准、教材、教学方法，教学经验比较丰富 4. 掌握一定的教育心理学相关知识

3. 中学一级教师一级岗位说明书（英语）

单位名称（盖章）： 　　　　　　　　　　编写日期：＿＿＿年＿＿＿月＿＿＿日

岗位名称	中学一级教师一级岗位	工作部门	英语教研组
岗位类别	专业技术岗位	岗位等级	八级
工作描述			
工作概述	负责学校＿＿＿年级英语教学工作		
岗位职责	1. 承担英语课程的教学工作，周课时＿＿＿节，认真完成教学任务 2. 认真钻研大纲、新课程标准，根据本班学生实际情况制订教学计划（教学进度），并认真执行，期末写出专项总结 3. 根据课程教学大纲认真备课，严格执行教学计划，科学安排英语教学的进度，按照学校要求进行英语课的讲授、指导、辅导、答疑、考试、考查等各个环节 4. 努力钻研业务，不断更新知识，提高自身英语的听说表达和实际应用能力，改进教学方法，提高教学水平 5. 运用先进的教育方式方法培养学生的英语应用能力 6. 加强英语教学的对外交流工作，开展学科的科研工作，推动英语教学工作取得不断进步		
工作标准	1. 认真备课，严格执行教学计划，完成教学进度 2. 重视培养学生能力，发展学生个性专长，认真组织指导课外活动、小组活动，扩大学生知识面，发挥学生特长，组织学生学科各类竞赛的选拔辅导工作 3. 每学期举办＿＿＿～＿＿＿次英语活动，培养学生兴趣，通过听、说、读、写的基本训练，培养学生运用英语进行交际的能力，调动学生学习英语的积极性 4. 学期完成听课＿＿＿节，及时做好家访工作，完成教研组安排的各项任务		
资格要求			
任职条件	1. 博士学位；或硕士学位，并在二级教师岗位任教 2 年以上；或学士学位，或大学本科毕业学历，并在二级教师岗位任教 4 年以上；或大学专科毕业学历，在中学二级教师岗位任教 4 年以上 2. 具有相应等级的教师资格证 3. 掌握比较扎实的英语学科基础理论和专业知识，独立掌握英语学科的课程标准、教材、教学经验比较丰富 4. 掌握教育心理学及其相关知识，并能正确运用这些知识处理教育教学中的实际问题		

4. 中学教研组组长岗位说明书

单位名称（盖章）：　　　　　　　　　　　　　　编写日期：＿＿＿＿年＿＿＿＿月＿＿＿＿日

岗位名称	教研组组长	工作部门	课程教学部
岗位类别		岗位等级	

工作描述	
工作概述	在教导主任领导下，全面负责本教研组教学业务工作
岗位职责	1. 要根据市、区教育行政与业务部门及学校教学工作要求，结合本组实际，制订教研组年度发展规划和学期工作计划。期末写好工作专题总结，做好各种资料收集归档工作 2. 督促备课组及教师制订学期教学进度计划，安排学期教学活动，并定期检查执行情况 3. 主持本组教学科研活动，以课题研究带动本学科教学质量的提高。指导和组织本学科教师撰写案例分析及科研论文 4. 组织观摩教学及组内相互听课活动。指导本教研组教师的市、区、校公开教学，每学期至少组织一堂高质量的教学公开课向全校展示 5. 每学期听课不少于＿＿＿＿＿＿＿节。切实做好听课、评课工作 6. 负责组织和审定各年级期中、期末考试的命题和评分标准，抓好阅卷工作，督促教师及时做好质量分析 7. 根据本学科特点，积极指导本学科教师开展学科教学与多媒体的整合。改进教学模式，切实提高课堂教学效果 8. 组织期中、期末的教学质量分析会，撰写教研组质量分析报告，提出有针对性的改进措施 9. 积极捕捉教研信息，认真学习教学理论，不断提高自身和组员的教研能力及理论修养 10. 重视本组教师的梯队建设，关心和组织本组教师的业务进修。加强对本组青年教师的指导和培养。培育优秀学习型团队 11. 积极组织本学科学生开展各种形式的竞赛活动，积极组织学生参加市、区竞赛活动，指导教师开设拓展型课程与研究型课程 12. 经常关心、检查实验室工作，了解各年级实验的完成情况。协助实验室管理员管理好实验室各种教学仪器和教学设备 13. 做好本组教师的业务考核、考绩工作，负责填报有关业务考评表格和资料
工作标准	1. 每学期提前一个月写出教研计划、总结 2. 严格按照教学常规，组织本学科的课堂教学，要求合理安排、组织有序 3. 每月组织教研组骨干教师开展教研活动一次，有记录，有考核 4. 每月组织教师集体参与的教研评比活动一次，有记录，有考核 5. 每学期及时将活动材料积累整理存档
资格要求	
任职条件	1. 大学本科及以上学历 2. 掌握相应的专业知识 3. 具有中级以上职称，具备一定教研能力、专业实践能力及管理水平 4. 敬业爱岗，能认真履行岗位职责，有较强的组织管理能力

5. 高中任课老师岗位说明书

单位名称（盖章）：　　　　　　　　　　　　编写日期：＿＿＿＿年＿＿＿＿月＿＿＿＿日

岗位名称	高中任课老师	工作部门	
岗位类别	专业技术岗位	岗位等级	
工作描述			
工作概述	在年级主任的领导下，全面负责本学科的教学任务		
岗位职责	1. 认真学习本学科教学大纲和学科教育纲要，认真钻研教材，掌握本学科本年级的教学目标和要求，每学期初按时订好全学期教学进度，安排好全学期测验、实验、竞赛活动的内容、时间和次数 2. 严格按照教学大纲、新课程标准、教学计划和教科书要求完成所教学科的教学任务 3. 精心设计每节课的教学过程和板书。结合学生实际，把握教学进度，考虑好教学重点和难点的处理。按课时认真写好教案，格式规范 4. 授课要求明确，重点突出，条理清楚，讲解正确，符合科学性。重视教学方法的研究和现代化教育、教学手段的运用 5. 根据教学要求和学生实际，布置适量作业，讲究作业质量，及时收发、详细批改，做好作业、测验成绩登记 6. 刻苦钻研业务，不断学习，掌握并努力做到精通所教学科的专业知识，积极承担学校分配的教育教学任务，开展教学研究和教育科研工作 7. 按学校要求，认真做好教学计划、总结和质量分析。积极参加集体备课，经常听课，共同提高 8. 优化课堂，注重提高效率，切实提高课堂质量。自觉做到认真备课、整理教案，充分运用现代化教学手段调动学生的积极性 9. 重视各种教学资料的积累和现代教学技术的学习和运用 10. 指导学生掌握科学的学习方法，培养他们的自学能力和良好的学习习惯		
工作标准	1. 加强师德修养，关心爱护学生身心健康，自觉做到以身作则、言传身教、教书育人、为人师表 2. 主动承担课程（或相关课程）的教学工作，完成周课时＿＿＿＿节，认真完成教学任务 3. 深入了解学生的学习思想状况，针对不同层次学生，实施分层次教学、分层次辅导，不断改进教学方法，使全体学生在原有基础上有所提高 4. 积极参加各类继续教育，坚持终身学习，不断提高自身理论素养和业务能力		
资格要求			
任职条件	1. 相关专业大学本科及以上学历 2. 具有相应等级的教师资格证书 3. 热爱教育事业，具有良好的职业操守		

6. 高中班主任岗位说明书

单位名称（盖章）：   编写日期：_____年_____月_____日

岗位名称	高一年级班主任	工作部门	
岗位类别	专业技术岗位	岗位等级	

	工作描述
工作概述	在年级主任的领导下，全面负责本班级的学习和生活，提高学习成绩，争创先进班集体
岗位职责	1. 在学期开始时，根据学校教育工作计划和班级实际情况，制订切实可行的工作计划；按学校要求做好各项活动计划 2. 会同各科教师教育、帮助学生明确学习目的，端正学习态度，掌握学习方法，提高学习成绩，完成学习任务 3. 教育、指导学生参加学校组织的各种劳动和社会实践活动，增强学生的劳动观念和社会实践能力 4. 关心学生课外活动，指导学生参加各种有益于身心健康的科技、文体和社会活动 5. 定期召开班委会，研究和讨论本班所要解决的各种问题，不断改进班级工作，对班干部的工作态度和方法要经常给予指导 6. 深入了解学生，加强日常管理。对班上学生的思想、学习、生活等方面的状况进行了解和分析，克服工作中的盲目性 7. 为学生创造良好的学习环境，积极培养良好班风 8. 做好本班学生思想品德的评定和有关奖惩工作
工作标准	1. 按时拟订并上交班主任工作计划和总结，做到计划周全、内容具体、措施得力，学期总结内容要客观详尽 2. 及时洞察学生的思想、情绪，不断加强励志和挫折教育，能迅速发现学生的心理障碍问题并及时疏导 3. 班级成绩取得较大进展，树立良好的班风和学风 4. 及时与家长沟通，召开家长会，与家长建立沟通的桥梁，帮助家长建立良好的家庭氛围，促进学生的身心健康，提高学生的学习效率 5. 认真撰写学生评语，对学生操行评定要客观、公正、真实、全面，要能反映学生的个性特点

	资格要求
任职条件	1. 掌握教育心理学相关知识，熟悉德育理论和班级管理知识 2. 热爱学生教育管理工作，具备一定的教育水平和组织管理能力 3. 取得中学一级教师职务任职资格，担任班级教课任务

7. 年级主任岗位说明书

单位名称（盖章）：　　　　　　　　　　　　编写日期：＿＿＿＿年＿＿＿＿月＿＿＿＿日

岗位名称	年级主任	工作部门	教务处
岗位类别		岗位等级	

工作描述

工作概述

在学校德育处、教学处领导下，负责本年级教育、教学的组织领导工作，保证本年级班主任工作和各科教学工作的正常进行

岗位职责

1. 根据大纲、考纲、教材及学校教学要求、计划，制订本年级组教育、教学计划
2. 指导和帮助本年级班主任制订学期班级工作计划，安排全学期工作和活动，并经常检查督促计划的实施情况
3. 全面了解本年级的教学情况，做好各学科的协调工作，定期召开年级教师会，研究全年级各班的教情、学情，并制订针对性措施，努力提高本年级教育教学质量
4. 组织本年级教师和学生参与学校的重大活动，协助组织团队活动，并给予指导帮助。定期召开全年级学生会议和部分学生座谈会，了解学生对学校、教师的建议，不断改进工作
5. 凡本年级所在班级的学生出现问题，年级主任要主动协助班主任做好学生工作
6. 会同学校相关部门做好年级组教师的考评工作、学校推先评优工作
7. 有权向学校提出本年级教师的聘任和奖惩意见

工作标准

1. 制订的年级教学计划科学合理，符合学校和上级主管部门的要求和精神，监督各班执行教学计划，完成教学任务
2. 认真参加年级组长工作例会，坚决贯彻执行校长室和各职能部门下达的各项任务，主持本年级班主任例会，加强班主任工作培训、指导，不断提高班主任工作水平
3. 定期召开全年级学生会议和部分学生座谈会，了解学生对学校、教师教学工作的建议，不断改进工作
4. 全面提高本年级教学质量，提高学生的升学率，保持学校的竞争力
5. 配合学校做好本年级教师的考核工作，考核过程和结果做到公平、公正、公开

资格要求

任职条件

1. 大学本科及以上学历
2. 五年以上教育教学工作经历
3. 具有中级以上专业技术职称
4. 具备较高的教学业务水平、较强的教育科研能力
5. 具备出色的人际沟通能力和组织管理能力

（三）大学部分岗位职位说明书

1. 助教

单位名称（盖章）： 　　　　　　　　　　　　　　　编写日期：＿＿＿＿年＿＿＿＿月＿＿＿＿日

岗位名称	助教	工作部门	
岗位类别	专业技术岗位	岗位等级	

工作描述	
工作概述	协助指导老师进行教学活动
岗位职责	1. 与指导教师配合，明确指导教师对助教的工作要求；仔细研读教学大纲，了解所用教学设备、教学方式和教学进度；做好课前准备工作 2. 依据工作需要，可担任某些课程的部分或全部讲课任务 3. 承担学生辅导、答疑、批改作业、实践课等教学管理工作 4. 了解学生的知识基础，认真组织课堂教学，努力调动学生的学习积极性，培养学生兴趣和能力 5. 及时了解学生的反馈情况，尽量满足学生的学习要求 6. 严格执行各项考试制度，做好考试工作，认真做好评卷工作和试卷分析，准确记录学生成绩，及时将成绩上报教务部门 7. 参加教学法研究、教育教学改革实践、社会服务，承担教育教学管理工作和学生的思想政治工作 8. 完成学校安排的其他教学、科研、教育教学管理等工作任务
工作标准	1. 熟悉课程教学的基本要求，根据教学计划、教学大纲的要求认真备写教案并进行教学准备工作，填写教学任务书、教学日志，安排好实验课、实践（习）课、上机课等，完善教学环节 2. 必须按照教学工作量计算办法，完成学年定额教学工作量。认真进行教学研究，一年至少撰写一篇教学总结报告，或参与一项教改项目，不断改进教学方法，充实、更新教学内容 3. 自觉参加各项教研活动，开展课题研究，提高教学质量 4. 积极参加各类继续教育，坚持终身学习，不断提高理论素养和业务能力

资格要求	
任职条件	1. 大学本科及以上学历 2. 取得高等学校教师任职资格 3. 掌握本学科的基础理论，具备较强的教育教学能力和科学研究能力

2. 讲师

单位名称（盖章）： 　　　　　　　　　　　　　编写日期：_____年_____月_____日

岗位名称	讲师	工作部门	
岗位类别	专业技术岗位	岗位等级	
工作描述			
工作概述	担任一门及以上课程的讲授工作		
岗位职责	1. 独立承担一门及以上课程的讲授工作；承担本科生课程设计、生产实习、社会调查、毕业设计（毕业论文）的指导工作 2. 参加学科专业建设，参加本学科的学术团队；根据需要参加教材、教学资料和教学文件的编写工作；积极开展教学研究和科学研究工作 3. 参加实验室建设和实验教学的研究与改革 4. 必须按照教学工作量计算办法，完成学年定额教学工作量 5. 参与教育教学改革、教材建设、课程建设等工作，参与教育教学和教学法研究 6. 完成学院安排的其他教学、科研、教育教学管理等工作任务 7. 接受学历学位培养和继续教育，参加各种形式的在职培训学习		
工作标准	1. 制订教学进度表，填写教学任务书、教学日志，安排好习题课、讨论课、实验课、实践（习）课、上机课等，完善教学环节 2. 按照课程特点和学院要求布置并及时批改学生作业，做好作业的讲评，定期安排答疑辅导，认真记载作业成绩 3. 选择适当的教学方法，认真组织课堂教学，努力调动学生的学习积极性，培养学生的兴趣和能力，及时了解学生的反馈情况，尽量满足学生的学习要求 4. 对学生进行严格要求、严格管理，认真做好课堂考勤 5. 所任课程教学效果良好，综合考评学生满意度达到_____%以上 6. 积极从事科学研究工作，每学期在国内外公开出版的学术刊物上发表一篇论文或课题报告		
资格要求			
任职条件	1. 大学本科及以上学历 2. 取得高校教师专业技术职务任职资格和高等学校教师资格 3. 系统地掌握本学科的基础理论，具备岗位所需的教育教学能力、科学研究能力		

3. 副教授

单位名称（盖章）：　　　　　　　　　　　　　　编写日期：＿＿＿＿年＿＿＿＿月＿＿＿＿日

岗位名称	副教授	工作部门	
岗位类别	专业技术岗位	岗位等级	

工作描述		
工作概述	执行教学计划，完成教学任务，承担一定的科研项目或课题	
岗位职责	1. 每年至少承担一门课程的讲授工作 2. 组织课堂讨论，指导实习、社会调查，指导毕业论文、毕业设计工作 3. 掌握本学科范围内的学术发展动态，参加学术活动并提出学术报告，参加科学研究、技术开发、社会服务及其他科学技术工作，根据需要担任科学研究课题负责人，负责或参加审阅学术论文 4. 主持或参加编写、审议新教材和教学参考书，主持或参加教学法研究 5. 指导实验室的建设、设计，革新实验手段或充实新的实验内容 6. 按照教学工作量计算办法，完成学年定额教学工作量 7. 指导学生毕业论文（设计），指导和培养青年教师 8. 参与教育教学改革、教材建设、课程建设等工作，参与教学质量与教学改革工程项目研究	
工作标准	1. 认真研究课程教学的基本要求，选择合适的教材，并根据教学计划、教学大纲的要求备写教案并进行教学准备工作，制定教学进度表 2. 积极从事科学研究工作，在任职期间，平均每年至少以学院名义在本专业核心期刊上公开发表学术论文一篇或普通期刊上公开发表学术论文两篇，或出版专著一部（字数不少于＿＿＿＿＿万字），或编写教材一部（字数不少于＿＿＿＿＿万字），或申请到厅级以上科研项目一项并结题，或获得横向科研经费＿＿＿＿＿万元以上，或所负责的实验室获省级重点实验室，或获厅级以上政府科技一、二等奖，或获批为省级精品课程	

资格要求		
任职条件	1. 研究生和硕士以上学历和学位 2. 承担五年以上讲师职务工作，或获得博士学位且已承担两年以上讲师职务工作 3. 对本学科具有系统而扎实的理论基础和比较丰富的实践经验，在教学研究方面有较高造诣，能及时掌握本学科发展前沿的状况，并熟练掌握一门外语 4. 发表过有一定水平的科学论文或出版过有价值的著作、教科书，或在教学研究方面有较高造诣，或在实验及其他科学技术工作方面有较大的贡献	

4. 教授

单位名称（盖章）：　　　　　　　　　　　编写日期：＿＿＿年＿＿＿月＿＿＿日

岗位名称	教授	工作部门	
岗位类别	专业技术岗位	岗位等级	

工作描述	
工作概述	执行教学计划，完成教学任务，承担一定的科研项目或课题
岗位职责	1. 提出学科前沿的研究课题，充分发挥教学、学术带头作用，领导或参加本学科教学、科研工作及专业建设、学科建设工作 2. 指导教育教学改革、教材建设和教研室工作，进行教学质量与教学改革工程项目的研究 3. 主持科研项目，每年有科研成果发表或出版，保持在本学科内的学术地位 4. 指导学生毕业论文（设计），指导和培养青年教师 5. 组织科研团队，帮助和指导青年教师从事教学与科研工作，提高青年教师的教学和科研水平 6. 积极参与学校及所在学院的各类活动，对学校及所在学院的建设与发展提出自己的意见和建议 7. 积极参加高水平的学术交流活动和产学研活动，服务地方经济建设和社会发展 8. 完成学院安排的教学、科研、教育教学管理等其他各项工作
工作标准	1. 每年承担规定学时的教学工作量 2. 负责指导、培养＿＿＿～＿＿＿名青年教师 3. 任期内完成学校规定的科研工作量

资格要求	
任职条件	1. 研究生以上学历 2. 承担五年以上副教授职务工作 3. 发表、出版过有创见性的科学论文、著作或教科书，或有重大的创造发明 4. 在教学管理或科学研究管理方面具备组织领导能力

5. 高级实验师

单位名称（盖章）：　　　　　　　　　　编写日期：_____年_____月_____日

岗位名称	高级实验师	工作部门	××实验室
岗位类别	专业技术岗位	岗位等级	

	工作描述
工作概述	掌握本学科实验领域国内外学术和技术动态及最新理论，为本实验室提供学术和技术指导
岗位职责	1. 参加实验室的科研、教改项目并独立承担部分具体工作 2. 按照教学大纲的要求（或科研机构有关实验项目的要求），参与设计实验方案，独立承担本、专科生实验教学的全部准备工作 3. 独立指导学生进行实验，批改实验报告，教学文件齐备，实验（实习、实训）教学工作量达到_____人时数 4. 指导、组织使用大型仪器设备的教学实验，解决本系统实验工作中关键性技术难题 5. 根据大型仪器设备的操作规程，管理和使用仪器设备，提高大型实验设备的使用效率和共享率 6. 参加实验室的建设工作，制订职责范围内的实验工作计划和技术管理规章制度 7. 参与实验室实验人员队伍建设工作，参与实验室人员的考核工作，指导和培养初级实验技术人员 8. 协助实验室主任负责对实验室财物进行科学和规范的管理，分管的实验室仪器设备的完好率达到80％以上、账卡物相符率为100％
工作标准	1. 具备组织和指导大型实验技术工作以及解决关键性技术问题的能力，并写出较高水平的实验综述报告 2. 在本校实际承担实验（实习）教学总时数不少于_____时数 3. 在省级以上学术刊物上公开发表独撰或第一作者的专题学术论文、教学研究论文、实验研究报告或实验室建设研究论文_____篇以上 4. 仪器设备的利用率和完好率分别达到_____％和_____％

	资格要求
任职条件	1. 大学本科以上学历或学士以上学位 2. 取得实验师资格并受聘实验师职务五年以上 3. 熟悉本学科国内外的实验技术现状和发展趋势 4. 掌握本学科系统理论基础和扎实的专业知识，具有较高的理论研究水平 5. 具备组织和指导大型实验技术工作以及解决关键性技术问题的能力 6. 具备较强的实验教学能力，教学实绩突出

6. 辅导员

单位名称（盖章）：　　　　　　　　　　　　　　编写日期：＿＿＿年＿＿＿月＿＿＿日

岗位名称	辅导员	工作部门	
岗位类别		岗位等级	

	工作描述
工作概述	负责班级日常事务管理和学生的行为管理
岗位职责	1. 对学生进行经常性的社会公德、职业道德、法制观念、纪律观念和校纪校规教育，帮助学生养成文明规范的行为习惯 2. 协助学校教务部门和学院抓学风建设，教育学生明确学习目的，与任课教师积极配合，抓学生的专业学习，帮助其掌握科学的学习方法 3. 深入学生，保持与学生经常性的接触与思想交流，建立畅通的学生信息渠道，及时反映和解决学生在思想、学习和生活上的问题 4. 定期对学生进行安全教育 5. 协助学校做好学生帮困工作，掌握特殊群体（经济困难、身心疾患等）学生的基本情况和思想动态，做好奖、助学金的分配工作 6. 做好学生党员发展对象的培养、考察和发展工作 7. 积极开展就业指导和服务工作，帮助大学生树立正确的就业观念，为大学生提供高效优质的就业指导和信息服务 8. 指导学生广泛开展课外科技文化和社会实践活动，通过活动培养学生的实践能力和创新精神 9. 积极、及时、准确地向系团总支书记及分管领导汇报学生的有关情况，对学生中的突发事件，要及时报告和做出处理
工作标准	1. 经常深入学生教室、宿舍、食堂等场所，及时了解学生的学习、生活情况和学生的思想动态，帮助学生解决实际困难 2. 坚持公平、公正、公开原则，做好德育评定和奖、助学金评定工作 3. 培养学生终身学习能力，帮助学生明确学习目的，端正学习态度，提高学习能力 4. 指导学生进行职业生涯规划，帮助大学生树立正确的就业观念

	资格要求
任职条件	1. 大学本科以上学历 2. 掌握思想政治教育、教育学、心理学等相关专业知识 3. 具有较高的政治思想业务素质，拥护党的路线方针政策，乐于奉献，热爱党政管理工作及学生思想政治教育工作 4. 具备较强的组织领导能力和语言文字表达能力

7. 系主任

单位名称（盖章）：　　　　　　　　　　　编写日期：＿＿＿＿年＿＿＿＿月＿＿＿＿日

岗位名称	系主任	工作部门	
岗位类别	管理岗位	岗位等级	

工作描述	
工作概述	在分管教学的校长领导下，负责本系的教学、科研、实验室建设等管理工作
岗位职责	1. 根据学校工作计划和安排，制订、组织实施本系学期与学年工作计划，并进行工作总结 2. 负责本系专业设置建设、课程建设、教材建设、校内外实训基地建设的工作 3. 负责本系教学环节的组织管理和教学质量的监控与督导 4. 主持、审定本系科研、教改课题的立项 5. 负责本系师资队伍建设 6. 协助办理学生的招生工作和毕业分配工作 7. 主持召开系务会或其他相关会议，研究处理系内问题 8. 根据教学、科研、管理、对外交流等工作需要，搞好对外联络 9. 负责本系与同级横向部门的平衡协调，完成上级部门领导交办的其他工作，能够应急处理临时突发事件
工作标准	1. 完成学校规定的科研任务 2. 负责全系人事方面的工作，职工聘任、考核、奖惩等项工作做到公开、公正 3. 关心学生的全面发展，组织职工开展"教书育人，服务育人"等活动，把学生培养成为国家所需要的合格人才，且学生就业率达到＿＿＿＿％ 4. 及时组织安排系党总支、系行政有关会议，并负责落实、检查会议的执行情况，发现问题及时汇报，并提出解决问题的意见

资格要求	
任职条件	1. 研究生以上学历、副教授以上职称，且须有五年以上本专业教学和管理工作经历 2. 具有一定的政策理论水平 3. 具备较强的组织管理能力、团结协作意识和开拓创新精神，具备较强的科研能力

8. 教务处处长

单位名称（盖章）：　　　　　　　　　　　　　　编写日期：＿＿＿年＿＿＿月＿＿＿日

岗位名称	教务处处长	工作部门	教务处
岗位类别	管理岗位	岗位等级	
工作描述			
工作概述	在校党委、行政部门的领导下，依据教务处工作职责，开展工作 1. 组织制订全校教学常规管理、教学质量监控、教材管理等实施方案 2. 做好教学动态调研，为学校制订有关制度提供参考意见		
岗位职责	1. 在分管校长指导下，组织制订并实施全校教学管理工作目标、计划、制度、方案 2. 组织制订全校学科建设规划，提出全校专业设置及学科调整意见 3. 建立全校的教学质量监控体系，组织教学检查、教学督导、教学信息反馈，开展各类教学评估和评优，组织开展学科建设、课程建设和教学研究工作并组织经验交流，负责优秀教学成果评选及推荐工作 4. 负责和指导全校实验教学仪器设备的管理工作 5. 根据专业建设和课程设置的需要，提出各专业实验室建设的意见，并指导实验室建设工作 6. 负责对教师教学工作的考核，负责教师教学工作量核查		
岗位职责	1. 搞好教学常规管理、学籍管理、考试管理和教材管理及全处经费管理 2. 负责编制校历，负责全校教学计划的组织实施，负责全校教学资源的调度，协调解决教学中存在的问题 3. 协调各分管处长之间、各科室之间及各教学单位之间的关系		
工作标准	1. 依据本部门职责开展工作，对所分管的工作有布置、有落实 2. 工作安排合理、科学，无人为失误 3. 带领全处员工团结协作，务实进取，部门风气好		
资格要求			
任职条件	1. 大学本科及以上学历、教授职称 2. 具备较高政策理论水平、较好的语言和文字表达能力和较丰富的教学管理经验 3. 具备较强的宏观组织协调能力		

9. 后勤管理处处长

单位名称（盖章）：　　　　　　　　　　　　　编写日期：＿＿＿＿年＿＿＿＿月＿＿＿＿日

岗位名称	处长	工作部门	后勤管理处
岗位类别	管理岗位	岗位等级	

	工作描述
工作概述	在校长和主管后勤校长的领导下，全面负责学校的后勤管理、服务、保障工作，为学校师生正常工作、学习、生活提供优质保障
岗位职责	1. 结合学校建设总体规划，协助分管校领导做好新校园建设相关工作 2. 负责学校教学、办公用品等的采购、供应、管理工作 3. 负责学校水、电、暖正常供应工作 4. 负责学校的基建、维修管理工作 5. 负责校产管理工作、出（入）库管理和检查验收等工作 6. 负责学校绿化、美化、硬化、亮化的统筹规划、实施工作，包括苗圃管理工作 7. 负责后勤对外联络，以及与其他处室、部门、单位的协调、配合工作 8. 负责全处职工的管理与协调工作，并向有关领导提出对职工进行奖惩的建议
工作标准	1. 在学校党委、行政部门领导下，全面主持基建办工作，认真搞好学校基本建设工作，服务意识强 2. 能围绕学校中心工作，组织落实学校基本建设和维修任务 3. 能协调校内外关系，积极与各级主管部门沟通
	资格要求
任职条件	1. 熟悉学校基本情况，具备一定的组织管理和协调能力 2. 大学本科以上学历、中级以上职称 3. 熟悉基建方面的相关法律法规

10. 食堂管理员

单位名称（盖章）：　　　　　　　　　　　　　编写日期：＿＿＿＿年＿＿＿＿月＿＿＿＿日

岗位名称	食堂管理员	工作部门	后勤处
岗位类别	工勤技能岗位	岗位等级	

	工作描述
工作概述	做好食堂卫生，安排好师生就餐，保持良好的工作秩序
岗位职责	1. 严格贯彻执行食品卫生法和学校有关食堂工作规章制度，合理安排调配各类人员，提高学校伙食质量 2. 按照食品卫生有关规定，搞好食品卫生、个人卫生、环境卫生，保证安全生产，防止事故发生 3. 掌握各种信息，不断引进先进科学管理方法和听取意见，改进食堂工作，提高食堂管理水平 4. 经常检查库存物资，了解库存情况 5. 做好食堂工作人员的考勤、考绩、评奖工作 6. 虚心听取就餐师生的意见和要求，不断改进工作
工作标准	1. 认真做好卫生检查工作，卫生检查合格率达到＿＿＿＿＿％ 2. 满意度评价达到＿＿＿＿＿％ 3. 妥善安排伙食，掌握好食品用量，搞好成本核算，防止过量盈余和亏损，节约粮食、水电，杜绝浪费现象

	资格要求
任职条件	1. 踏实肯干，善于钻研，责任心强 2. 具有相应的职业资格证书 3. 大专以上文化程度，掌握较强的财务知识和统计知识，熟练掌握餐饮方面的业务知识

11. 宿舍管理员

单位名称（盖章）： 　　　　　　　　　　编写日期：＿＿＿年＿＿＿月＿＿＿日

岗位名称	宿舍管理员	工作部门	宿管科
岗位类别	工勤技能岗位	岗位等级	

	工作描述
工作概述	负责本宿舍区域内学生安全管理、用水用电及宿舍区域公物、公共卫生管理等工作
岗位职责	1. 做好学生宿舍门卫工作，按规定时间执行关锁宿舍区大门、熄灯等工作 2. 做好学生亲属来访出入、留宿等登记工作 3. 负责本宿舍区域安全管理工作 4. 在宿管科领导下，对本宿舍区域卫生进行检查、督促和管理 5. 负责本宿舍区域物品管理工作 6. 协助辅导员及学生处对宿舍区纪律、行为进行管理，对违反宿舍管理办法的行为进行查处 7. 掌握本楼学生的基本情况，加强与学生沟通，及时反馈相关信息，做好值班记录，负责处理学生在宿舍的偶发事件、紧急情况及事件
工作标准	1. 能认真遵守岗位工作制度，工作期间无责任事故 2. 经常对本宿舍区域进行巡查，对违反《学生宿舍管理规定》的人和事进行阻止、处理 3. 做好学生宿舍门卫工作 4. 保持所辖区域的公共卫生，每天按时进行卫生清扫，保持楼道、卫生间等公共区域的清洁 5. 出现突发事件，采取积极有效措施，确保学生和学校财产安全 6. 负责宿舍物品、设施报修的登记、上报工作，对宿舍内损坏物品及时报后勤处进行维修
	资格要求
任职条件	1. 高中以上文化程度 2. 身体健康，有较强的责任心及耐心 3. 具备一定的日常安全管理及学生思想教育工作能力

12. 锅炉工

单位名称（盖章）：　　　　　　　　　　　　编写日期：_____年_____月_____日

岗位名称	锅炉工	工作部门	后勤处
岗位类别	工勤技能岗位	岗位等级	

工作描述	
工作概述	负责学校锅炉的安全运行，保证按时供水、供气
岗位职责	1. 切实保证学校的热水和生活用水供应，定期检修设备，确保师生安全用水 2. 节约资源，杜绝浪费原材料 3. 负责锅炉及其所属设备的维修保养和故障检修 4. 严格执行各种设备的安全操作规程和巡回检查制度 5. 确保锅炉房及工作区域随时保持整洁和卫生
工作标准	1. 认真执行锅炉工安全操作规程，精心操作，做到安全运行 2. 按时供水、供气 3. 按规定进行设备的开停机操作和运行监视工作，认真执行巡回检查制，并认真填写报表 4. 发现锅炉有异常现象危及安全时，应采取紧急措施，并及时报告主管领导
资格要求	
任职条件	1. 持有司炉工职业资格证书 2. 具有三年以上锅炉运行经验 3. 具备一定的安全生产知识和操作技巧

13. 司机

单位名称（盖章）：_____　　　　　　编写日期：_____年_____月_____日

岗位名称	司机	工作部门	后勤处
岗位类别	工勤技能岗位	岗位等级	

	工作描述
工作概述	接送学校师生，完成用车和接待任务，满足用车需求；负责车辆的维护与保养
岗位职责	1. 按时出车努力完成工作任务，热情服务师生 2. 自觉坚守工作岗位，坚持按派车单出车，不私自出车及私自改变行车路线 3. 牢固树立"安全第一"的思想。按时出车，严格执行交通法规，确保行车安全 4. 严格执行车辆的"三检"制度，勤于维护保养，及时发现、排除故障，保持良好车况 5. 负责车辆的年审、日常的维修以及保养工作 6. 严禁酒后驾车，严禁疲劳驾驶，杜绝各种事故的发生 7. 做好行车记录，节约开支，保持车内整洁
工作标准	1. 及时办理各种行车手续 2. 做好各项出车准备工作，对车胎、汽油、润滑油、刹车、冷却水等仔细检查，确保安全 3. 自觉遵守交通规则，服从交通管理，安全行车，不开疲劳车和情绪车，严禁酒后驾车 4. 行车记录完整、规范 5. 使用礼貌用语，做到礼貌待人

	资格要求
任职条件	1. 中专以上学历 2. 三年以上机动车驾驶经验，熟悉行车路线，熟悉车辆年检、保险办理等程序 3. 具备良好的驾驶技术和安全、服务意识，身体健康，工作踏实，积极主动 4. 掌握汽车日常故障修理知识

三、医院岗位说明书范例

（一）医院院长

单位名称（盖章）：　　　　　　　　　　　　编写日期：＿＿＿＿年＿＿＿＿月＿＿＿＿日

岗位名称	院长	工作部门	院长办公室
岗位类别	管理岗位	岗位等级	

	工作描述
工作概述	主持医院工作，把握医院发展方向，制订医院经营发展战略，对重大问题进行决策
岗位职责	1. 根据相关方针政策，全面领导医院的医疗护理、教学科研、预防保健、人力资源、财务经营、信息管理以及后勤保障等各项工作 2. 组织制订医院的总体发展规划、年度工作计划，按期布置、检查、指导、总结工作，并向上级领导部门反馈、汇报 3. 指导、监督全院各科室、部门、岗位的工作，不断提高医疗服务质量，保证医院高效运作 4. 抓好医院的经营管理和质量考核工作，降低医疗成本，提高经济效益，调动员工的积极性 5. 施行科技兴院方针，重视人才培养和医务人员继续教育，积极开展医疗技术新项目 6. 根据国家相关人事政策和医院的管理制度，决定员工的聘任、解聘、晋升、奖惩等 7. 改进医疗作风，促进医院精神文明建设，树立行业典范
岗位权限	1. 对医院资产的经营管理权和医院资金使用的支配权 2. 在紧急情况下，对医院出现的重大突发性问题有临时处置权 3. 根据相关人事政策，享有人事任免权 4. 对医疗、科研、教学、行政、资产运营和其他管理活动的决策权和指挥权 5. 代表医院与政府、社团和其他团体及个人的联络权 6. 对医院各科室的设置、规模的调整和撤销权

	资格要求
任职条件	1. 医学及其相关专业大学本科以上学历 2. 具有五年以上医院中层管理经验 3. 熟悉医院领先学科建设，能指导、协调、监督解决学科建设中的相关问题，能领导医院完成学科建设中临床、科研及教学任务 4. 熟悉现代医学基础知识和相关的法律法规，有较高的医学理论水平和技术水平 5. 事业心、责任感强，有较强的组织领导能力、综合分析能力和解决问题的能力

（二）后勤副院长

单位名称（盖章）：　　　　　　　　　　　　　编写日期：＿＿＿年＿＿＿月＿＿＿日

岗位名称	后勤副院长	工作部门	医院后勤部
岗位类别	管理岗位	岗位等级	

工作描述	
工作概述	在院长的领导和指导下，协助院长负责医院行政后勤管理工作
岗位职责	1. 以提高医院科学管理水平为目标，贯彻执行相关行政管理的政策规定、法律法规，组织制订医院的相关决议，完善管理制度 2. 贯彻并执行相关制度，规范工作流程，降低运营成本，保证医院一线医疗工作正常运行 3. 管理、指导、协调医院相关后勤的各项工作，具体做好后勤保障、安全保卫等工作。积极维护医院的正常工作秩序 4. 组织督导医院非药品物资的采购、保管和供应工作 5. 参与医院重大决策，为医院行政管理重大决策提供建议和信息支持 6. 负责协调分管部门内部、分管部门之间、分管部门与医院其他部门之间的关系
岗位权限	1. 签发本院行政后勤管理的相关文件 2. 医院重大决策的建议权 3. 分管工作的监督检查权 4. 直接下级岗位任命的提名权和调配奖惩建议权

资格要求	
任职条件	1. 大学本科以上学历 2. 具有副高级以上职称任职资格 3. 熟悉后勤管理、物资管理知识，通晓现代医院管理知识和相关的国家法律法规，熟悉医院的业务流程 4. 具备较强的处理复杂问题的能力和应对突发事件的能力，具备较高的医院管理水平 5. 具有从事该职位相关领域或专业的工作经历，了解医院医教研防等相关情况，了解医疗卫生相关政策、法律和制度；有较高的职业素质

（三）人力资源部主任

单位名称（盖章）：　　　　　　　　　　　　　编写日期：＿＿＿＿年＿＿＿＿月＿＿＿＿日

岗位名称	人力资源部主任	工作部门	人力资源部
岗位类别	管理岗位	岗位等级	
工作描述			
工作概述	在院长、主管副院长的领导和指导下，根据医院的发展规划，制订医院人事政策，做好医院招聘、培训、绩效考核、薪酬福利等工作，为实现医院的战略目标提供人力资源保障		
岗位职责	1. 根据医院相关政策规定和发展规划，制订医院人力资源规划和人事政策 2. 根据人事政策、制度和有关规定，负责全院人员定编定岗定员、机构设置、人事统计及人员调配等管理工作 3. 制订医院的人才招聘方案、薪酬分配方案、培训方案，并督促相关部门实施 4. 与各部门科室研究提出全院工作人员的考核、晋升、奖惩和调整工资的意见 5. 按照国家规定，做好离退休人员的相关工作 6. 全面负责全院人员档案的整理、收集与归档工作，做好全院人事统计工作 7. 协调与院内外业务单位的关系，以取得良好的工作支持		
岗位权限	1. 负责本科室人员的监督、检查和考核权 2. 对医院出台的相关政策的解释权 3. （在管理权限内）对全院员工工作的调配、聘用、奖惩的建议权		
资格要求			
任职条件	1. 大学本科以上学历，医学或管理学相关专业 2. 具有五年以上医院管理经验 3. 熟悉医院管理工作，有胜任领导工作的组织能力，有较强的处理复杂问题的能力和应对突发事件的能力，有较高的医院管理水平 4. 具备较强的组织、管理、沟通、协调和推进能力；工作认真细致，原则性强		

（四）财务部主任

单位名称（盖章）：　　　　　　　　　　　　编写日期：＿＿＿年＿＿＿月＿＿＿日

岗位名称	财务部主任	工作部门	财务部
岗位类别	管理岗位	岗位等级	

工作描述		
工作概述	在主管副院长的领导下，根据医院的发展实际，组织做好医院的财务管理工作	
岗位职责	1. 根据医院发展规划和业务工作计划，以及上级下达的控制指标，组织编制医院财务计划、预算和年度、季度（或月度）财会计划，认真组织实施并按有关规定和权限加强管理 2. 根据事业计划，按照规定的统一收费标准，合理地组织收入。根据医院特点、业务需要和节约原则，节约行政开支，监督预算资金的使用 3. 正确运用资金，根据医院特点、业务需要及节约开支的原则，全面掌握及调配资金，认真监督预算的执行，使有限的资金发挥最大的效益 4. 督促相关部门按时清理债务，防止拖欠，严格控制呆账 5. 负责组织医院科室经济核算工作 6. 正确、及时地编制年度和季度（或月度）的财务计划，组织办理会计业务，按时报送会计报表 7. 对医院的财产物资管理进行经常的监督、检查和指导，防止浪费和积压 8. 参与医院的经济管理和决策，做好领导参谋；运用财务资料，采用科学方法，参与医院经济管理的全过程；审核各项经济合同、协议 9. 负责对本部门员工的工作调配、业务培训和年终考核、评估	
岗位权限	1. 对会计人员账目的审核权 2. 对本部门人员工作业绩的考核权 3. 对医院的生产经营及财务状况的建议权	

资格要求		
任职条件	1. 大学本科以上学历，财务管理、会计学或金融学专业毕业 2. 具有高级会计师资格 3. 具备财务管理知识、行政管理知识、金融知识和法律知识 4. 熟练使用各种财务管理软件 5. 具有五年以上财务管理经验，其中三年以上医院财务管理经验	

（五）医疗器械科主任

单位名称（盖章）：　　　　　　　　　　　　　编写日期：＿＿＿＿年＿＿＿＿月＿＿＿＿日

岗位名称	医疗器械科主任	工作部门	医疗器械部
岗位类别	管理岗位	岗位等级	

	工作描述
工作概述	在院领导的带领下，做好医疗设置、器械、材料、检验试剂的采购、供应、维修、管理及调配工作
岗位职责	1. 负责组织全院医疗仪器设备、器械、卫生材料的采购、供应、管理、维修工作，保证医疗、教学、科研、预防工作的顺利进行 2. 审查各科室提出的医疗仪器、器械的请购计划，组织有关人员汇编、制订采购计划，报请院长审批后实施 3. 了解、检查各科室对医疗器械的需要和使用、管理情况，做好合理供应和调配，发现问题，及时处理 4. 组织有关人员对购入、调入的国内外贵重仪器设备进行验收、鉴定工作 5. 组织建立贵重仪器管理和使用制度，督促使用人员严格执行操作规程 6. 负责组织和安排维修人员完成医院各种医疗设备维护、保养等管理 7. 负责本科室业务训练，掌握本科室人员的工作动态及业务考核，并提出晋升、奖惩意见
岗位权限	1. 对本科室工作的计划和实施权 2. 对医疗设备、器材的报废审查、上报审批与清查权 3. 对本科室员工的监督、检查与考核权 4. 对本科室员工岗位的调配、聘用与奖惩权
	资格要求
任职条件	1. 了解医疗设备、器械、试剂等方面的知识 2. 熟悉医疗器械的采购流程 3. 熟悉医院管理及工作流程 4. 熟悉医疗器械维修技术流程 5. 具备良好的沟通能力、管理能力

（六）医务部主任

单位名称（盖章）：　　　　　　　　　　　　　　　编写日期：＿＿＿＿年＿＿＿＿月＿＿＿＿日

岗位名称	医务部主任	工作部门	医务部
岗位类别	管理岗位	岗位等级	

	工作描述
工作概述	在医院领导的带领下，拟订本院医疗工作计划，负责全院医疗工作的开展
岗位职责	1. 督促检查各项医疗规章制度和规程的执行情况，定期检查，采取措施，提高医疗质量，严防医疗事故和医疗差错 2. 了解和掌握各临床、医技科室医疗技术工作情况，协调各临床、医技科室的工作，组织协调重危病人的抢救、突发性事件的处置和院内外会诊，检查分析各科室的医疗质量，搞好医疗质量管理 3. 配合做好医学专家、专业组织处理医疗纠纷和医疗事故，对医疗事故、重大差错进行调查，组织讨论、鉴定、处理，做好善后工作 4. 组织医务人员应对防疫、救灾等突发公共卫生事件 5. 负责医师外出进修管理工作；管理来院进修人员，完成上级部门下达的培训任务 6. 对本科室员工进行考核，并提出年晋、聘用及奖惩建议，实施技术骨干和其他人才的引进工作 7. 参与医院管理系统的应用管理，及时获取医疗信息
岗位权限	1. 对本科室工作的计划和实施权 2. 对全院医疗业务人员和本科室员工的监督、检查与考核权 3. 对本科室人员岗位的调配与奖惩权
	资格要求
任职条件	1. 临床医学或医疗专业大学本科以上学历 2. 具有相关专业主治医师以上职称、三年以上医院中层管理经验 3. 具有较为丰富的医疗管理知识和经验，熟悉国家医疗政策法规及医疗管理的基本规律；具备指挥应付突发事件的经验和能力 4. 爱岗敬业，团结同事，责任心强，工作作风严谨，有较强的服务协作意识，有较强的组织、指挥、沟通和协调能力

（七）内科主任

单位名称（盖章）：　　　　　　　　　　　　　编写日期：＿＿＿＿年＿＿＿＿月＿＿＿＿日

岗位名称	内科主任	工作部门	内科
岗位类别	管理岗位	岗位等级	

	工作描述
工作概述	在院长领导下，负责内科的治疗、教学、科研及行政管理工作
岗位职责	1. 制订本科室工作计划并组织实施，经常督促检查，定期总结汇报 2. 领导本科室人员，对病人进行医疗护理工作，完成医疗任务 3. 定时查房，并亲自参加指导急、重、疑、难病例的抢救处理，组织研究重危疑难病例诊断治疗 4. 督促本科室人员，认真执行各项规章制度和技术操作规程，严防并及时处理差错事故 5. 合理安排医师轮换、值班、会诊、出诊工作，充分调动科内人员积极性 6. 参加门诊、会诊、出诊，决定科内病员的转科、转院等 7. 组织全科室人员学习和进行科研工作，运用国内外医学先进经验，开展新技术、新疗法研究 8. 领导本科室人员的业务训练和技术考核工作，提出升、调、奖、惩意见，妥善安排进修、实习人员的培训工作，组织并担任临床教学
岗位权限	1. 制订科室工作计划和实施权 2. 科室内业务决策权 3. 对本科室人员工作的监督、检查与考核权 4. 对本科室仪器设备的管理权

	资格要求
任职条件	1. 本科以上学历，临床医学专业毕业 2. 在本专业有一定建树，具有主治医师以上职称 3. 具有丰富的临床诊治经验，对各种疑难病例具备熟练的诊治能力，并能承担学科带头人和建设梯队人员的工作 4. 具备良好的沟通能力，对病员有亲和力、有爱心，热爱本职工作 5. 具备良好的组织协调能力、领导能力

(八) 普外科主任

单位名称（盖章）：　　　　　　　　　　　　　编写日期：＿＿＿年＿＿＿月＿＿＿日

岗位名称	普外科主任	工作部门	普外科
岗位类别	管理岗位	岗位等级	

	工作描述
工作概述	在院长领导下，全面负责普外科室业务、教学、科研和行政管理工作，组织完成各项指令性任务
岗位职责	1. 根据医院对普外科建设的目标，制订阶段性目标、业务发展规划及年度工作计划，并经常督查业务进展情况，总结阶段性成果，不断完善并定期汇报 2. 负责科内、科间各种关系的协调，并处理好相互的关系 3. 主持本科室例会，正确传达上级指示，保证各项制度、质量标准和操作规程的正确执行，及时进行检查督促反馈 4. 主持科内疑难病症的救治及各类病例讨论，并做出诊疗决策 5. 合理安排好下级工作，对其工作做出客观评定，及时掌握科内成员的思想动态 6. 全面负责科室服务质量和医疗质量，及时处理下级或服务对象的争议、投诉 7. 组织本科室人员业务培训和技术考核工作，带领本科室人员进行科学研究工作 8. 负责科内仪器设备的管理工作
岗位权限	1. 工作目标、工作计划制订权及实施权 2. 科室内业务决策权 3. 对本科室人员工作的监督、检查与考核权 4. 对本科室仪器设备的管理权，科室仪器、器材的请领和报销权
	资格要求
任职条件	1. 相关专业本科以上学历 2. 具有五年以上工作经验 3. 具有执业医师证书和相关职称证书，通过本专业特定的考核及培训 4. 能独立完成普外科危重、疑难疾病的诊治和手术 5. 具备良好的组织管理能力

（九）临床主治医师

单位名称（盖章）：　　　　　　　　　　　　　　编写日期：＿＿＿＿年＿＿＿＿月＿＿＿＿日

岗位名称	临床主治医师	工作部门	临床科室
岗位类别	专业技术岗位	岗位等级	

	工作描述
工作概述	在科主任的领导和主任、副主任医师的指导下，负责本科一定范围内的医疗、教学、科研、预防工作
岗位职责	1. 按时查房，具体参加和指导住院医师的诊断、治疗及特殊诊疗操作 2. 掌握病员的病情变化，病员发生病危、死亡、医疗事故或其他重要问题时，应及时处理，并向科主任汇报 3. 主持病房的临床病例讨论及会诊，检查、修改下级医师书写的医疗文件，决定病员出院，审签出（转）院病历 4. 认真执行各项规章制度和技术操作常规，经常检查本病房的医疗护理质量，严防差错事故。协助护士长搞好病房管理 5. 担任临床教学，指导和培养住院医师及进修、实习医师 6. 参加值班、门诊、会诊、出诊工作 7. 学习与运用国内外先进医学技术，开展新技术、新疗法，进行科研工作
	资格要求
任职条件	1. 学历 大学本科毕业后从事医师执业活动四年以上；大学专科毕业后从事医师执业活动六年以上；取得医师任职资格，并从事医师工作四年以上 2. 专业理论水平 （1）掌握本专业基础理论，具有较系统的专业基础知识，熟悉相关学科的基础理论 （2）了解本专业国内先进技术，并能应用于临床 3. 工作能力 （1）在临床第一线工作，完成规定工作量，具有本专业的临床工作经验 （2）熟练掌握本专业常见病、多发病的诊断与治疗，能独立诊断治疗一般疑难及重危病症 （3）本专业基本技术操作熟练 （4）能承担教学任务，具有指导下级医师学习和工作的能力

(十)护理部主任

单位名称(盖章):　　　　　　　　　　　　　　　编写日期:_____年_____月_____日

岗位名称	护理部主任	工作部门	护理部
岗位类别	管理岗位	岗位等级	
工作描述			
工作概述	在主管院长领导下负责全院临床护理、教学科研、管理工作,拟订全院护理计划,组织实施,并检查护理工作质量、按期总结汇报		
岗位职责	1. 负责全院护理管理制度、规范和标准的制订,做好全院护理质量控制 2. 深入各科室,了解护理工作情况,定期组织护理查房,参与组织指导突发事件的护理抢救和技术指导及疑难问题的会诊工作 3. 检查、指导各科室管理和护理质量,逐步达到制度化、常规化、规范化 4. 协助院长审查各科提出的有关护理用品、设备的申请和使用情况 5. 定期做好护理质量分析并及时上报,为领导决策作好参谋 6. 根据医院对护理人员的调配、招聘、调离通知,做好护理部护理人员动态登记,了解全院护理人员在岗情况 7. 组织全院护理人员的业务技术训练,定期进行业务技术考核 8. 组织领导全院护理科研工作及护理新技术的推广应用,促进护理专业发展 9. 负责处理护理投诉及纠纷		
岗位权限	1. 对本科室工作的计划和实施权 2. 对本科室员工的监督、检查与考核权 3. 对全院护理人员工作的调配、奖惩的建议权		
资格要求			
任职条件	1. 护理专业本科以上学历 2. 具有副主任护师以上技术职称 3. 精通护理专业理论和技术,有丰富的护理管理经验 4. 沟通协调能力较强,善于发现问题,并能够提出解决方案		

（十一）科护士长

单位名称（盖章）： 　　　　　　　　　　　　编写日期：_____年_____月_____日

岗位名称	科护士长	工作部门	护理部
岗位类别	管理岗位	岗位等级	

	工作描述
工作概述	在护理部主任的领导下，负责本科室的护理业务技术管理、行政管理工作
岗位职责	1. 在护理部主任和科主任的业务指导下，根据护理部工作质量标准、工作计划，并结合本科室情况制订本科室护理工作计划并组织实施 2. 根据本科室制订的护理工作计划，合理安排人员排班，做好护理资料的记录与交接工作 3. 随同科主任查房，以便了解护理工作中存在的问题，并加强医护联系 4. 对护理工作中存在的问题及时予以解决 5. 参加全院护理质控，负责本科室护理质量检查 6. 督促护理人员认真执行各项规章制度和护理技术操作规范 7. 认真督促做好本科室消毒隔离工作，防止交叉感染 8. 加强对本科室护理人员的业务技术培训，提高护理技术水平 9. 在工作过程中不断总结经验，积极开展新技术、新业务及护理科研工作
	资格要求
任职条件	1. 护理专业大专以上学历 2. 具有主管护师以上职称 3. 熟悉护理专业理论和技术，能处理本专业的技术问题，有较好的组织、协调、管理能力

（十二）主任护师

单位名称（盖章）：　　　　　　　　　　　　　编写日期：_____年_____月_____日

岗位名称	主任护师	工作部门	护理部
岗位类别	专业技术岗位	岗位等级	
工作描述			
工作概述	在护理部主任的领导下，指导本科护理业务、科研及教学工作		
岗位职责	1. 检查指导本科急、危、重、疑难病人的护理计划、护理会诊工作 2. 主持本科的护理大查房，指导主管护师的查房，不断提高护理业务水平 3. 对本科护理差错、事故提出技术鉴定意见 4. 主持或指导护理查房，组织护理学术讲座和护理病案讨论 5. 组织指导并参与护理科研，参与审定、评价护理论文和科研、技术革新成果 6. 协助护理部主任对全院护士进行业务技术训练和考核，组织本科护理人员和进修实习人员的培训和考核 7. 对全院的护理队伍建设、业务技术管理提出意见 8. 了解国内外本科护理发展动态，并根据本院具体条件努力引进先进技术，提高护理质量		
资格要求			
任职条件	1. 大学专科毕业后，从事护理专业技术工作十年以上，取得副主任护师任职资格，并从事副主任护师工作五年以上 2. 系统掌握本学科基本理论和专业知识，熟悉相关学科知识，熟练掌握本专业各种疾病护理常规及技术操作规程，能全面了解本专业国内外现状及发展趋势，能将最新技术成果应用于护理实践 3. 有丰富的护理工作经验，能独立处理本专业较复杂疑难问题和解决较重大技术问题，平均每年参加临床护理、护理管理、护理教学总计不少于____周 4. 工作业绩较显著，取得具有较高价值的临床护理技术或研究成果 5. 有指导和培养下一级卫生技术人员的能力		

（十三）主管护师

单位名称（盖章）：　　　　　　　　　　　　　编写日期：＿＿＿＿年＿＿＿＿月＿＿＿＿日

岗位名称	主管护师	工作部门	临床科室
岗位类别	专业技术岗位	岗位等级	
工作描述			
工作概述	根据医院管理规定及在护士长的领导下，为患者服务，把好护理质量关，解决护理业务上的疑难问题，做好护理查房、实习带教工作，保障科室护理工作正常、有序进行		
岗位职责	1. 在护士长的领导下，负责完成和担负各项护理工作，承担难度较大的护理技术操作及高、新、尖手术的配合工作 2. 负责督促本科室护理工作质量，发现问题，及时解决，把好护理质量关 3. 解决本科室护理业务上的疑难问题，指导危重、疑难病人护理计划的制订及实施工作 4. 负责指导本科室各病房的护理查房和护理会诊，对护理业务给予具体指导 5. 对本科室各病房发生的护理差错、事故进行分析、鉴定，并提出防范措施 6. 协助护士长组织新业务、新技术的学习与研讨 7. 制订本科室护理科研和技术革新计划，并组织实施。指导全科室护师、护士开展科研工作		
资格要求			
任职条件	1. 护理专业大专以上学历 2. 具有护师以上职称 3. 具备一定的护理管理能力及人际关系沟通、协调能力		

（十四）护师

单位名称（盖章）：　　　　　　　　　　编写日期：＿＿＿年＿＿＿月＿＿＿日

岗位名称	护师	工作部门	护理部
岗位类别	专业技术岗位	岗位等级	

	工作描述
工作概述	在护士长和上级护师的指导下，完成本职范围内的护理常规技术工作
岗位职责	1. 参加病房的护理临床实践，指导护士正确执行医嘱及各项护理技术操作规程，发现问题要及时解决 2. 协助护士长拟订护理计划，参与病房管理工作 3. 对病房出现的护理差错、事故进行分析，提出防范措施 4. 参加临床教学工作，制订学习计划，协助护士长对护士业务知识与技能进行培训 5. 协助护士长制订本病房的科研、技术革新计划，提出科研问题，并组织实施 6. 参加护理人员在职业务学习，掌握新的业务知识和操作技术，不断提高业务技术水平，并积极参与医院的科研工作
	资格要求
任职条件	1. 护理专业大专以上学历 2. 具有三年以上护理工作经验，护师或以上职称 3. 熟悉护理理论，掌握护理操作技术；熟悉医院工作流程，了解国内外护理技术发展方向

（十五）护士

单位名称（盖章）：　　　　　　　　　　　　　　编写日期：＿＿＿＿年＿＿＿＿月＿＿＿＿日

岗位名称	护士	工作部门	护理部
岗位类别	专业技术岗位	岗位等级	
工作描述			
工作概述	在上级领导的指导下，完成本职范围内的护理常规技术工作		
岗位职责	1. 认真执行各种护理制度和技术操作规程，正确执行医嘱，准确及时完成各项护理、治疗工作 2. 严格执行查对制度，精心操作，防止差错，杜绝事故的发生 3. 经常巡视患者，密切观察并记录危重患者的病情变化，发现异常及时处理并报告 4. 办理入院、出院、转科等手续，做好有关文件的登记工作 5. 认真做好交接班记录 6. 定期更换消毒液，负责保持治疗室环境的安静，督促卫生员做好清洁工作 7. 努力学习业务，不断提高护理水平		
资格要求			
任职条件	1. 护理专业大专以上学历 2. 具有护士职业资格 3. 熟练掌握护理的一般技能 4. 具备良好的服务意识和沟通能力		

（十六）医技科主任

单位名称（盖章）：　　　　　　　　　　　　　　　编写日期：＿＿＿＿年＿＿＿＿月＿＿＿＿日

岗位名称	医技科主任	工作部门	医技部
岗位类别	管理岗位	岗位等级	

	工作描述
工作概述	在院长领导下，负责医技科各项业务和行政管理工作，带领全科室人员完成医院下达的各项任务
岗位职责	1. 组织制订各医技科室的工作计划，组织实施，经常督促检查，按时汇报总结 2. 督促医技科室各类人员认真执行各项规章制度和技术操作规程，确保安全，不断提高医疗质量，严防差错事故 3. 配合临床参加各急诊、危重、疑难病员的会诊抢救工作 4. 经常深入科室，了解需要，征求意见，改进工作 5. 定期召开医技科系统会议，及时协调科室间出现的问题 6. 负责组织开展新技术、新疗法、新项目和科学研究工作，并经常总结和汇报 7. 负责抓好本科室业务人员的业务技术培训、考核，安排组织进修生、实习生工作和学习
职位权限	1. 对本科室工作的计划和实施权 2. 对本科室员工的监督、检查与考核权 3. 对本科室员工岗位的调配、聘用与奖惩权 4. 对本科室各项事务的管理权
	资格要求
任职条件	1. 本科以上学历 2. 具有本专业高级专业技术职称 3. 医疗技术水平高，具备解决本专业疑难危重疾病的能力

（十七）病理科主任

单位名称（盖章）：　　　　　　　　　　　　　　　编写日期：_____年_____月_____日

岗位名称	病理科主任	工作部门	病理科
岗位类别	管理岗位	岗位等级	

	工作描述
工作概述	在院长的领导下，负责领导本科的医疗、教学、科研及行政管理工作
岗位职责	1. 制订本科室工作计划并组织实施，经常督促检查，按期总结汇报 2. 督促本科室人员认真执行各项规章制度和技术操作规程，保证检查结果准确 3. 参加疑难病例的病理检查，组织病理讨论 4. 参加会诊和临床病理讨论会，经常与临床科室取得联系，征求意见，改进工作 5. 督促科内人员做好病理资料的积累和保管，搞好登记、统计工作 6. 负责组织本科室人员的业务训练和技术考核，提出升、调、奖、惩的具体意见 7. 关注学科发展方向，收集病理技术信息，引进或研发新技术和新项目
岗位权限	1. 病理科相关工作的建议权 2. 对医院病理资料的监管权 3. 对本科室员工岗位的调配、聘用、考核、奖惩权
	资格要求
任职条件	1. 有临床医学专业大学本科以上学历 2. 从事病理工作八年以上，三年以上病理科管理岗位工作经验 3. 有良好的专业技能和职业操守 4. 具备较强的组织管理能力 5. 能完成一般病理疑难片的诊断和会诊工作

（十八）放射科主任

单位名称（盖章）：　　　　　　　　　　　　　　编写日期：＿＿＿年＿＿＿月＿＿＿日

岗位名称	放射科主任	工作部门	放射科
岗位类别	管理岗位	岗位等级	

	工作描述
工作概述	在院长的领导下，负责本科室的医疗、科研、教学和行政管理工作
岗位职责	1. 制订本科室工作计划并在批准后组织实施，经常督促检查，按期总结汇报 2. 根据本科室人员技术水平、设备情况等进行分工管理，保证对患者进行及时诊断和治疗 3. 主持每日晨会、集体阅片，审签重要的诊断报告，参加临床会诊和对疑难病例的诊断治疗 4. 指导监督下属的业务工作，经常检查放射诊断治疗和投照质量，提高诊断符合率和甲片率 5. 组织领导本科人员认真执行各项规章制度和技术操作规程，定期检查设备维护、使用和保养情况 6. 经常和临床科室沟通联系，征求意见，改进工作 7. 组织本科室人员学习和科研 8. 组织本科室人员进行业务培训和技术考核，并提出升、调、奖、惩的意见
岗位权限	1. 制订科室工作计划和实施权 2. 科室内业务决策权 3. 对本科室人员的监督、检查和考核权 4. 对本科室仪器设备的管理权

	资格要求
任职条件	1. 大学本科以上学历，医学影像专业毕业。 2. 具有中级以上专业技术职称、大型设备上岗证 3. 具有较高的专业技术水平和五年以上本岗位工作经验 4. 具有一定的科室管理经验，有较强的组织、协调能力和语言表达能力

（十九）放射科技师

单位名称（盖章）：　　　　　　　　　　　　　　编写日期：＿＿＿＿年＿＿＿＿月＿＿＿＿日

岗位名称	放射科技师	工作部门	放射科
岗位类别	专业技术岗位	岗位等级	
工作描述			
工作概述	在科主任的领导和上级医、技师的指导下，负责常规投照工作及仪器管理工作		
岗位职责	1. 负责放射科常规 X 线投照、CT 等放射技术工作 2. 负责科内设备的安装、维修、保养、清洁及消毒工作，配合主管技师负责专业仪器、设备的安装、调试、操作和检查等工作 3. 严格执行各种规章制度、技术操作规程和 X 线防护保健条例，杜绝差错事故 4. 参加值班，参加每日集体评片，配合主管技师的工作 5. 做好进修实习人员的带教工作，帮助指导技士的业务工作 6. 参加科内的技术科研项目，开展技术革新和科学研究，担任一定的教学工作		
资格要求			
任职条件	1. 医学影像专业毕业 2. 具有初级以上职称、专业上岗证 3. 具有两年以上工作经验 4. 具备较强的学习能力、分析能力及沟通协调能力		

（二十）药剂科主任

单位名称（盖章）：　　　　　　　　　　　　　编写日期：_____年_____月_____日

岗位名称	药剂科主任	工作部门	药剂部
岗位类别	管理岗位	岗位等级	
工作描述			
工作概述	负责本科室行政、业务工作的开展，制订并贯彻本科工作细则		
岗位职责	1. 制订和实施本科室日常业务工作计划，保证临床合理用药及安全用药 2. 拟订药品预算、采购计划，经院长批准后组织实施 3. 指导下级药师工作，健全各种药品采购及发放管理制度 4. 加强库房安全管理，定期盘库，定期督促检查毒麻和贵重药品的使用及管理。定期向临床通报院内用药情况及相关药品信息 5. 对本科室人员进行业务分工，制订切合本科室实际的工作规程和管理制度以规范日常业务工作，严防并及时处理差错，杜绝事故发生 6. 监督全院的药品管理工作和医生合理用药 7. 负责组织本科室人员、实习学生和进修人员的业务培训和技术考核，提出升、调、奖、惩意见 8. 组织实施科研工作，开展临床需要的技术项目 9. 严格按照医院规定的程序申购、申领医疗仪器及耗材，做好本科室医疗仪器的日常管理及医用耗材的储存、划价计费及质量跟踪等工作		
岗位权限	1. 制订本科室工作的计划和实施权 2. 对本科室员工的监督、检查与考核权 3. 对本科室员工岗位的调配、聘用与奖惩权 4. 审签科室药品器材的请领与报销权		
资格要求			
任职条件	1. 药学管理专业本科以上学历 2. 具有药学专业技术职务任职资格 3. 熟悉药品管理的相关知识与技能 4. 具备本专业领域良好的理论基础知识及临床实践经验		

(二十一）主任药师

单位名称（盖章）： 　　　　　　　　　　　　　编写日期：＿＿＿年＿＿＿月＿＿＿日

岗位名称	主任药师	工作部门	药剂部
岗位类别	专业技术岗位	岗位等级	
工作描述			
工作概述	在科主任的领导下，指导本科室各项业务技术工作		
岗位职责	1. 指导复杂的药剂调配和制剂，保证配发的药品质量合格、安全有效 2. 指导临床药学、药学情报研究及药品不良反应监测分析、评价工作 3. 监督检查特殊管理药品、贵重药品的使用、管理以及药品检验、鉴定工作 4. 经常深入临床科室，了解用药情况，征求用药意见，介绍新药，必要时参加院内疑难病例大会诊及病例讨论 5. 开展科学研究，配合临床开展新剂型的研制 6. 担任教学工作，指导进修生、实习生学习 7. 做好科内各级人员业务培养提高工作		
资格要求			
任职条件	1. 药学专业本科及以上学历 2. 担任主管药师两年以上 3. 掌握本专业较系统的基础理论知识和专业知识，了解本专业国内外现状和发展趋势 4. 具有较丰富的技术实践经验，能解决本专业复杂疑难问题或具有较高学术水平		

（二十二）麻醉科主任

单位名称（盖章）：　　　　　　　　　　　　编写日期：＿＿＿＿年＿＿＿＿月＿＿＿＿日

岗位名称	麻醉科主任	工作部门	麻醉科
岗位类别	管理岗位	岗位等级	

工作描述	
工作概述	在院长和副院长的领导下，负责麻醉科的医疗、科研、教学和行政管理工作
岗位职责	1. 制订本科室工作计划、业务建设规划等，经上级领导审批后组织实施，定期检查和总结汇报 2. 组织制订本科室规章制度，并督促本科室人员严格执行医院、科室制度及操作规程 3. 对本科室人员进行科学分工，合理安排人员轮换、值班、会诊等，与手术室密切配合完成医疗任务 4. 领导麻醉师做好麻醉工作，参加疑难病例术前讨论，对手术准备和麻醉选择提出意见，必要时亲自参加操作 5. 组织本科室人员的业务训练和技术考核，并就晋升、奖惩提出具体意见 6. 指导、监督和检查下属工作，充分调动本科室人员积极性，提高医疗质量，严防差错事故 7. 及时了解麻醉领域的国内外发展趋势，引进先进的技术和理论，组织开展麻醉科研工作 8. 负责审签本科室药材的请领和报销工作，定期检查使用与保管情况
岗位权限	1. 本科室工作计划、规章制度的制定权和实施权 2. 本科室内业务决策权 3. 对本科室人员的管理权，指导、监督、检查、考核等权限 4. 本科药品、仪器请领和报销审签权

资格要求	
任职条件	1. 医学院校麻醉专业大学本科学历 2. 具有中级以上职称、麻醉专业各类资质 3. 具有麻醉科五年以上从业经验，麻醉技术娴熟，能独立完成各种手术的麻醉专业技术 4. 具备较强的组织、协调能力，具有一定的行政管理经验

(二十三) 检验科主任

单位名称（盖章）：　　　　　　　　　　　　　编写日期：＿＿＿＿年＿＿＿月＿＿＿日

岗位名称	检验科主任	工作部门	检验科
岗位类别	管理岗位	岗位等级	

工作描述	
工作概述	负责本科室的整体业务、质量控制、行政管理和教学科研等工作
岗位职责	1. 制订本科室工作计划并组织实施，经常督促检查，按期总结汇报 2. 督促本科室各级人员认真执行各项规章制度及技术操作规程，督促相关人员做好质量控制 3. 经常检查各项工作环节，制订预防缺陷的各种措施，严防差错事故 4. 负责和参加检验工作，并检查本科室内人员的检验质量，审查主要检验报告单 5. 负责解决本科室复杂、疑难病的检验、诊断及仪器设备的使用等技术问题 6. 安排人员做好检查仪器和设备的使用、保管、维修工作 7. 根据本科室任务和人员情况进行科学分工，安排本科室人员的休息、休假、值班，保证各项工作顺利完成 8. 组织本科室人员的业务培训和技术考核，提出升、调、奖、惩意见 9. 承担教学、进修实习人员的培训任务 10. 制订本科室全面质量管理措施，定期检查室间和室内质控工作，并积极与临床配合，做好分析前及分析后质量管理工作。做好病理材料和资料的保管及整理工作 11. 关注和学习国内外新技术，不断改进各种检验方法，提高检验业务水平
岗位权限	1. 本科室工作计划的制订权和实施权 2. 对本科室员工的监督、检查与考核权 3. 对本科室员工岗位的调配、聘用与奖惩权 4. 对医院检查资料的监管权

资格要求	
任职条件	1. 大学本科以上学历，副主任技师以上检验专业技术职务 2. 具备系统的基础医学理论和专业理论知识，有较丰富的工作经验，具备解决复杂疑难技术问题的能力 3. 能根据国内外医学发展趋势确定本专业的工作和科研方向

（二十四）门诊部主任

单位名称（盖章）：　　　　　　　　　　　　编写日期：＿＿＿年＿＿＿月＿＿＿日

岗位名称	门诊部主任	工作部门	门诊部
岗位类别	管理岗位	岗位等级	

	工作描述
工作概述	在医院领导的带领下，负责门诊部的医疗、护理、教学、科研和行政管理工作
岗位职责	1. 组织制订门诊部的工作计划，经领导批准后组织实施，经常监督检查，按时总结汇报 2. 负责领导、组织、检查门诊病员的诊治及急诊、危重疑难病员的会诊和抢救工作 3. 认真贯彻执行各项规章制度和技术操作常规，严防并及时处理差错、事故 4. 定期召开门诊系统会议，协调各科室关系 5. 组织所属人员的业务训练，妥善安排进修、实习人员的工作 6. 负责提出本部门人员的升、调、奖、惩意见 7. 贯彻预防为主的方针，经常适时组织卫生宣传工作，检查本部门隔离消毒规章执行情况，发现问题，及时解决 8. 接待和处理门诊方面和群众来信、来访工作
岗位权限	1. 医院门诊部工作管理权 2. 门诊业务质量安全监督管理权 3. 门诊部人事管理调配权 4. 门诊科室绩效考核权 5. 门诊医务人员奖惩绩效分配建议权
	资格要求
任职条件	1. 医学专业大学本科以上学历 2. 具有副主任医师及以上职称 3. 熟悉门诊的业务内容，对临床、医技等科室有较强的协调能力 4. 熟悉医疗管理的各项规章制度，熟悉门诊工作流程及运行规律，具备独立开展科室管理的能力

(二十五)体检中心主任

单位名称(盖章):　　　　　　　　　　　　　　编写日期:＿＿＿年＿＿＿月＿＿＿日

岗位名称	体检中心主任	工作部门	体检中心
岗位类别	管理岗位	岗位等级	

	工作描述
工作概述	负责医院健康体检中心的全面管理工作,包括质量、科研、经营及财务等各项事务
岗位职责	1. 负责组织制订体检中心的工作计划、发展规划、经营方针 2. 负责研究市场信息,开拓市场,扩大市场占有率,提高体检中心的经济效益 3. 负责体检任务的落实和体检医师的工作调配,保证体检工作的高效、优质运行 4. 负责体检质量管理,及时对体检质量完成情况进行监督检查 5. 对体检各环节进行指导,检查各项规章制度和技术操作常规的落实情况 6. 负责体检差错的登记、调查与处理 7. 负责检后服务项目的开发,扩大经营,提高客户满意度,维护客户 8. 负责组织体检中心与医院各科室的协调工作,进行与其他医院体检中心及相关机构的合作、学习与交流 9. 负责组织体检中心教学、科研等工作 10. 负责本部门建设及人才培养工作,不断提高体检人员的业务水平
岗位权限	1. 对体检中心发展的建议权 2. 对本科室工作的计划和实施权 3. 对本科室员工的监督、检查与考核权 4. 对本科室员工岗位的调配、聘用与奖惩权

	资格要求
任职条件	1. 医学专业本科以上学历 2. 具有副主任医师及以上职称 3. 熟悉体检业务及工作流程的相关各项工作 4. 掌握相应的医学专业知识和有关的行政管理知识 5. 了解本学科发展动态,具有引领本学科开发新技术、新项目的能力

（二十六）口腔科主任

单位名称（盖章）：　　　　　　　　　　　　　　编写日期：＿＿＿年＿＿＿月＿＿＿日

岗位名称	口腔科主任	工作部门	口腔科
岗位类别	管理岗位	岗位等级	
工作描述			
工作概述	在医院相关领导的带领下，全面负责所在科室的医疗、教学、科研及管理工作		
岗位职责	1. 制订本科室工作计划并组织实施，经常监督检查，领导本科室人员完成医疗任务 2. 带领本科室人员为患者提供口腔疾病的预防与诊治服务 3. 督促科室人员认真执行各项规章制度、工作规范和技术操作流程，加强质控管理和评估，严防差错、事故发生 4. 督促科室人员参加继续教育、岗位培训，不断提高其业务水平 5. 负责科室人员的绩效考核，提出升、降、调等奖惩意见 6. 落实岗位责任制，严格履行工作职责，加强劳动纪律。如发现工作失职、违反劳动纪律等现象，应上报有关领导，按有关规定处罚 7. 协助上级领导的工作，服从组织分配。与其他科室主任协调好各项工作		
岗位权限	1. 本科室工作计划的制订权和实施权 2. 对本科室员工的监督、检查与考核权 3. 对本科室员工岗位的调配、聘用与奖惩权		
资格要求			
任职条件	1. 口腔医学专业大学本科以上学历 2. 具有正高级专业技术职务 3. 掌握口腔专业基本理论知识和技能；能够独立完成口腔临床常见病、多发病的诊治工作，了解国内外最新的口腔医学动态，拥有专科特长 4. 有担任科室领导的任职经历和科室管理经验，有较强的沟通能力、协调能力和领导能力		

(二十七)住院部主任

单位名称(盖章):　　　　　　　　　　　　　编写日期:_____年_____月_____日

岗位名称	住院部主任	工作部门	住院部
岗位类别	管理岗位	岗位等级	

	工作描述
工作概述	在院长、主管院长的领导下,负责住院部的医疗、护理、教学、预防保健及行政管理工作
岗位职责	1. 制订住院部工作计划并组织实施,经常督促检查,按期总结汇报 2. 督促检查各类人员岗位责任制履行情况,认真落实医疗质量、医疗安全管理制度及其他相关规章制度,严防医患纠纷 3. 领导住院部人员,开展医疗、护理工作,完成医疗任务,不断提高医护质量 4. 共同研究解决疑难病例诊断治疗上的问题,严防并及时处理差错事故 5. 召开住院系统会议,协调各科关系 6. 整顿住院秩序,改善服务态度,简化各种手续,方便病人住院,严防责任事故 7. 负责接待和处理住院方面的人员来访、来信工作 8. 妥善安排进修、实习人员 9. 领导本部门人员的业务训练和技术考核,并提出奖惩意见
岗位权限	1. 医院住院部工作管理权 2. 住院部业务质量安全监督管理权 3. 住院部人事管理调配权 4. 住院部医护人员奖惩绩效分配决策权
	资格要求
任职条件	1. 医学类专业本科以上学历 2. 具有三年以上医院管理工作经验 3. 熟悉医院管理流程,精通医院医疗业务 4. 具备良好的沟通能力及团队管理能力

（二十八）科教部主任

单位名称（盖章）：　　　　　　　　　　　　　编写日期：_____年_____月_____日

岗位名称	科教部主任	工作部门	科教部
岗位类别	管理岗位	岗位等级	

	工作描述
工作概述	在主管院长的领导下，负责全院科研和教学的业务和行政管理工作
岗位职责	1. 拟订教学、科研等有关业务计划，经院长和分管院长批准后，组织实施，并经常督促检查，按时总结，及时向分管院长汇报 2. 负责组织安排各教学环节，审查教学人员资格，管理课堂教学、见习、实习等工作 3. 深入各教研室、研究室（所）、科研课题组，了解、检查、督促教学和科研计划的执行情况，并对教学科研管理进行指导，不断改进工作 4. 负责科研项目的申报、鉴定、报奖、成果推广，以及项目经费及过程的管理工作 5. 负责有计划地接收进修生，举办学术讲座 6. 负责人才梯队、重点学科的建设工作 7. 负责学术活动的审批、管理工作 8. 本部门员工的管理工作
岗位权限	1. 医院内部科研经费日常使用的审批权 2. 对本科室员工工作的监督、检查、奖惩与考核权
	资格要求
任职条件	1. 医学类大学本科以上学历 2. 具有五年以上医疗教学管理经验 3. 熟悉教学、科研等方面的相关业务 4. 具备较强的组织协调能力

四、科研所岗位说明书范例

（一）研究所所长

单位名称（盖章）：　　　　　　　　　　编写日期：_____年_____月_____日

岗位名称	研究所所长	工作部门	研究所
岗位类别	管理岗位	岗位等级	

工作描述	
工作概述	研究所实行所长负责制，所长全面负责所内事务
岗位职责	1. 制订本所年度科研发展计划及实施方案 2. 联系与沟通相关政府部门和企业、事业单位，负责研究所重大项目的组织与管理 3. 组织本所人员进行各级各类科研项目的申报，对有关申报的项目进行审查与指导，提高项目申报的质量 4. 掌握本所科研工作现状，从凝练学科建设方向和提升专业建设水平的需要出发，不断汇聚科研创新团队，增强科研实力 5. 随时了解本所的项目在研过程，参与项目中期评估、结题验收、鉴定和报奖等各个环节的工作，协调处理与课题科研活动开展相关事宜 6. 负责本所科技成果的转化工作，适时筛选对经济、社会发展密切相关且有良好市场前景的技术成果，协同有关方面与相关企业、厂家联系洽谈，并协调科技成果转化或技术转让协议的签订 7. 负责本所研究人员年度科研工作量的审核工作
工作标准	1. 把握本学科领域的发展方向，具有长远的战略构思，能带领一支队伍在国际科学前沿从事研究并做出具有国际水平的创新成果 2. 具有较高的管理水平，不断提高研究所争取项目和科研经费的能力

资格要求	
任职条件	1. 具有博士学位，有八年以上独立主持科研项目的经验 2. 热爱科技事业，有强烈的事业心和责任感，遵纪守法，有良好的职业道德和综合素质，具备较强的领导能力和组织能力 3. 掌握研究领域的发展趋势，具有主持重要科研项目和领导科研团队的丰富经历，所从事科研工作具有创新性和前瞻性，在本学科领域已取得国际公认领先水平的重大科研成果或突破性进展

（二）科研处处长

单位名称（盖章）：　　　　　　　　　　　　　编写日期：_____年_____月_____日

岗位名称	科研处处长	工作部门	科研处
岗位类别	管理岗位	岗位等级	

	工作描述
工作概述	在研究所所长的领导下，全面负责主持科研处工作，从事科研业务管理与项目管理工作
岗位职责	1. 协助所领导确定研究所各个阶段的重点研究领域和学科发展方向，组织制订研究所中长期科技发展规划 2. 联系与沟通相关政府部门和企业、事业单位，负责研究所重大项目的组织与管理 3. 负责科研业务方面的规章制度建设，负责科研业务工作的日常管理工作（包括课题管理、知识产权和成果管理、质量和计量管理、国际会议与外事管理、科研统计、科研档案收集与管理等），承担重大科技活动的组织工作 4. 负责全所的设备管理、政府采购管理等 5. 协助所领导做好外事审批和相关管理工作，做好对外学术交流工作 6. 做好博士后流动站管理工作，协助组织博士后进站、中期考核、出站等日常管理工作
工作标准	1. 中长期发展规划制订切实可行，符合所的发展要求 2. 切实贯彻执行上级及本所关于科研工作的方针、政策、法规、制度，监督各部门落实情况 3. 认真组织重大科研项目，保证所组织项目的严密性，不出现重大问题 4. 领导做好设备的采购、登记、保养等工作，保证所科研项目的正常进行
	资格要求
任职条件	1. 研究生以上学历 2. 具有科研工作背景，具有两年（含）以上管理部门副职及以上岗位或负责研究室、课题组等相应岗位工作的经历，具有副高级及以上专业技术职务 3. 能系统地掌握岗位所需业务知识和方法，具有较强的组织、管理及沟通、协调能力；具备较强的政策理论水平和中、英文表达能力

（三）人事处处长

单位名称（盖章）： 　　　　　　　　　　　　　　编写日期：＿＿＿年＿＿＿月＿＿＿日

岗位名称	人事处处长	所在部门	人事处
岗位类别	管理岗位	岗位等级	
工作描述			
工作概述	在研究所所长的领导下，全面负责全所人才的招聘、选拔、绩效考核、薪资福利、劳动关系管理等工作		
岗位职责	1. 主持人事处全面工作，组织全处完成本部门职责范围内的各项工作及领导交办的其他事情 2. 协助所领导制订人才队伍建设和发展规划 3. 负责所内各机构编制和岗位聘任的管理，全面负责所内各部门各单位有关人员考核、奖惩、任免、交流、调配、辞职、辞退、招录、培训、退休、抚恤、出国政审、职称评定及工资福利管理等人事工作 4. 负责优秀人才引进和干部选拔任免工作 5. 负责薪酬福利和各种社会保障事务的管理工作 6. 综合协调组织全所各部门和岗位聘任人员的绩效管理和考核工作 7. 负责人事档案管理、综合档案管理、人事信息统计、干部医疗管理工作，负责科技副职的业务联系与派遣		
工作标准	1. 认真贯彻执行研究所制订的人事管理相关政策，工作积极主动，认真负责，能对处室工作提出相关建议意见 2. 报送的各种报表、材料要准确，对人事档案和文书档案的整理和保存要及时、规范、完整 3. 履职尽责，保证政令畅通，按要求完成上级交办的任务		
资格要求			
任职条件	1. 人力资源及相关专业大学本科以上学历 2. 系统地掌握人力资源管理的知识和方法，具备较强的政策理论水平和文字表达能力 3. 具有领导本部门履行部门工作职责的能力和工作经验，有较强的组织、管理及沟通、协调能力 4. 有较强的分析能力，能为改进管理工作、提高管理水平提出合理化建议和设想，并能组织实施		

（四）科研技术员

单位名称（盖章）： 　　　　　　　　　　　编写日期：＿＿＿＿年＿＿＿月＿＿＿日

岗位名称	科研技术员	所在部门	研发中心
岗位类别	专业技术人员	岗位等级	
工作描述			
工作概述	进行相关课题基础研究工作和试验操作，并进行实验分析并撰写报告		
岗位职责	1. 负责课题的基础研究工作和相关实验操作 2. 负责研究课题相关资料的收集及实验分析和报告撰写工作 3. 岗位要求的其他相关职责		
资格要求			
任职条件	1. 相关专业大学本科以上学历 2. 掌握课题研究所需知识和技能 3. 能够熟练操作实验室大型仪器 4. 具有基本的英文水平及文献阅读、分析能力		

（五）开发工程师

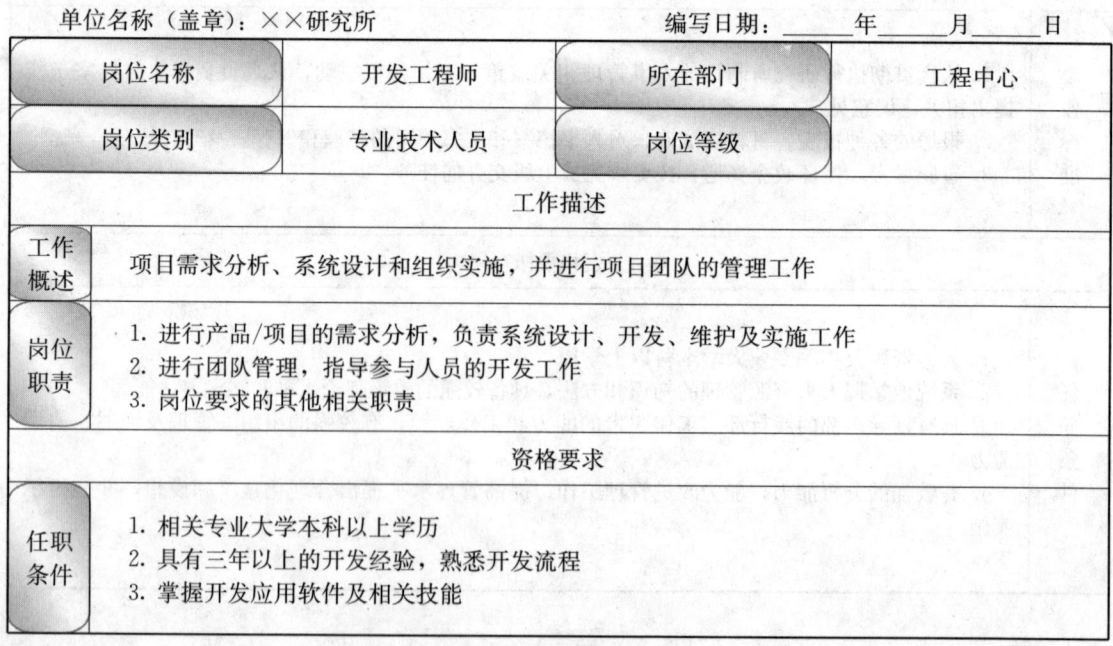

单位名称（盖章）：××研究所　　　　　　编写日期：＿＿＿＿年＿＿＿月＿＿＿日

岗位名称	开发工程师	所在部门	工程中心
岗位类别	专业技术人员	岗位等级	
工作描述			
工作概述	项目需求分析、系统设计和组织实施，并进行项目团队的管理工作		
岗位职责	1. 进行产品/项目的需求分析，负责系统设计、开发、维护及实施工作 2. 进行团队管理，指导参与人员的开发工作 3. 岗位要求的其他相关职责		
资格要求			
任职条件	1. 相关专业大学本科以上学历 2. 具有三年以上的开发经验，熟悉开发流程 3. 掌握开发应用软件及相关技能		

五、图书馆岗位说明书范例

（一）图书馆馆长

单位名称（盖章）：　　　　　　　　　　　　　　编写日期：＿＿＿＿年＿＿＿＿月＿＿＿＿日

岗位名称	图书馆馆长	工作部门	图书馆
岗位类别	管理岗位	岗位等级	

	工作描述
工作概述	统筹规划全馆行政、业务工作，领导各部室的行政业务工作
岗位职责	1. 制订图书馆的发展规划、工作计划、经费预算及规章制度，并组织实施 2. 指导藏书建设工作，决定期刊资料、数据库、应用软件及高额图书等的订购，规划、审核全馆各项经费的开支 3. 运用科学的管理方法，了解读者对本馆的意见和要求，提高现代化图书馆的科学管理水平，逐步使各项业务工作规范化、系统化、现代化 4. 经常听取各部门的工作汇报，总结经验，并加强工作指导和检查，不断改进工作质量 5. 召集和主持全馆大会、馆务会议，决定图书馆业务和行政管理工作中的重要问题 6. 负责全馆馆员队伍建设，如职工培训、考核聘用、辞退、调资和职称评定等各项人事工作 7. 领导学术研究和交流工作，处理对外工作中的重要事务 8. 负责全馆消防、防盗等安全工作

	资格要求
任职条件	1. 图书档案、图书情报专业本科以上学历 2. 具有副高级及以上职称 3. 至少有五年以上的图书馆管理工作经历，熟悉文化政策及图书馆学科的发展动态

(二) 采编部主任

单位名称（盖章）：　　　　　　　　　　　　　编写日期：_____年_____月_____日

岗位名称	采编部主任	所在部门	采编部
岗位类别	管理岗位	岗位等级	
工作描述			
工作概述	在馆长的领导下，主持开展采编部的日常工作，协调各业务环节的工作		
岗位职责	1. 负责全馆中外文图书采访计划的制订和实施 2. 组织人员做好全馆中、外文普通图书、古籍、音像、电子出版物、缩微资料的采购 3. 组织编目工作，对全馆中外文图书的编目业务流程进行管理、监督、指导 4. 掌握和合理使用全馆书刊采购经费 5. 对本部门的各项业务工作进行协调、督促、检查、审核，保证工作正常开展 6. 负责本部门成员的岗位职责的落实和业绩考核		
资格要求			
任职条件	1. 精通图书馆采编部各岗位的业务 2. 具有三年以上省级、大城市或高校图书情报部门负责人工作经历 3. 具备较强的部门管理能力		

第三章

事业单位人才招聘与录用

事业单位人力资源管理
工作手册

第一节 事业单位人才招聘录用管理

一、人才招聘工作准备

招聘前期的工作准备得是否充分，对招聘的成败至关重要，充分的准备可以使招聘工作顺利开展。事业单位人才招聘的准备工作主要有三个方面，如图3—1所示。

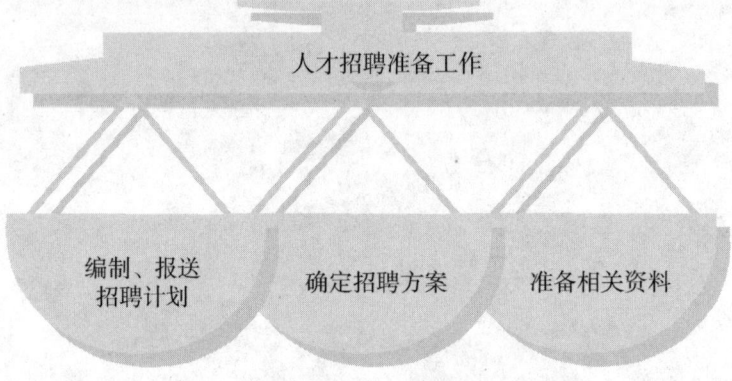

图3—1 事业单位人才招聘准备工作

事业单位人才招聘准备工作涉及很多内容，具体如图3—2、图3—3、图3—4所示。

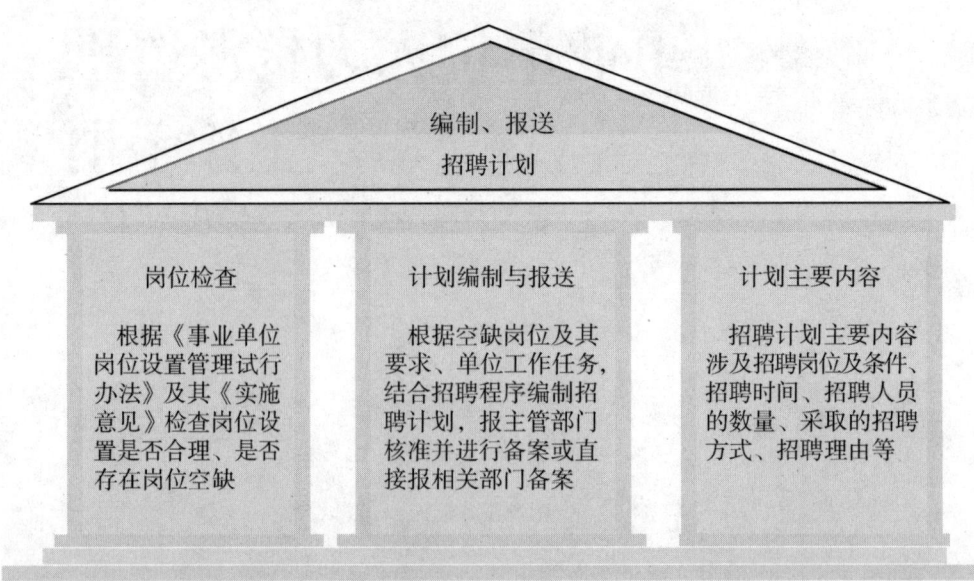

图3—2 准备工作之一——编制、报送招聘计划

确定招聘方案

1. 招聘实施人员的具体安排，如资格审查负责人、考试监考人、结构化面试的主考官等
2. 招聘具体时间安排，如招聘信息发布时间、面试时间、录取通知发布时间等
3. 确定招聘考核方法及具体细节，如结构化面试、专业化笔试、分数计算方法等
4. 根据岗位性质和要求，分析岗位对象，选择适当的招聘渠道
5. 招聘方案及其他事项

图 3—3　准备工作之二——确定招聘方案

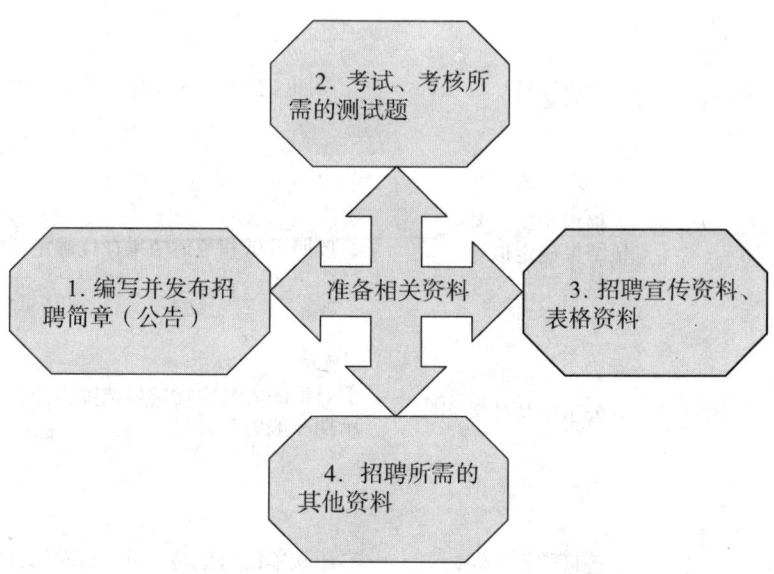

图 3—4　准备工作之三——准备相关资料

二、人才招聘工作流程

参考《事业单位公开招聘人员暂行规定》中的招聘程序,结合事业单位招聘的特点,事业单位人才招聘工作流程如图 3—5 所示。

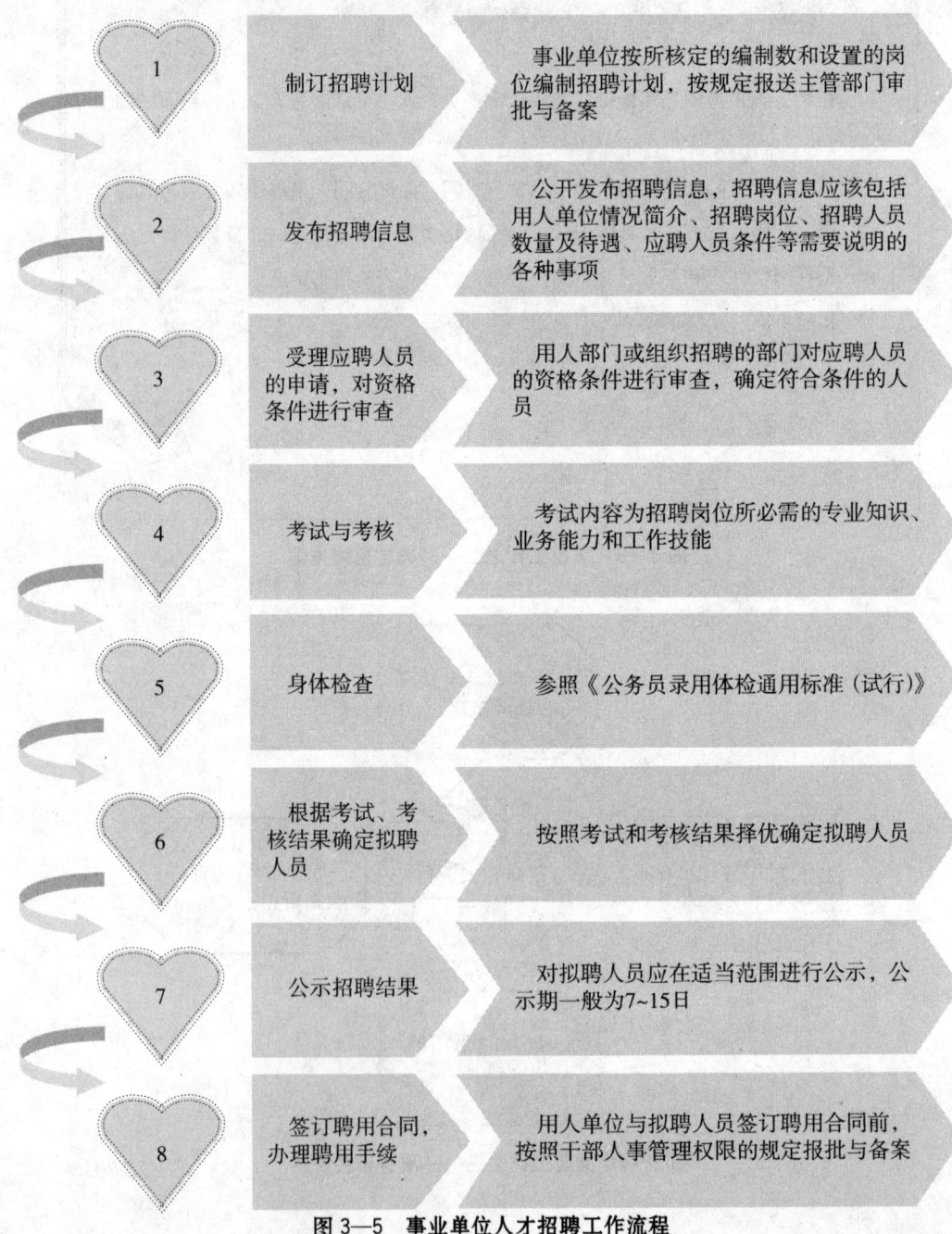

图 3—5　事业单位人才招聘工作流程

三、人才招聘工作制度

为进一步规范事业单位工作人员的招聘工作，提高人员素质，改善人员结构，实现人员招聘的科学化、制度化和规范化，必须要有完善的人才招聘工作制度。

事业单位在制订本单位的人才招聘工作制度时，需考虑内外两个方面的因素：外部主要是国家、地方关于事业单位招聘的政策、法律法规；内部主要是单位的相关规定及具体情况。具体如图3—6所示。

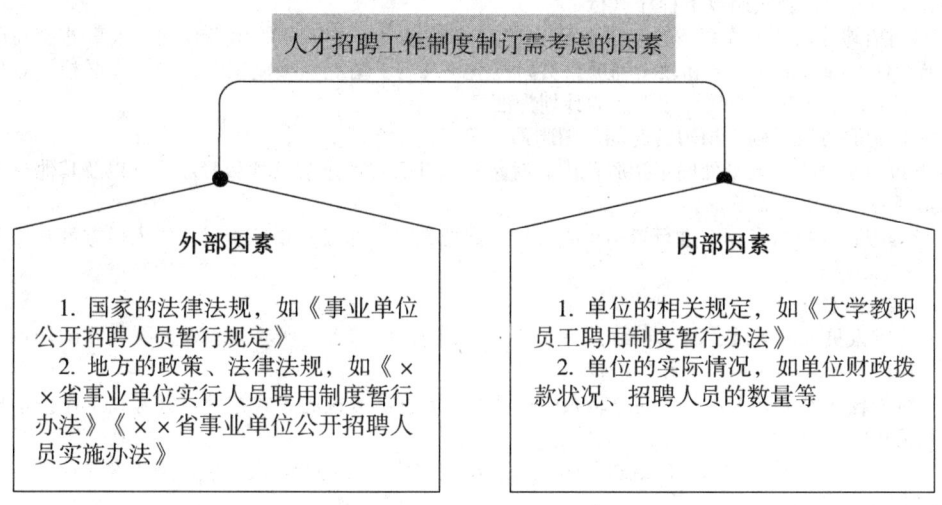

图3—6　事业单位制订人才招聘工作制度需考虑的因素

四、学校公开招聘工作人员暂行规定范例

版本 ___年___月	××学校公开招聘工作人员暂行规定		
	颁布部门：	执行部门：	执行日期：
第一章　总　则 第一条　为提高我校新聘人员的整体素质，促进我校人力资源管理的科学化、制度化和规范化建设，保障学校正常教学和工作秩序，根据《事业单位公开招聘人员暂行规定》，特制订本规定。 第二条　学校所有新进人员，如专业技术人员、管理人员、工勤人员等，除国家政策性安置、按干部人事管理权限由上级任命及涉密岗位等确需使用其他方式选拔任用人员外，都要实行公开招聘。属于校内人员调剂性质的内部岗位聘任，不适用本规定。 第三条　招聘要坚持德才兼备的用人标准，贯彻"公开招聘、全面考核、平等竞争、择优录用"的原则。 第四条　公开招聘根据招聘岗位的任职条件及要求，采取考试、考核的方法进行。 第五条　公开招聘工作在校行政领导下，成立公开招聘领导小组，由人事处、监察部门会同用人单位组织实施，日常工作由人事处负责。			

续表

第二章 招聘范围、条件、程序

第六条 我校公开招聘工作人员面向社会,凡符合条件的人员均可报名应聘。

第七条 应聘人员必须具备下列条件:

1. 遵守宪法和法律。
2. 具有良好的品行。
3. 具备岗位所需的专业或学术背景。
4. 具备适应岗位要求的身体条件。
5. 具备岗位所需要的其他条件。

第八条 公开招聘按照以下程序进行:

1. 编制招聘计划。各院系、各部门于每年12月底前提出下一年度的用人计划,人事处会同用人单位,按照专任教师、管理人员和教学辅助人员岗位空缺及需求情况,编制招聘计划,经学校同意后,报省教育厅审批,增人计划按教育厅下达的计划为准。
2. 制订招聘方案。确定招聘的时间、招聘形式等。
3. 发布招聘公告。人事处确定招聘范围、对象及条件后,通过学校和教育厅网站以及其他方式向社会发布招聘公告和招考简章。
4. 受理应聘人报名申请,进行资格审查。符合岗位条件、通过资格审查的应聘人员方可参加考试与考核。
5. 考试、考核。

(1) 应聘人员采取考试、面试相结合的方式。主要测试应聘人员所必须具备的公共基础知识、专业知识及适应岗位要求的业务能力和工作技能。

(2) 对符合学校引进人才条件的应聘人员,可以采取直接考核的方式招聘,其考核工作按学校引进人才的相关规定执行。

6. 体检。拟聘人员应到指定医院进行体检,若出现体检不合格者,按考试成绩依次递补。
7. 聘用。

(1) 学校根据考试、考察、考核、体检结果择优确定拟聘人员,拟聘用人员在学校进行公示,公示期为7~15日,无影响聘用问题后,上报省教育厅。

(2) 拟聘人员名单经省教育厅批准后,学校与新招聘人员在平等自愿、协商一致的基础上签订聘用合同,并办理人事、工资等相关手续。

(3) 学校新聘用人员按规定实行试用期、见习期制度。

第三章 纪律与监督

第九条 在公开招聘中,各单位负责人与应聘人员有夫妻、直系血亲等亲属关系或其他可能影响招聘公正的应当回避。

第十条 公开招聘工作要做到信息公开、过程公开、结果公开,接受纪检、监察部门的监督。

第十一条 严格招聘纪律,对招聘中违反干部人事纪律及本实施细则的行为,要予以制止和纠正,对违反公开招聘纪律的工作人员,视情节轻重按照有关规定追究责任。

第四章 附 则

第十二条 本办法由人事处负责解释。

第十三条 本办法自印发之日起执行,此前与本办法规定不一致的,按本办法执行。

修订记录	修订标记	修订处数	修订日期	审批签字

五、医院专业技术人员竞聘办法范例

版本 ＿＿年＿＿月	××医院专业技术人员竞聘办法		
	颁布部门：	执行部门：	执行日期：

第一章 总 则

第一条 为进一步深化事业单位人事制度改革，引入竞争机制，加强专业技术人员队伍建设，结合我院实际，特制订本办法。

第二条 坚持"德才兼备"的用人标准，贯彻"公开、平等、竞争、择优"的原则，实现人事管理科学化、制度化和规范化，确保招聘人员有较高的政治素质和业务水平。

第三条 专业技术岗位设置，必须在人社局核准的专业技术职务结构比例范围内。职务竞聘在专业技术岗位职数内进行。

第四条 专业技术岗位实行差额竞聘。

第五条 成立专业技术职务竞聘领导小组和考评委员会，根据医院实际情况确定组成人员。

第六条 人事处是专业技术人员竞聘工作的综合管理部门，负责总体部署。各主管部门是专业技术人员竞聘工作的责任部门，负责审核把关。

第二章 竞聘职务和条件

第七条 竞聘职务：医院专业技术职务。

第八条 竞聘人员应当具备以下基本条件：

1. 遵守国家法律、法规，具有良好的职业道德。
2. 具备履行竞聘职务职责的专业知识及工作能力。
3. 具备竞聘职务相应的专业技术任职资格。
4. 具备职务所需的其他资格条件。

第九条 发生医疗事故主要责任未满三年者、近三年年度考核有不合格者、正在接受纪律处分或处罚的、违反医院职业道德建设查证属实的人员不得参与竞聘。公开招聘的新进人员一年后方可参加与其专业技术职务任职资格相对应的聘任。

第三章 竞聘程序

第十条 医院专业技术职务竞聘的基本程序包括：制订《医院专业技术职务竞聘方案》，组织动员，公布竞聘信息岗位竞聘条件，应聘人员申报，资格审查，考试考评，群众测评，公布成绩，党委组织商讨决定拟聘人员，公示结果，发文，兑现工资。

1. 成立专业技术职务竞聘工作领导小组，负责制订《医院专业技术职务竞聘方案》。方案由竞聘工作领导小组办公室组织实施。
2. 召开动员大会。由医院领导进行动员，公布专业技术人员竞聘岗位和职数、竞聘条件和程序。
3. 凡符合条件和任职资格者，根据竞聘职位数，携带有效证件到组织部报名并填写竞聘申报表，每人填报两个志愿，并注明是否愿意服从组织调配。组织部和人事处对申报人员进行资格审查，确定竞聘人选。
4. 对资格审查合格者进行笔试、实践能力测试，考评委员会围绕"德、能、勤、绩、廉"五个方面，考评打分，民主测评，其中参加民主测评的人数不得少于应参加测评总人数的80%。
5. 召开党委会，根据考试、考核、民主测评情况，研究确定聘任名单。
6. 对党委决定聘任的专业技术人员在全院范围内公示，广泛听取意见，公示期为7天。无争议者或公示结果不影响任职的，按规定程序办理任命或聘任手续。

第四章 聘任和待遇

第十一条 竞聘获得职务的人员，按照新任职务享受相应的待遇。

第十二条 结合年度考核工作，对专业技术人员进行年度考核，考核内容为业务水平、工作能力、工作业绩及履行岗位职责和完成任务的情况。考核结果应计入专业技术人员的人事档案，作为聘任、续聘、解聘的依据。

第十三条 续聘、低聘及解聘。聘任期满，经考察合格的专业技术人员，可以续聘。在聘任期内年度考核不合格的人员可以不聘，也可以聘任低一级的专业技术职务。

续表

第十四条　落聘人员可以以原资格参加技术、学术等活动。
第五章　其他要求
第十五条　严格纪律。全体竞聘人员和评委必须从事实出发，对竞聘者做出客观公正的评价。
第十六条　凡符合应聘条件而本人因故外出者，所在科室负责人要通知本人。
第六章　附　则
第十七条　本办法未尽事项参考相关法律法规及医院相关规定。
第十八条　本办法解释权归医院人事处。
第十九条　原有规定与本办法不一致的，以本办法为准。

修订记录	修订标记	修订处数	修订日期	审批签字

第二节　管理岗位人才招聘与录用

一、招聘计划编制与申报

（一）招聘计划的编制

进行公开招聘的事业单位应当在机构编制部门核定的编制数额内，根据工作需要、空缺岗位的要求和招聘程序编制管理岗位人才招聘计划。招聘计划应该包括单位管理人员总编数、空编数、拟招聘总人数、拟聘用岗位、人数及所需资格条件，招考对象、范围、方式等。

（二）招聘计划的审核与备案

事业单位要进行招聘计划的审核和备案，《事业单位公开招聘人员暂行规定》对其作出了相关规定。

二、招聘方式与招聘渠道

（一）管理岗位招聘方式

事业单位管理岗位招聘方式各有不同，应该根据管理岗位的性质、特点等选择合适的招聘方式，具体见表3—1。

表 3—1　　　　　　　　　　事业单位管理岗位招聘方式

方式 说明	公开招聘	内部竞聘	内部晋升	公开选拔	其他方式
含义	事业单位面向社会的公开招聘	在事业单位内部或者事业单位及相关单位内部进行竞聘	按内部晋升制度进行晋升	事业单位领导干部招聘的常用方式	国家政策性安置、按干部人事管理权限由上级任命及其他方式
参考依据	《事业单位公开招聘人员暂行规定》	内部竞聘相关制度	事业单位内部晋升制度、相关政策、法律法规	《公开选拔党政领导干部工作暂行规定》	事业单位招聘的相关制度、政策、法律法规
适用范围	一般应用于管理岗位的新进人员招聘	领导岗位及一般管理岗位都可采用此方式	既适合于领导岗位又适合于一般管理岗位招聘	一般用于高层领导干部的选拔	一般用于高层领导岗位、特殊性质岗位招聘

（二）管理岗位招聘信息发布的渠道

1. 招聘会。政府机构组织的招聘会。
2. 报纸。有选择性地选择适合的报纸，向社会发布招聘信息。
3. 网络。一般在政府及单位网站公开招聘信息。
4. 其他。通过适用于事业单位管理岗位招聘的其他渠道，发布招聘信息。

事业单位选择招聘信息发布渠道时要根据单位特点、岗位性质及要求等具体分析。某学校管理岗位招聘渠道如图 3—7 所示。

三、人才招聘考试与考核

（一）招聘高层领导干部的考核

事业单位招聘高层领导干部一般可采取面谈及答辩的考核方式对应聘者进行评估，具体如图 3—8 所示。

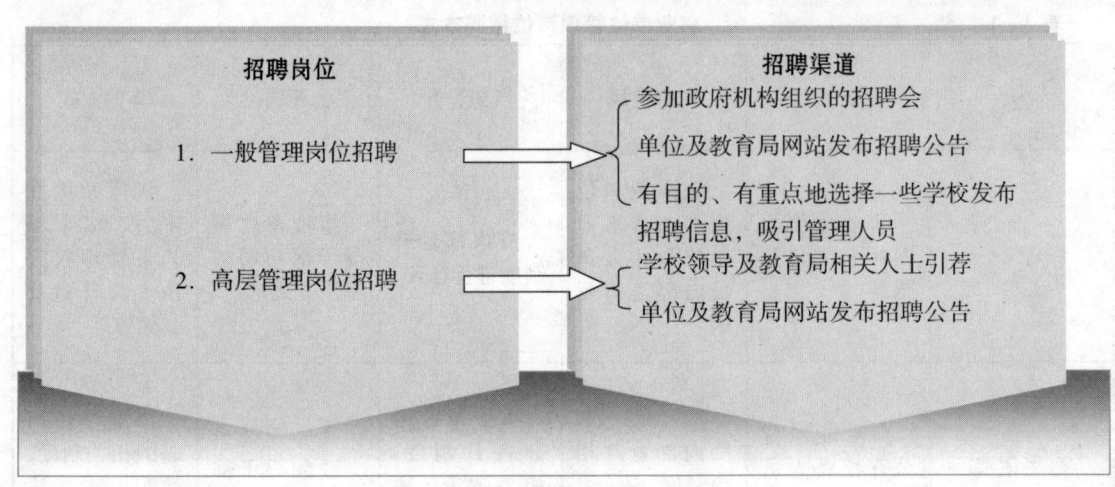

图3—7 某学校管理岗位招聘渠道

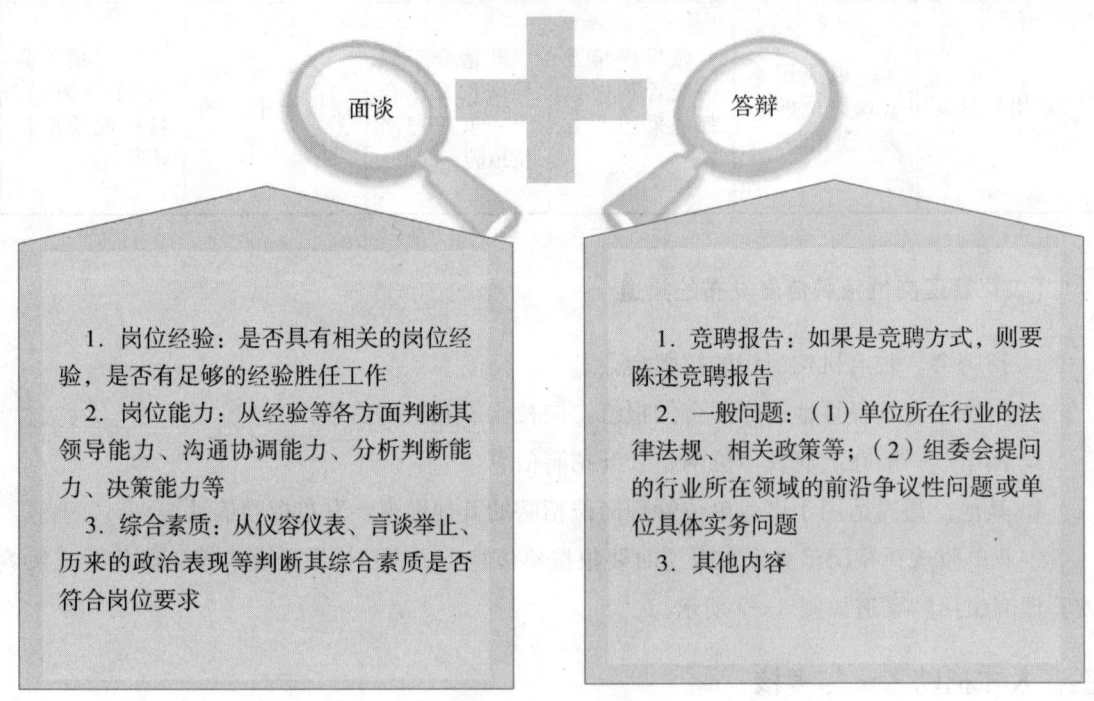

图3—8 对应聘高层领导干部岗位人员的考核方式

（二）招聘一般管理人员的考试与考核

对应聘事业单位一般管理岗位的人员的考试与考核根据招聘方式的不同而有所区别，具体如图3—9所示。

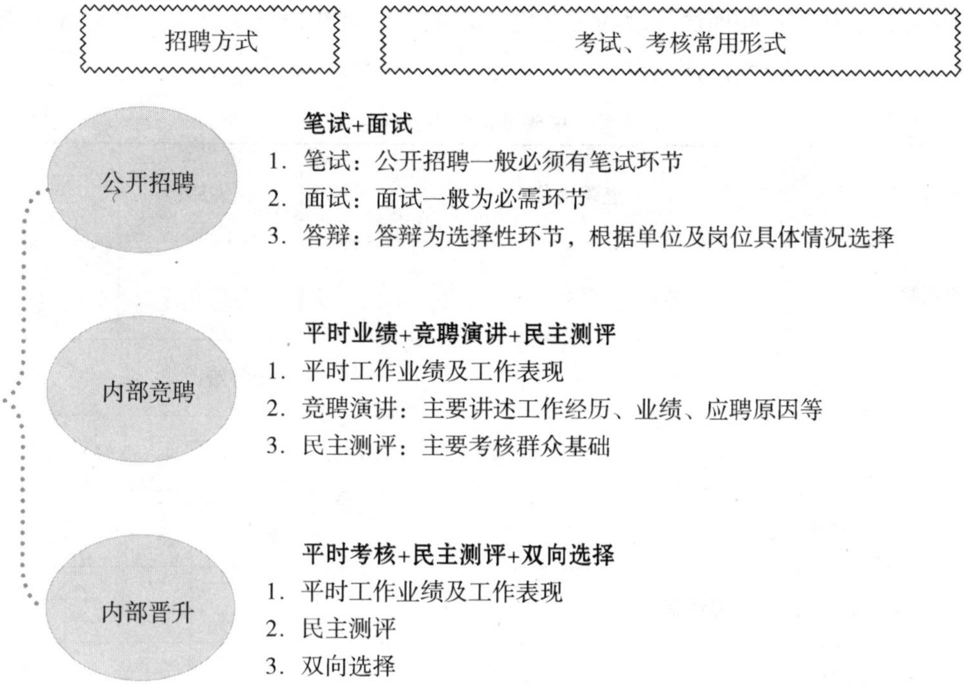

招聘方式 考试、考核常用形式

公开招聘

笔试+面试
1. 笔试：公开招聘一般必须有笔试环节
2. 面试：面试一般为必需环节
3. 答辩：答辩为选择性环节，根据单位及岗位具体情况选择

内部竞聘

平时业绩+竞聘演讲+民主测评
1. 平时工作业绩及工作表现
2. 竞聘演讲：主要讲述工作经历、业绩、应聘原因等
3. 民主测评：主要考核群众基础

内部晋升

平时考核+民主测评+双向选择
1. 平时工作业绩及工作表现
2. 民主测评
3. 双向选择

图 3—9　一般管理人员招聘方式与考试、考核形式

事业单位招聘一般管理人员采取公开招聘方式的，笔试与面试具体要求与内容如图 3—10 所示。

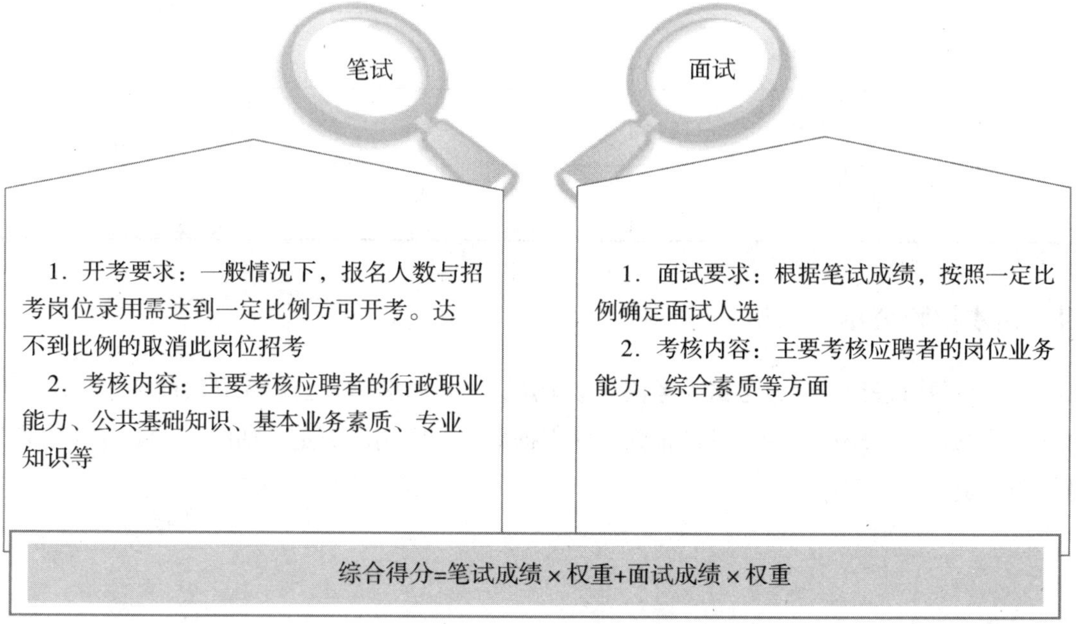

笔试
1. 开考要求：一般情况下，报名人数与招考岗位录用需达到一定比例方可开考。达不到比例的取消此岗位招考
2. 考核内容：主要考核应聘者的行政职业能力、公共基础知识、基本业务素质、专业知识等

面试
1. 面试要求：根据笔试成绩，按照一定比例确定面试人选
2. 考核内容：主要考核应聘者的岗位业务能力、综合素质等方面

综合得分=笔试成绩×权重+面试成绩×权重

图 3—10　公开招聘方式中笔试与面试具体要求与内容

面试评估表作为招聘面试管理的工具之一，用于记录并评价应聘人员的表现。表 3—2 是某学校一般管理岗位面试评估表。

表 3—2　　　　　　　　　学校一般管理岗位面试评估表

姓名		应聘岗位		应聘部门		
政治面貌		性别		年龄		
评价项目		评价等级				
		1（差）	2（较差）	3（一般）	4（良好）	5（优秀）
仪表仪态						
教育知识及技能的掌握情况						
相关资质、资格						
工作经验与应聘岗位的关联程度						
语言表达能力						
分析判断能力						
沟通协调能力						
评分						

四、人才招聘公示与录用

事业单位管理岗位经过考试、考核对拟录用人员进行公示，公示无异议的确定录用，办理报到手续，签订聘用合同。具体报到程序根据单位实际情况而定，如图 3—11 所示是某事业单位新员工报到程序。

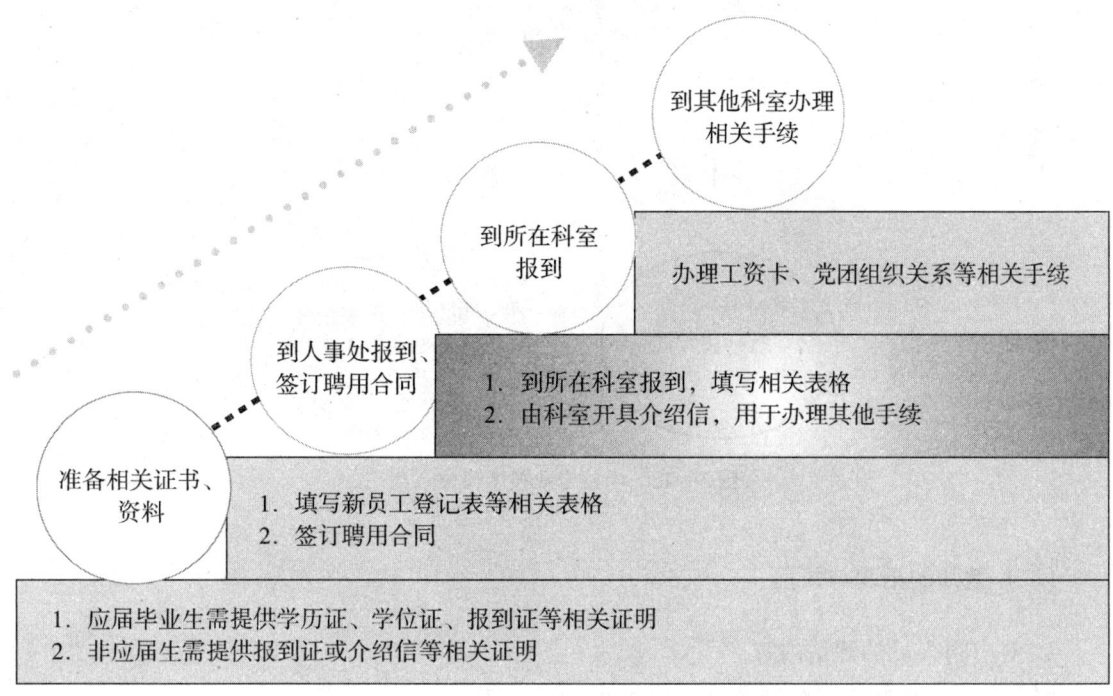

图 3—11　某事业单位新员工报到程序

第三节　专业技术岗位人才招聘与录用

一、学校专业技术岗位人才招聘录用管理

（一）专业技术岗位系列

学校的专业技术岗位一般分为两个系列，如图 3—12 所示。

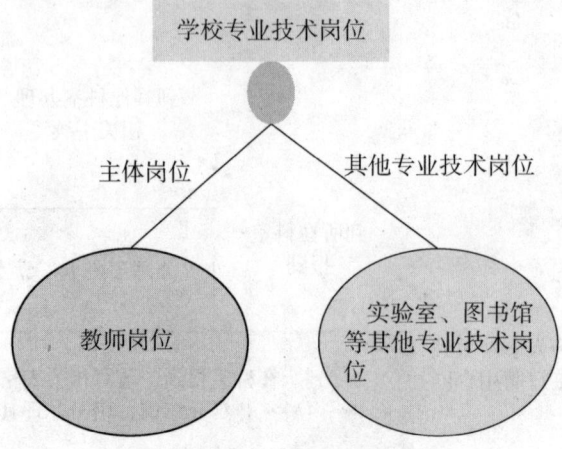

图 3—12 学校专业技术岗位系列

（二）教师的招聘与录用

1. 对应聘人员的评估内容

对教师岗位应聘人员的评估内容如图 3—13 所示。

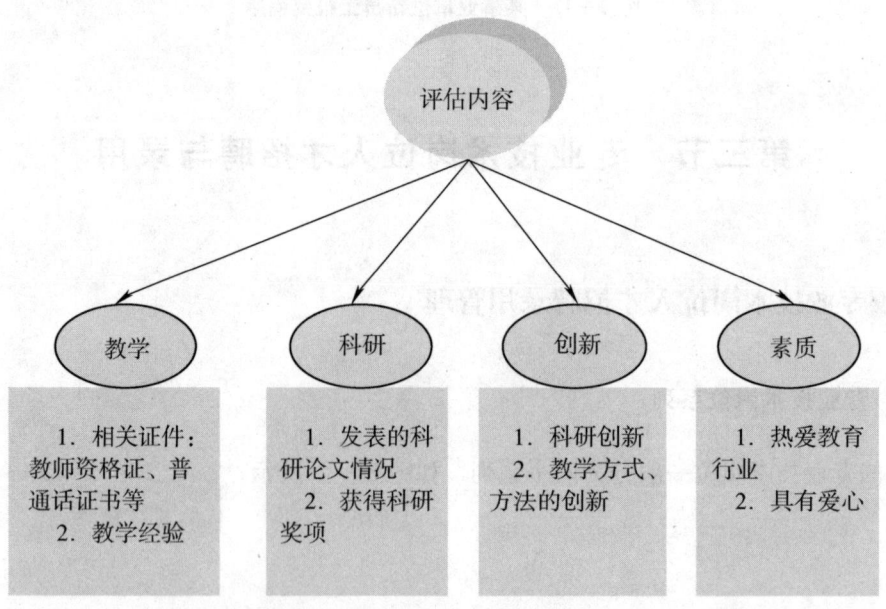

图 3—13 对教师岗位应聘人员的评估内容

2. 对应聘人员的评估方式

学校进行教师招聘一般采取笔试加试讲的评估方式。如图 3—14 所示为某小学教师岗位应聘人员的评估方式。

第三章 事业单位人才招聘与录用

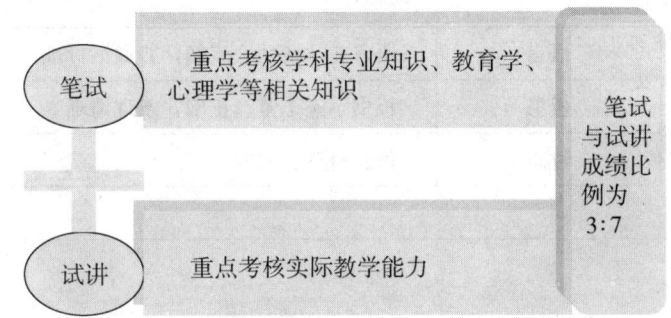

图 3—14 某小学教师岗位应聘人员的评估方式

3. 对应聘人员的评估工具

应聘教师试讲测评表是对教师应聘人员常用的评估工具之一，具体见表 3—3。

表 3—3 应聘教师试讲测评表

试讲人信息						
试讲人姓名		性别		职称	
毕业院校		学历		专业	
拟聘岗位		试讲课程		试讲时间	
试讲测评						
序号	评分项目	评分内容	标准	分值	得分
1	教学准备	教案	教案准备充分		
		辅助教学设备使用	熟练使用教学设备，对故障处理娴熟		
		教师仪容仪表	衣着大方、自然得体		
2	教学内容	教学环节完整、连贯	教学环节完整、连贯，衔接自然得当		
		讲授内容	讲授内容广度、深度得当，全面且重点突出		
		重点、难点处理	重点突出、难点处理巧妙		
		理论实际	理论联系实际，举例贴切恰当		
3	教学方法	灵活性	教学方法灵活，易于接受		
		互动性	师生交流充分，课堂气氛活跃		

97

续表

4	教学基本功	语言	语言表达清楚、流畅，普通话标准		
		板书	板书字迹工整、正确，条理清晰		
		教态	教态自然、大方		
测评得分：					
意见或建议					

4．公示与录用

公开招聘领导小组对拟录用人员进行公示，公示人员无异议的则录用，办理相关手续，签订聘用合同，进行试用。

二、医院专业技术岗位人才招聘录用管理

（一）专业技术岗位系列

医院的专业技术岗位一般分为两个系列，具体如图3—15所示。

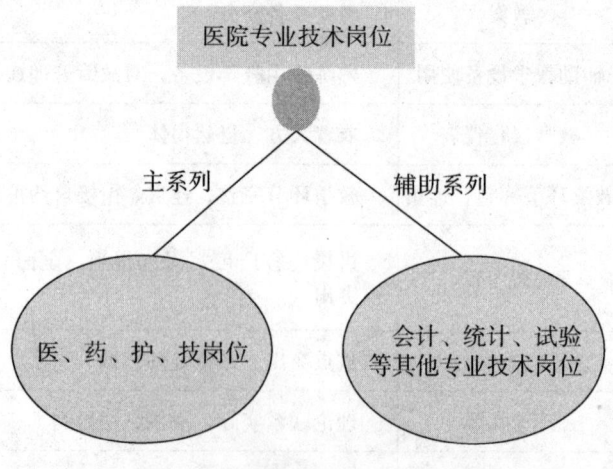

图3—15　医院专业技术岗位系列

(二) 专业技术主系列岗位的招聘与录用

1. 对应聘人员的评估内容

对应聘医院专业技术主系列岗位人员的评估内容如图3—16所示。

应聘岗位	评估内容示例
医师	1. 资格：执业证、资格证、职称；2. 基础知识及专业知识（笔试）；3. 临床实战技术；4. 口头表达能力；5. 应变能力；6. 职业道德
药剂师	1. 资格：执业证、资格证、职称；2. 国家药品相关法律、法规、医药产品供应规范相关知识和标准的掌握程度；3. 对药品及药品价格的熟悉度（笔试），药品归类和处方管理能力（实战）；4. 耐心与细心（面谈或心理测评）
护师	1. 资格：执业证、资格证、职称；2. 基础护理理论及技术操作规程（笔试）；3. 实践操作能力（临床跟班）；4. 亲和力和沟通能力（面谈或心理测评）；5. 耐心与细心；6. 处理突发事件的能力
技师	1. 资格：执业证、资格证、职称；2. 检验技术；3. 对仪器的熟练应用程度；4. 综合素质

图3—16　对应聘医院专业技术主系列岗位人员的评估内容

2. 对应聘人员的评估方式

对应聘医院专业技术主系列岗位人员的评估方式主要有笔试、面谈、临床实战、实习跟班、心理测评等，具体采取哪种方式或方式组合要根据岗位性质而定，具体如图3—17所示。

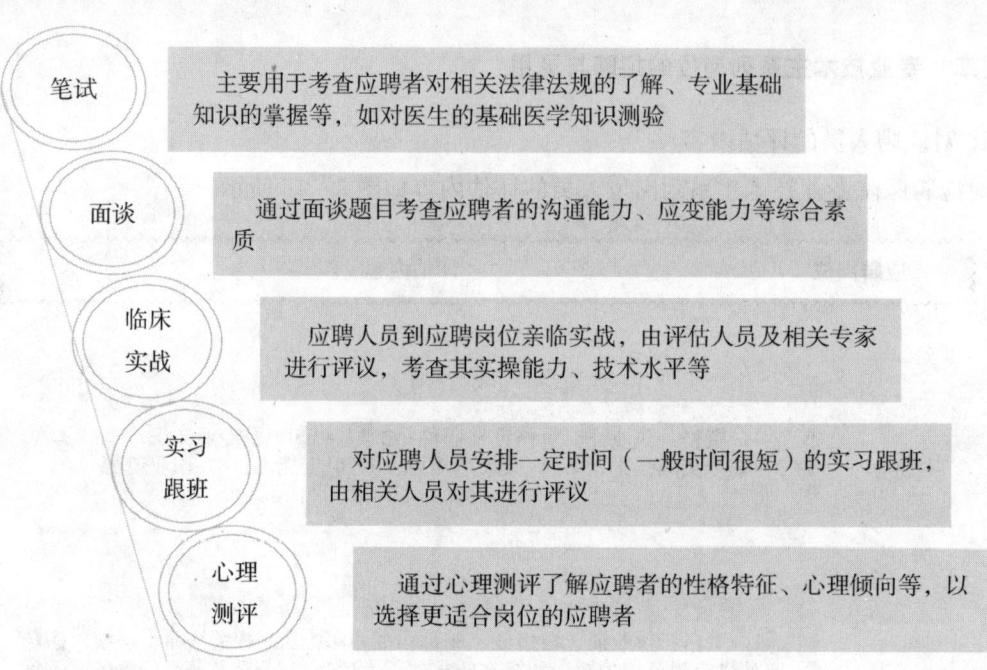

图3—17 对应聘医院专业技术主系列岗位人员的评估方式

3. 对应聘人员的评估工具

对应聘医院专业技术主系列岗位人员的评估工具见表3—4、表3—5、表3—6，其中药剂师笔试测评题目示例如图3—18所示。

表3—4　　　　　　　　　医师医患沟通和接诊能力面试评分表

填表日期：　　　　　　　　　　　　　　　　　　　　　　　　　评估专家：

个人信息					
面试者		性别		职称	
毕业院校		年龄		拟聘岗位	
面试内容及评分					
面试项目		85～100分	70～84分	60～69分	59分以下
自我介绍，能系统询问一些问诊内容，以获得全部必要资料，有明确的结束语					
衣冠整洁、文明礼貌，病人感到温暖亲切					
眼神友善、语言轻松大方、面部表情适当，使病人感到轻松自在、易于交流					

续表

面试内容及评分				
面试项目	85～100分	70～84分	60～69分	59分以下
会用过渡性语言，提问恰当，解释清楚，能确保病人能提供有关和必要的信息				
能按时间顺序写出主诉、现病史及伴随的有关症状				
关心病人反映，聆听病人的全部叙述，不轻易打断，不出现难堪的停顿。从病人的回答中核实包括药物治疗、嗜好、生活方式等有价值的信息				
交流中给一些赞扬性的肯定或反馈，对病人的悲伤、痛苦能表示同情和理解				
鼓励病人提问，注重诱导出病人隐藏的忧虑				
关心病人现有的经济状况，并给予精神上的支持和帮助				
询问家庭情况，适当探讨疾病治疗对病人本身及家庭成员的生活方式和自我形象的影响				
语言简单易懂，不用医学或难懂的术语提问				
平均分				

表3—5　　　　　　　　　护师临床操作面试评分表

个人信息					
面试者		性别		职称	
毕业院校		年龄		政治面貌	
面试内容及评分					
序号	面试项目	项目标准		配分	评分及理由
1	衣着规范	衣着规范、整洁			
2	职业精神	爱岗敬业，爱护病人			
3	对待病人的态度	态度亲切和蔼，具有耐心和细心			

续表

面试内容及评分					
序号	面试项目	项目标准	配分	评分及理由
4	操作前准备	操作前个人准备（穿工作服、戴口罩和帽子、衣服整洁、清洁洗手）、用物准备齐全		
5	操作流程	按规范化的流程进行操作		
6	操作技术质量和娴熟度	操作步骤正确，动作轻巧，准确度高		
7	操作后的整理工作	操作后的药物等物品整理符合规定，个人清洁卫生管理符合规定		
8	突发事件处理能力	具有一定的应变能力和稳定病人情绪的能力，可以妥善处理突发事件		
		临床操作得分		
面试专家评语：					
面试专家签名：					

表3—6　　　　　　　　　　技师面试测评表

个人信息						
面试者		性别		职称	
毕业院校		年龄		政治面貌	
面试内容及评分					
序号	面试项目	项目标准	配分	评分及理由
1	职业道德	具有良好的职业道德		
2	技术水平	具备与岗位相符的技术水平		
3	仪器设备的熟悉度	对仪器设备性能、价格等比较熟悉		

续表

		面试内容及评分		
序号	面试项目	项目标准	配分	评分及理由
4	仪器设备的操作	熟练操作设备,操作步骤正确、规范		
5	样品等物品管理知识	对样品等物品管理具有一定的专业知识		
6	细心程度	检验分析细致入微、谨慎		
		面试测评得分		

面试专家评语:

面试专家签名:

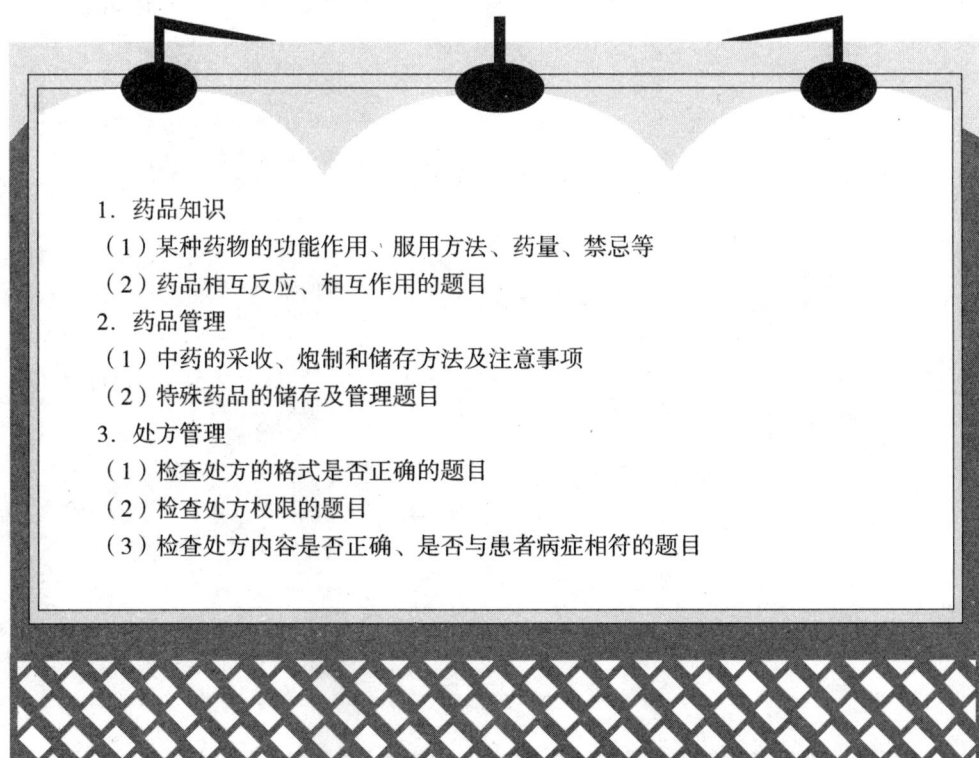

图3—18 药剂师笔试测评题目

4. 公示与录用

医院专业技术系列岗位人员的公示与录用遵循事业单位人才招聘或内部竞聘的相关制度规定。

三、科研单位专业技术岗位人才招聘录用管理

（一）科研单位专业技术岗位

科研单位专业技术岗位主要是科研岗位。

（二）科研岗位的招聘与录用

1. 对应聘人员的评估内容

对应聘人员的评估，主要从其岗位要求所需的专业知识、技能等方面进行。如图 3—19 所示是某科研单位对其应聘人员设置的评估内容。

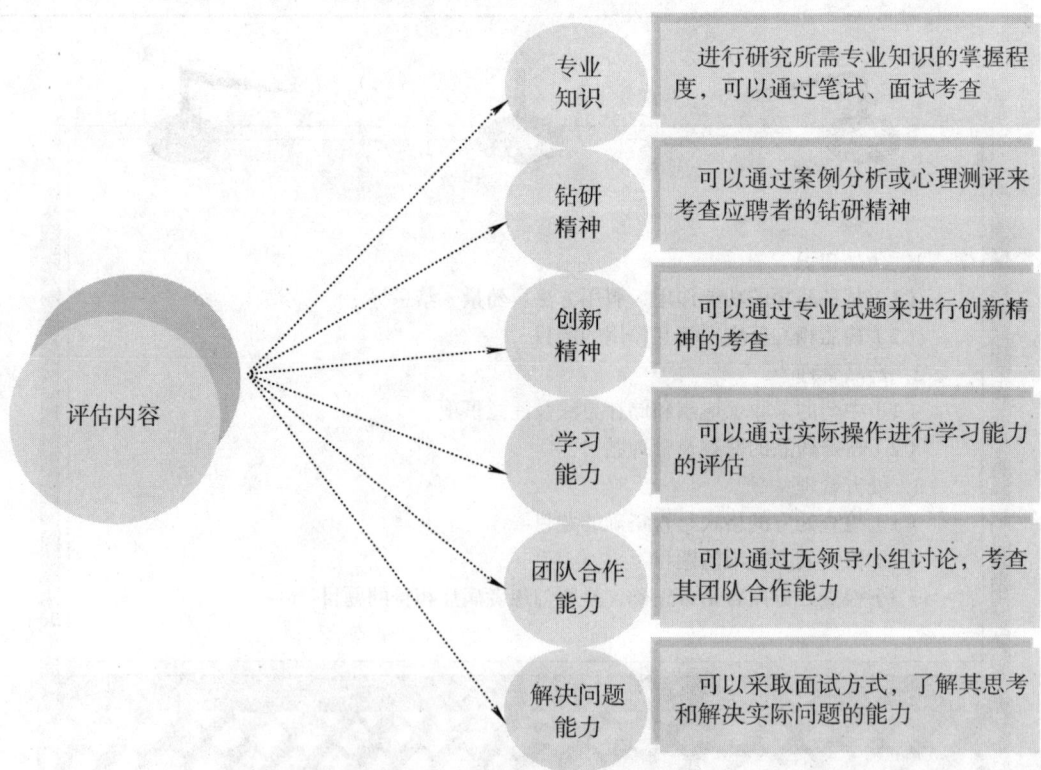

图 3—19　某科研单位对专业技术岗位应聘人员设置的评估内容

2. 对应聘人员的评估方式

对应聘人员的评估可采取笔试、面试等多种方式，还可以根据需要进行实际操作能力测试。如图3—20所示为某科研事业单位选择的评估方式。

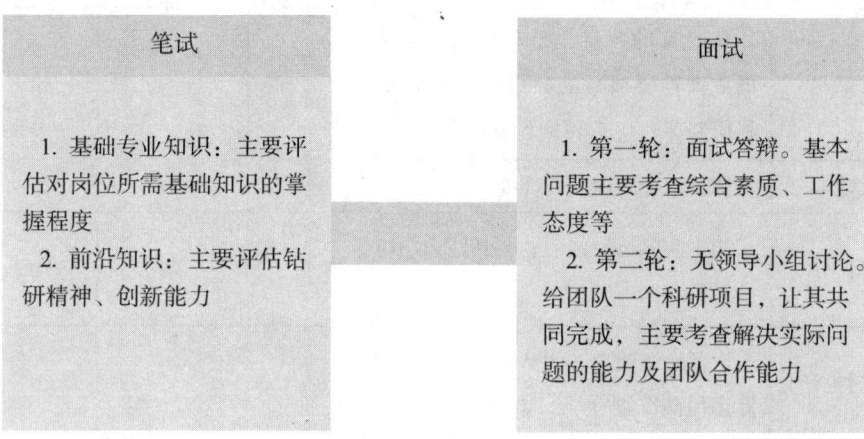

图 3—20　某科研岗位应聘人员的评估方式

3. 对应聘人员的评估工具

具体的评估工具见表3—7、表3—8。

表 3—7　　　　　　　　无领导小组讨论评分表

面试时间：　　　　　　　　　　　　　　　　　　　　　　　　　　组别：

序号	姓名	综合分析能力（满分20分）	组织协调能力（满分20分）	知识运用能力（满分20分）	语言表达能力（满分10分）	创新应变能力（满分20分）	团队合作精神（满分10分）	综合得分
1								
2								
3								
4								
5								

考官的简单评语：	考官签名：

备注：①本表得分若有涂改，须经考官签字确认；②测评要素之间有着密切的相关性，考官应根据面试者的综合表现进行评分；③考官评语即考官视情况对面试者在某些方面的特殊表现做出简要评价。

表 3—8　　　　　　　　　　科研岗位应聘人员的综合评分表

评分项目	评分要点	平均评分	扣分要点	权重（%）	得分
科研成果	1. 论文的数量；2. 曾参与或主持的重大科研项目的数量；3. 获得的科研奖项；4. 获得的科研证书			40	
笔试成绩	知识掌握的深度、广度			20	
面试答辩评分	知识实际运用能力、创新能力、综合素质			20	
无领导小组讨论评分	沟通协调能力、团队合作能力、实际运用操作能力			20	
综合得分					

4. 公示与录用

科研事业单位科研岗位应聘人员的公示与录用遵循事业单位人才公开招聘和内部竞聘的相关规定，公示且无异议的办理录用手续，签订聘用合同。

四、文化团体专业技术岗位人才招聘录用管理

（一）文化团体专业技术岗位

文化团体专业技术岗位包括编剧、演员、导演、指挥、美术师等岗位。

（二）招聘与录用

下面以某话剧团演员招聘为例进行相关说明。

1. 对应聘人员的评估内容

某话剧团演员岗位对应聘人员的评估内容如图 3—21 所示。

2. 对应聘人员的评估方式

某话剧团对应聘演员岗位的人员采取了如图 3—22 所示的评估方式。

3. 对应聘人员的评估工具

具体评估工具见表 3—9。

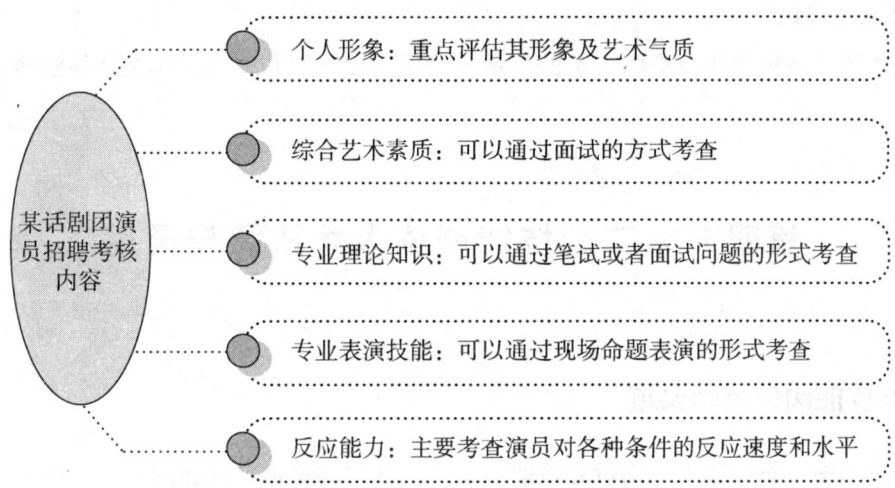

图 3—21 某话剧团演员岗位对应聘人员的评估内容

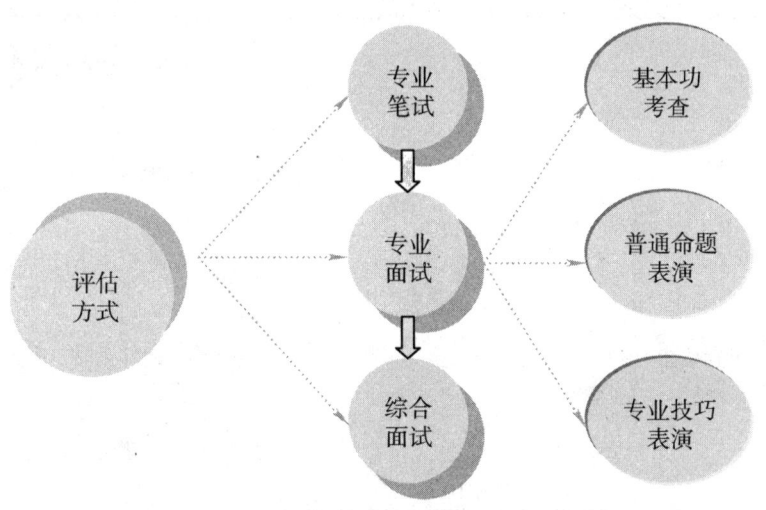

图 3—22 某话剧团演员岗位对应聘人员的评估方式

表 3—9　　　　　　　　　文化团体演员岗位应聘人员评分汇总表

项目	评分要点	平均评分	扣分要点	权重（%）	得分
笔试成绩	……			20	
专业面试评分	表演基本功、表演水平、表演技巧			40	
综合面试评分	个人形象、艺术气质、对艺术的热爱、政治素质、综合能力			40	
综合得分					

4. 公示与录用

文化团体专业技术岗位应聘人员的公示与录用参照国家和地方的相关法律法规、政策及规定执行。

第四节 工勤技能岗位人才招聘与录用

一、工勤技能岗位招聘渠道

工勤技能岗位包括技术工岗位和普通工岗位，其招聘渠道具体如图3—23所示。

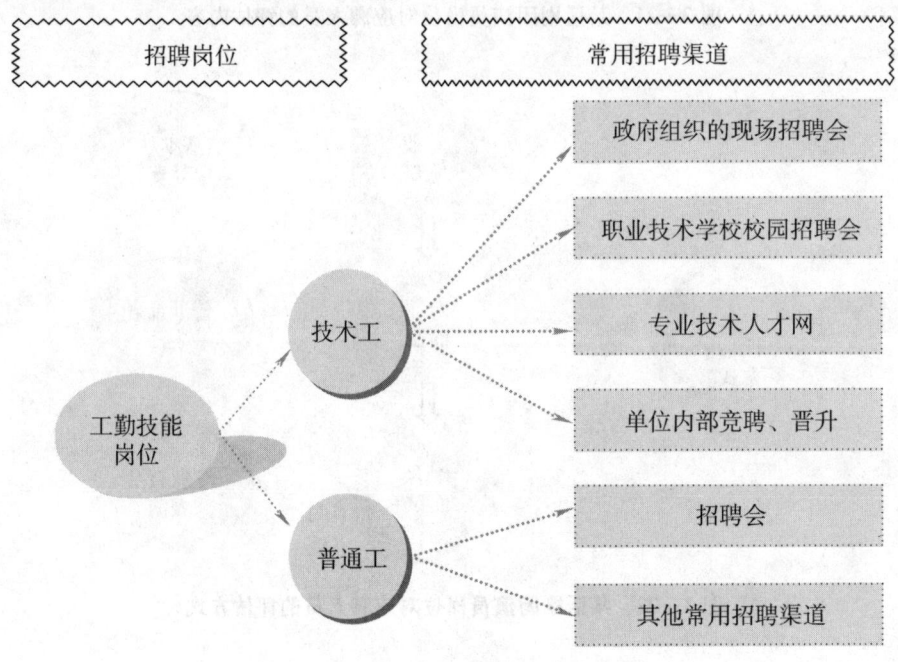

图3—23 工勤技能岗位常用招聘渠道

二、工勤技能岗位招聘管理

（一）公开招聘聘用申请

工勤技能岗位人才公开招聘，应聘者首先要填写聘用申请表进行申请，常用的聘用申请表见表3—10。

表 3—10　　　　　　　　　工勤技能岗位公开招聘申请表

姓名		性别		出生年月		政治面貌	
学历		获得时间		参加工作时间		现工作单位	
现从事工种及时间				技术等级			
职业资格证书及工种				职业资格证书编号			
申请工勤岗位等级	□一级　　□二级　　□三级　　□四级　　□五级　　□普通工						
现岗位及主要从事的工作描述：								
申请人意见	本人承诺： 1. 所填内容属实。 2. 在受聘岗位期间，能够履行单位规定的岗位职责。 　　　　　　　　　　　　　　　　　　　　申请人签字： 　　　　　　　　　　　　　　　　　　　　　　　　年　月　日						
单位岗位聘用工作小组意见	同意推荐　　　　同志聘用工勤技能　　　　级岗位。 　　　　　　　　　　　　　　　　　　　　组长签字： 　　　　　　　　　　　　　　　　　　　　（盖章）　　年　月　日						
单位审批意见	 　　　　　　　　　　　　　　　　　　　　负责人签字： 　　　　　　　　　　　　　　　　　　　　（盖章）　　年　月　日						

（二）内部竞聘聘用申请

事业单位工勤技能岗位内部竞聘常用申请表见表 3—11。

表 3—11　　　　　　　　　工勤技能岗位内部竞聘申请表

姓名		性别		工号		所在部门	
学历		获得时间		毕业院校		政治面貌	
从事工种及时间				技术等级			

续表

职业资格证书及工种				职业资格证书编号		
应聘岗位等级	一级（高级技师）	二级（技师）	三级（高级工）	四级（中级工）	五级（初级工）	普通工

本人主要工作成果及竞聘理由

我保证上述各项中所提供的情况真实无误。如发现弄虚作假现象或经他人举报有弄虚作假现象并经查实，本人愿意接受单位处理。

个人签字：　　　　　　　　　　　　　年　　月　　日

单位岗位聘用工作组意见	应到人数	实到人数	赞成	反对	弃权	建议工勤技能岗位____级。 负责人： 　　　　年　　月　　日

工勤技能岗位聘用工作组意见	应到人数	实到人数	赞成	反对	弃权	建议工勤技能岗位____级。 组长： 　　　　年　　月　　日

单位岗位设置、聘用与考核工作委员会意见	应到人数	实到人数	赞成	反对	弃权	聘用工勤技能岗位____级。 主任人： 　　　　年　　月　　日

（三）工勤技能岗位录用管理

事业单位工勤技能岗位经过考试、考核，对拟录用人员进行公示，公示无异议的确定录用，办理报到手续，签订劳动合同。

第五节 事业单位领导干部选拔与任用

一、学校党政领导干部选拔任用工作办法范例

版本 ___年___月	××学校党政领导干部选拔与任用管理工作办法		
	颁布部门：	执行部门：	执行日期：

第一章 总 则

第一条 选拔和造就一支高素质的党政领导干部队伍，是把我校建成世界知名高水平大学的重要组织保证。为建立严格规范的领导干部选拔与任用管理制度，形成富有生机与活力的用人机制，保证党的路线和教育方针的贯彻执行，根据《党政领导干部选拔任用工作条例》，结合本校实际，特制订本办法。

第二条 选拔任用党政领导干部，必须坚持下列原则：

（一）党管干部原则。
（二）任人唯贤、德才兼备原则。
（三）群众公认、注重实绩原则。
（四）公开、平等、竞争、择优原则。
（五）民主集中制原则。
（六）依法办事原则。

第三条 选拔任用党政领导干部要与干部管理考核、教育培训工作相结合，与后备干部队伍建设相衔接，注意选拔任用优秀年轻干部。

第四条 本条例适用选拔任用学校直接管理的处级党政领导干部。

第二章 选拔任用条件

第五条 党政领导干部应当具备下列基本条件：

（一）具有履行职责所需的马克思列宁主义、毛泽东思想、邓小平理论水平，认真实践"三个代表"重要思想，努力践行科学发展观，用马克思主义立场、观点、方法分析解决实际问题，坚持讲学习、讲政治、讲正气，经得起各种风浪的考验。

（二）坚决执行党的基本路线和各项方针、政策，立志改革开放，献身教育事业，具有爱岗敬业精神，在教学、科研、管理中艰苦创业，开拓创新，做出实绩。

（三）坚持解放思想，实事求是，与时俱进，开拓创新，认真调查研究，能够结合学校与本单位、本部门的工作实际，卓有成效地开展工作。讲实话，办实事，求实效，反对形式主义。

（四）有强烈的革命事业心和政治责任感，有实践经验，有胜任领导工作的组织能力、文化水平和专业知识。

（五）懂得教育规律，具有领导教学、科研和高校党政管理的能力。

（六）有良好的职业道德，正确行使人民赋予的权力，清正廉洁，勤政为民，以身作则，艰苦朴素，密切联系群众，坚持党的群众路线，自觉地接受党和群众的批评和监督，反对官僚主义，反对任何滥用职权、谋取私利的不正之风，能模范地遵纪守法。

（七）坚持和维护党的民主集中制原则，有民主作风，有全局观念和全校一盘棋思想。善于团结同志，包括团结同自己有不同意见的同志一起工作。

第六条 提拔担任党政领导职务的干部，应当具备以下资格：

续表

（一）一般应有基层两年以上业务工作或管理工作经历。

（二）提任院（系）等业务类领导职务者，正职一般应有正高级专业技术职务或副高级专业技术职务且具有博士学位，副职一般应有副高级以上（含副高）专业技术职务或具有博士学位。

（三）提任党政机关部处、直属单位领导职务者，正职一般应有硕士研究生（含研究生班）及以上文化程度或副高级以上（含副高）专业技术职务；副职一般应有本科以上（含本科）文化程度或副高级以上（含副高）专业技术职务。其中，业务性较强的部门，正职一般应有正高级专业技术职务或副高级专业技术职务且具有博士学位，副职一般应有硕士研究生（含研究生班）及以上文化程度或副高级以上（含副高）专业技术职务。

（四）一般应经过党校、行政院校或组织部门认可的其他培训机构五年内累计三个月以上的培训。确因特殊情况在提任前未达到培训要求的，应当在提任后一年内完成培训。

（五）提任正处级实职岗位领导职务的年龄一般不超过55岁，提任副处级实职岗位领导职务的年龄一般不超过50岁。

（六）身体健康。

第七条　党政领导干部应当逐级提拔，特别优秀的中青年干部或工作特殊需要的可以破格提拔。

第三章　民主推荐

第八条　选拔任用党政领导干部，必须经过民主推荐提出考察对象。民主推荐包括会议投票推荐和个别谈话推荐。参加会议投票推荐和个别谈话推荐的人数必须达到应参与人数的2/3，推荐结果方为有效。民主推荐的结果在一年内有效。

第九条　领导班子换届，民主推荐按照领导班子职位的设置全额定向推荐；个别提拔任职，按照拟任职位推荐。

第十条　领导班子换届，民主推荐由党委组织部门主持，应当经过下列程序：

（一）召开推荐会，公布推荐职务、任职条件、推荐范围，提出有关要求。

（二）填写推荐票，或进行个别谈话。

（三）填写统计、综合分析推荐情况，向学校党委汇报。

第十一条　个别提拔任职，由组织部综合校党政主要领导、分管校领导、所在单位党政主要负责人的意见以及其他方面的推荐、自荐情况，向学校党委汇报，学校党委常委会研究确定考察对象。

第十二条　个人向党组织推荐党政领导干部人选，必须负责地写出推荐材料并署名。按照规定程序进行民主推荐。

第四章　考　察

第十三条　对确定的考察对象，由党委组织部按照干部管理权限，依据干部选拔任用条件和不同领导职务的职责要求，全面考察其德、能、勤、绩、廉，注重考察工作实绩。

第十四条　考察党政领导职务拟任人选，应当经过下列程序：

（一）组织考察组，制订考察工作方案。

（二）同考察对象所在单位党组织主要负责人就考察工作方案沟通情况，征求意见。

（三）根据考察对象的不同情况，通过适当方式在一定范围内发布干部考察预告。

（四）采取个别谈话、实地考察、查阅资料、同考察对象面谈等方法，广泛深入地了解情况。

（五）党委组织部综合分析考察情况，同考察对象所在单位的党组织主要负责人交换意见；拟任正处级岗位的同分管校领导交换意见。

（六）党委组织部集体研究提出任用建议方案，向党委报告。

第十五条　考察中个别谈话和征求意见的范围主要如下：

（一）考察对象所在单位领导成员。

（二）考察对象所在单位干部代表、骨干教师代表和业务人员代表。

续表

（三）其他有关人员。

第十六条 考察党政领导职务拟任人选，应当听取纪委（监审处）的意见。对需要进行经济责任审计的考察对象，应当委托审计部门按照有关规定进行审计。

第十七条 考察党政领导职务拟任人选，必须形成书面考察材料，建立考察文书档案。已经提拔任职的，考察材料归入本人档案。考察材料必须写实，全面、准确、清楚地反映考察对象的情况，包括下列内容：

（一）德、能、勤、绩、廉方面的主要表现和主要特长。

（二）主要缺点和不足。

（三）民主推荐、民主测评情况。

第十八条 党委组织部派出的考察组应由两名或两名以上成员组成。考察人员应当具有较高素质。考察组负责人应当由思想政治素质好、有较丰富工作经验并熟悉干部工作的人员担任。

第十九条 实行干部考察工作责任制。考察组必须坚持原则，公道正派，深入细致，如实反映考察情况和意见，并对考察材料负责。考察中了解到的考察对象表现情况，一般由考察组向党委主要领导和本人反馈。

第五章 酝酿与讨论决定

第二十条 党政领导职务拟任人选，在考察前、讨论决定或者决定呈报前，应当充分酝酿，酝酿在党委成员中进行，并征求分管领导的意见。

第二十一条 选拔任用党政领导干部，应当按照干部管理权限由党委集体讨论做出任免决定。

第二十二条 党委讨论决定干部任免事项，必须有2/3以上的成员到会，并保证与会成员有足够的时间听取情况介绍，充分发表意见。与会成员对任免事项应当发表同意、不同意或者缓议等明确意见。在充分讨论的基础上，采取口头表决、举手表决或者无记名投票等方式进行表决。对意见分歧较大或者有重大问题不清楚的，应当暂缓表决。对影响做出决定的问题，会后应当及时查清，避免久拖不决。

第二十三条 党委常委会讨论决定干部任免事项，应当按照下列程序进行。

（一）党委分管干部工作的副书记或者党委组织部部长，逐个介绍领导职务拟任人选的提名、推荐、考察等情况。

（二）参加会议人员进行讨论。

（三）进行表决，以党委常委会应到会成员超过半数同意形成决定。

第六章 任 职

第二十四条 新任党政领导干部实行任职前公示制度。对党委常委会做出决定拟提拔任职的党政领导干部，在下发任职通知前，应当在一定范围内进行公示。公示期一般为7～15天。公示结果不影响任职的，办理任职手续。公示期间，群众有反映意见的应根据反映的具体情况由组织、纪委、监察、审计等有关部门调查核实，调查结果向党委如实汇报，决定任职或暂缓任职。

第二十五条 实行党政领导干部任职试用期制度。提拔担任非选举产生的学校党政机关和直属单位领导职务的，试用期为一年，试用期间享受现职待遇。试用期满后，经考核胜任现职的，正式任职，试用期计入任期时间；不胜任现职或双向选择不再担任现职的，原则上回原单位按试用前职级安排工作。

第二十六条 对决定提拔任用的干部，由学校党委指定专人同本人谈话。

第七章 公开选拔和竞争上岗

第二十七条 公开选拔、竞争上岗是党政领导干部选拔任用的方式之一。

第二十八条 报名参加公开选拔、竞争上岗人员的基本条件和资格应当符合本规定的条件。

第二十九条 公开选拔、竞争上岗工作在校党委领导下进行，由组织部组织实施，应当经过下列程序：

续表

（一）公布职位、报考人员的资格条件、基本程序和方法等。
（二）报名与资格审查。
（三）组织面试，面试小组成员主要由有关校领导、组织人事部门、纪委和用人单位负责人组成，必要时也可聘请有关专家、教授、干部代表参加。
（四）确定考察对象与组织考察。
（五）组织部综合面试和考察情况后，报党委常委会讨论决定。

第八章 交流、回避

第三十条 实行党政领导干部交流轮岗制度。交流轮岗的对象主要是：因工作需要交流轮岗的；需要通过交流轮岗锻炼提高领导能力的；在同一部门连续任职超过规定届数，且符合新岗位的任职条件的；因其他原因需要交流轮岗的。因工作特殊需要，经学校党委批准，院（系）的学术业务管理岗位和学校个别业务性强的管理岗位可以适当放宽。干部交流轮岗范围主要在校内机关各部处、院（系）、直属单位之间，同时应积极推进校内干部参加校外交流和挂职锻炼。

第三十一条 实行党政领导干部选拔任用工作回避制度。党委常委会讨论干部任免，涉及与会人员本人及其家属的，本人必须回避。干部考察组成员在干部考察工作中涉及其亲属的，本人必须回避。

第三十二条 实行党政领导干部任职回避制度。党政领导干部任职回避的亲属关系为：夫妻关系、直系血亲关系、三代以内旁系血亲以及近姻亲关系。有上列亲属关系的，不得在同一机关担任双方直接隶属于同一领导人员的职务或者有直接上下级领导关系的职务，也不得在其中一方担任领导职务的机关从事组织（人事）、纪检（监察）、审计、财务工作。

第九章 免职、辞职、降职

第三十三条 党政领导干部有下列情形之一的，一般应当免去现职：
（一）达到任职年龄界限或者退休年龄界限的。
（二）在年度考核、干部考察中，民主测评不称职票超过1/3、经组织考核认定为不称职的。
（三）调出学校或退休的干部，自然免去其担任的党政领导职务。
（四）犯有严重错误，不宜再担任领导职务的。
（五）因健康原因无法胜任现任职务的。
（六）因工作需要或者其他原因，应当免去现职的。

第三十四条 实行党政领导干部辞职制度。辞职包括自愿辞职、引咎辞职和责令辞职。
（一）自愿辞职，指党政领导干部因个人或者其他原因，自行提出辞去现任领导职务。自愿辞职必须写出书面申请，报党委组织部提交校党委常委会讨论审批。校党委自收到申请书之日起3个月内予以答复。未经批准，不得擅离职守；擅自离职的，给予纪律处分。党政领导干部有下列情形之一的，不得提出辞职：

1. 在涉及国家安全、重要机密等特殊职位任职且不满解密期限的。
2. 重要公务尚未处理完毕，须由本人继续处理的。
3. 有其他特殊原因的。

（二）引咎辞职，指党政领导干部因工作严重失误、失职造成重大损失或者恶劣影响，或者对重大事故负有重要领导责任，不宜再担任现职，由本人主动提出辞去现任领导职务。
（三）责令辞职，指党委根据党政领导干部任职期间的表现，认定其已不再适合担任现职，通过一定程序责令其辞去现任领导职务。拒不辞职的，应当免去现职。

第三十五条 引咎辞职、责令辞职的干部，在新的岗位工作一年以上，实绩突出，符合提拔任用条件的，可以按照有关规定，重新担任或者提拔担任领导职务。

续表

第十章 纪律和监督

第三十六条 选拔任用党政领导干部,必须严格执行本实施办法的各项规定,并遵守下列纪律:

(一)不准超职数配备领导干部或者违反规定提高干部的职级待遇。

(二)不准以书记办公会、领导圈阅等形式,代替党委会集体讨论决定干部任免。

(三)不准临时动议决定干部任免。

(四)不准个人决定干部任免,个人不能改变党委集体做出的干部任免决定。

(五)不准拒不执行上级调动、交流领导干部的决定。

(六)不准要求提拔本人的配偶、子女及其他家属,或者指令提拔秘书等身边工作人员。

(七)不准在机构变动和主要领导成员工作调动时,突击提拔调整干部,或者干部在调离后干预原任职单位的干部选拔任用。

(八)不准在选举中进行违反党的纪律、法律规定和有关章程的活动。

(九)不准在干部考察工作中隐瞒、歪曲事实真相,或者泄露酝酿、讨论干部任免的情况。

(十)不准在干部选拔任用工作中任人唯亲,封官许愿,营私舞弊,或者打击报复。

第三十七条 实行党政领导干部选拔任用工作责任追究制度。用人失察失误造成严重后果的,应当根据具体情况,追究主要责任人及其他直接责任人的责任。

第三十八条 建立组织部、纪检、监察等部门的联席会议制度,就加强对干部选拔任用工作的监督、沟通信息、交流情况提出意见和建议。

第三十九条 党员、干部、群众对干部选拔任用工作中的违纪违规行为,有权向党委组织部和纪检、监察部门举报、申诉,受理部门应当按照有关规定核实处理。

第十一章 附 则

第四十条 本办法自公布之日起施行。

第四十一条 本办法由党委组织部负责解释。

修订记录	修订标记	修订处数	修订日期	审批签字

二、医院处级干部选拔任用工作实施方案范例

版本 ___年___月	××医院处级干部选拔任用工作实施方案		
	颁布部门:	执行部门:	执行日期:

为进一步加强医院干部队伍建设,健全和完善干部人事管理制度,按照《党政领导干部选拔任用工作条例》和相关规定,结合本院实际,制订干部选拔任用工作实施方案如下。

一、指导思想

以邓小平理论和"三个代表"重要思想为指导,深入贯彻落实科学发展观,以推进医院改革发展、提高核心竞争力为目标,坚持民主、公开、竞争、择优原则,全面贯彻干部队伍革命化、年轻化、知识化、专业化的方针,努力形成有利于优秀人才脱颖而出、干部队伍富有生机与活力的选人用人机制。

二、基本原则

选拔任用干部必须坚持以下原则:

续表

（一）党管干部原则。
（二）任人唯贤、德才兼备原则。
（三）群众公认、注重实绩原则。
（四）公开、平等、竞争、择优原则。
（五）民主集中制原则。
（六）依法办事原则。

三、基本条件和资格
（一）基本条件
1. 具有履行职责所需要的马列主义、毛泽东思想、邓小平理论、"三个代表"重要思想和贯彻落实科学发展观的水平，忠于党、忠于国家、忠于人民，以医院利益为重。
2. 熟悉医院管理和本职工作的规律，有履行岗位职责所需要的组织协调能力和专业技术水平，能真抓实干、敢于负责、锐意进取、改革创新、乐于奉献。
3. 能坚持和维护民主集中制，有民主作风和全局观念。善于团结同志，为群众信任。
4. 遵守国家法律、法规，作风正派、清正廉洁，具有良好的职业道德。
5. 身体健康。
（二）担任本医院处级党政领导职务的，应当具备以下资格：
1. 应当具有五年以上工龄。
2. 一般应当具有大学以上学历。
3. 应当具有在正科级岗位或业务科室主任岗位三年以上工作经历。具有硕士以上学位并具有高级技术职称的业务骨干，工作年限和任职经历可适当放宽。
4. 应聘医务处、教育处、科研处岗位，一般应当具有研究生及以上学历。
5. 应聘医务处、护理部、药学部、教育处、科研处、信息中心、医疗改革办公室岗位的应具有副高级以上职称。应聘财务处岗位的应具有会计师资格。
6. 对专业技术有特殊要求的岗位，条件可适当放宽。
7. 身体健康。

四、工作步骤及进度安排
处级干部选拔任用工作的具体工作步骤及进度安排如下：
（一）公布岗位需求、任用条件和资格、任用程序等事项。（＿＿＿月＿＿＿日）
（二）应聘者报名登记。（＿＿＿月＿＿＿日—＿＿＿月＿＿＿日）
应聘者请于＿＿＿年＿＿＿月＿＿＿日下午5点前将应聘处级岗位报名表、毕业证书、学位证书、专业技术职务资格证书原件及复印件各一份交至医院党委办公室。应聘处级岗位报名表及相关文件可在医院网"院内通知"栏内下载，或直接到医院党办领取。
（三）资格审查。（＿＿＿月＿＿＿日）
（四）召开民主推荐会。（＿＿＿月＿＿＿日）
（五）确定考察对象，上报学校党委。（＿＿＿月＿＿＿日）
（六）组织考察。（＿＿＿月＿＿＿日）
（七）酝酿、讨论决定。（＿＿＿月＿＿＿日）
（八）任职前公示及任命。（＿＿＿月＿＿＿日）

五、免职、辞职、降职
（一）干部有下列情形之一的，一般应当免去现职：
1. 达到任职年龄界限的。有特殊需要的工作岗位，由院党委集体研究并报上级组织部门同意后，可

续表

以酌情放宽年龄要求。

2. 现任干部聘任期届满推荐时，推荐票低于_____%的，原则上不再留任；不合格票数超过_____%或基本合格和不合格票数之和超过_____%的，不再留任。

3. 连续_____年度考核测评为末位、经组织考察不胜任的。

4. 因工作能力较弱或者其他原因，不适宜担任现职的予以降职使用或免职。其待遇按照新任职务的标准执行。

（二）实行干部辞职制度。辞职包括自愿辞职、引咎辞职和责令辞职。

1. 自愿辞职。即干部因个人或其他原因自行提出辞职。辞职者应向院党委提出书面申请，院党委在接到申请的_____个月内予以审批或答复。在辞职审批期间不得擅自离职。

2. 引咎辞职。即干部因工作严重失误、失职造成重大损失或者恶劣影响，经院党委讨论后做出引咎辞职的决定。

3. 责令辞职。即院党委根据干部任职期间的表现，认定其已不再适合担任现职，由院党委根据考察考核情况提出责令辞职意见。

六、组织领导部门

本次处级干部选拔任用工作在医院党委的领导下进行，组长：×××，成员：×××、×××、×××、×××、×××、×××。

七、有关要求

（一）要提高认识，积极参与。各单位要认真做好宣传发动，鼓励、支持符合条件的员工积极参与。

（二）要严肃纪律，加强监督。坚决防止和纠正各种与《党政领导干部选拔任用工作条例》等有关规定不一致的行为，对违反组织人事纪律者要严肃查处。

（三）医院实行党政领导干部选拔任用工作回避制度，以保证干部任用和选拔的公正性。

修订记录	修订标记	修订处数	修订日期	审批签字

三、政务服务中心干部选拔任用工作实施方案范例

版本 ___年___月	政务服务中心干部选拔任用工作实施方案		
	颁布部门：	执行部门：	执行日期：

一、目的

为认真贯彻执行党的干部政策，建立科学规范的干部选拔任用制度，形成有活力、有生机的用人机制，推进本中心干部队伍的革命化、年轻化、知识化、专业化建设，为本中心全面持续发展提供组织保证，根据《党政领导干部选拔任用工作条例》《中国共产党章程》、××市人事局文件和有关法律、法规，特制订本实施方案。

二、负责干部选拔任用的组织领导

为加强此次选拔任用工作的领导，本中心成立干部选拔任用工作领导小组。

1. 组长：×××。

续表

2. 副组长：×××。
3. 成员：×××。

三、干部选拔任用的基本原则

本中心选拔任用干部必须坚持以下原则：党管干部原则、"任人唯贤"原则、德才兼备原则、岗位需要原则、公众认可原则、注重实绩原则、公开平等竞争择优的原则、民主集中制原则、严肃纪律原则、严格程序原则、规范操作原则、监督约束与激励保障并重的原则、组织监督与群众监督相结合的原则、依法办事的原则等。

四、本中心各级干部选拔任用条件

被本中心选拔任用的干部，应该具有以下任用条件和任职资格：
1. 坚决拥护、执行党的基本路线和各项方针、政策。
2. 具备较高的政治素质，有从事党政和群团组织管理经验、能力，有较高的文化水平和专业知识。
3. 有强烈的事业心和责任感，爱岗敬业，热爱本职工作，在实际工作中绩效显著。
4. 公正廉洁，勤政为民，以身作则，不滥用职权谋取私利。
5. 年龄在40周岁以下，具有大专以上文化程度。
6. 具有较强的语言、文字表达能力。
7. 身体健康，能担负起繁重的工作任务。
8. 科长岗位必须具备在副科长岗位工作满2年条件，副科长、副科级岗位必须具备在机关科员岗位工作满2年条件，党委组织岗位必须是中共正式党员。
9. 其他岗位必须具备机关干部管理者身份。

五、干部选拔任用的程序

拔任用科级干部，应遵循以下程序：
1. 制订竞争、竞职上岗方案。
2. 发布选拔任用通知。
3. 组织符合条件者报名。
4. 组织报名人员进行竞争、竞职上岗演讲，并进行民主测评。
5. 根据测评结果确定考察对象。
6. 对被考察对象进行德、能、勤、绩、廉全面考察，并根据考察结果提出拟任人选。
7. 公示。
8. 公示期满后，经领导班子及党组研究审批，报相关部门备案，并公布任命结果。

六、干部选拔任用的办法

（一）公开竞选

下列情况通过公开竞争确定人选：
1. 职位出现人员空缺。
2. 结构调整、重组，需要进行人员调整或分流的。
3. 按规定进行职位轮换，有必要通过竞争确定有关职位人选的。
4. 需要竞争上岗的。

（二）民主推荐

1. 印制考察公告。在民主推荐大会召开前，组织部门应将考察公告及时张贴公示。
2. 召开民主推荐大会，分别进行无记名投票和个别谈话推荐。
（1）参加无记名推荐的人员范围：机关全体干部管理人员。
（2）参加谈话推荐的人员范围：机关科、室主要领导。

续表

民主推荐按每个职位1：2的比例进行差额推荐，根据两项推荐加权平均的结果，凡民主推荐率达到30%以上（含30%）的，列入组织考察范围。

（三）组织考察

1. 确定考察对象。如果某个职位推荐率达30%以上的只有1人，可以进行等额考察。如果某个职位推荐率达30%（含30%）以上的有2人以上的，全部确定为考察对象。

2. 组织具体考察工作

（1）印制考察预告。在召开民主测评大会前，组织部门应将考察预告及时张贴公示。

（2）召开民主测评大会。参加民主测评的人员包括机关全体干部，而民主评议的内容包括素质测评、履行职责情况、拟提拔使用意见。

（3）进行个别谈话。

（4）征求纪委意见。

（四）党委讨论决定

1. 召开书记办公会。由考察组把考察情况和考察意见向党委书记办公会汇报，党委书记办公会对考察情况无异议后，再提交党委会讨论决定。

2. 召开党委会。由组织部向党委汇报考察结果，经党委会议讨论研究后，通过投票的方式决定任用人选。

在民主测评中，履行职责情况测评结果优秀、称职率不超过80%的，或不同意提拔票超过30%的，不作为党委会研究票决的人选。

（五）公示

1. 党委组织部对党委会决定任用的人选进行公示，公示期限不少于7天（公休日除外）。经公示无影响任用问题的人选，由党委组织部按有关规定安排任职谈话并办理相关手续。

2. 新提拔的人员实行试用期管理，试用期限为1年，试用期届满，经考核合格的人员，办理正式任职手续。

七、干部选拔任用工作纪律与监督

（一）干部选拔任用工作纪律

本中心选拔任用各级别的干部，必须严格执行本方案的各项规定，并遵守以下纪律：

1. 不准个人决定干部任用，个人不能改变领导班子集体做出的决定。

2. 经组织研究同意之前，不准向任何人泄露任何情况。

3. 不准在干部考察工作中隐瞒或歪曲事实真相。

4. 领导干部不准要求选拔任用本人的配偶、子女及其他亲属。

（二）干部选拔任用工作监督

本中心各级干部的选拔任用工作，应当按下列规定实行有效监督：

1. 对干部选拔任用工作中的违纪行为，任何单位和个人均有权检举、申诉。

2. 在干部选拔任用工作中，要认真执行本方案，坚持原则、公道正派、任人唯贤，严格执行组织纪律和办事制度，自觉接受党组织监督和群众监督。

修订记录	修订标记	修订处数	修订日期	审批签字

第四章

事业单位人员培训体系设计

事业单位人力资源管理
工作手册

第一节　培训体系设计

一、培训需求分析

在当前知识经济时代，拥有高知识的人才资源已成为决定事业单位稳健发展的重要因素之一。

培训是一个多环节组成的系统工程，任何一个环节出现纰漏都会影响培训的进程和效果。培训需求分析是培训整个流程的第一个环节，事业单位在开展培训之前也应做好准确的需求分析以保证培训效果。

（一）培训需求分析层次

培训需求分析是一个复杂的系统，其中组织、人员、任务三个层次的培训需求分析构成了该系统的主体部分，如图4—1所示为某学校教师培训需求分析内容。

组织分析	人员分析	任务分析
国家教育法律法规 新教育技术的采用 课程标准的变化情况 学校现状及发展战略分析 学校可投入培训资源分析 ……	确定培训对象 分析培训对象准备情况 分析教师职业生涯阶段 区分教师专业发展类型 ……	完成教学任务所需知识 完成教学任务所需技能 完成教学任务所需能力 学校所提供的环境和条件 ……

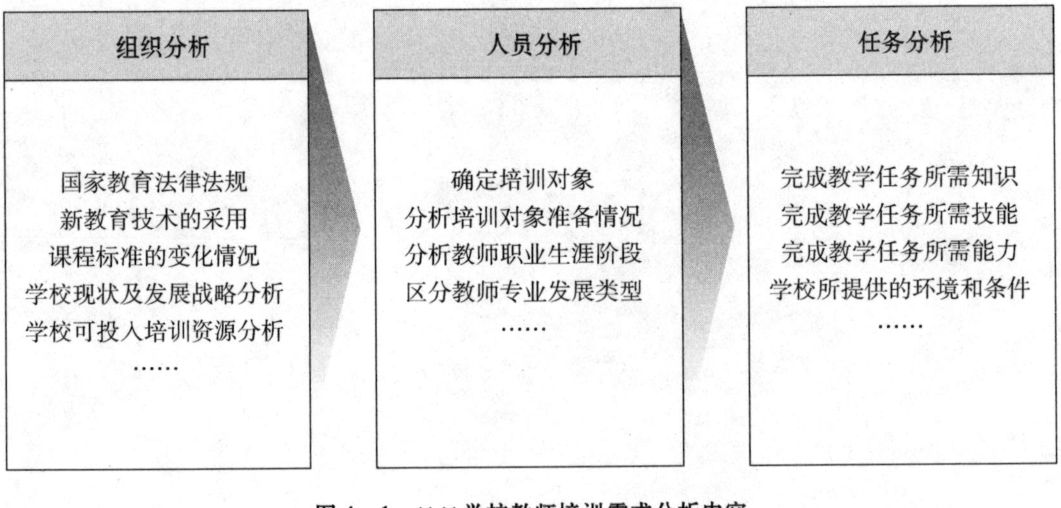

图4—1　××学校教师培训需求分析内容

（二）培训需求分析方法

事业单位培训需求分析可采用观察法、问卷调查法、访谈法等多种方法。其中问卷调查法是最常用方法之一，下面做简单介绍。

1. 培训需求调查问卷

下面提供了一份某事业单位工作人员培训需求调查问卷,供读者参考。

××事业单位工作人员培训需求调查问卷

　　为了更好地贯彻××精神,做好工作人员培训工作,特制订本调查问卷,以便根据大家的切实需要,制订更科学、更适当的培训计划和方案,提高本单位人员的专业素质,推动单位的发展。
　　请结合您的实际情况,认真填写本调查问卷,您的意见会为我们提供非常有价值的参考,谢谢您的配合。

一、个人基本情况
1. 岗位:□管理岗位　□专业技术岗位　□工勤技能岗位
2. 性别:□男　□女
3. 年龄:□30 岁以下　□31～40 岁　□41～50 岁　□51 岁以上
4. 学历:□博士及以上　□研究生　□本科　□大专及以下

二、培训需求情况
5. 您最希望接受的培训课程内容:
□管理能力培训　□自我发展类培训　□专业技能培训　□职业素养培训　□其他_____
6. 您最希望采取的培训方式:
□面授　□座谈会　□专题讲座　□研讨会　□其他_____
7. 您认为最适合的培训讲师来源主要是:
□党校(行政学院)专职教师　　□理论水平较高、实践经验丰富的党政干部
□业内有经验的相关专业人士　　□国内外专家学者　　□其他_____
8. 您认为最理想的培训时间为:
□3 天以内　□3～10 天　□11～30 天　□1～3 个月　□3 个月以上
9. 您认为最恰当的培训考核方式为:
□达到培训学时要求　□撰写相关论文　□培训考试　□其他_____

三、对培训工作建议
10. 建议 1:_____
_____
11. 建议 2:_____

2. 培训人数调查表

事业单位培训人数分析通常采用调查表的形式开展。表 4—1 是一份某地区事业单位培训人数调查表。

表 4—1　　　　　　　××地区事业单位培训人数调查表

填报单位(盖章):　　　　　　　　　　　　　　　　　　　填表时间:

填表人		职务		联系电话	
培训安排	第一阶段:			计划培训人数	
	第二阶段:				

续表

培训期数	第一期（××月份）		第二期（××月份）		培训地点		
	第三期（××月份）		第四期（××月份）				
培训人员名单	姓名	性别	职务	所在部门	参加期数	联系电话	备注
对培训的建议							
其他说明	1. 培训班计划举行四期，可根据各单位上报人数进行适当调整，集体办班时间另行通知 2. 表格如不够可增加页数，复印有效						

二、培训课程设计

事业单位工作人员培训应包含岗位能力训练、综合素质提升、国家政策认知等内容，以全面提高事业单位工作人员履行职务的能力和整体素质。表4—2是一份某地区事业单位管理人员培训课程设置表。

表4—2　　　　　　　　××地区事业单位管理人员培训课程表

培训日期	时间安排	培训内容	讲师来源	讲师职务
___年___月___日	上午	××政策解读	研究中心	主任
	下午	事业单位人事和分配制度改革情况	事业处	处长
___年___月___日	上午	事业单位工勤人员管理	××培训中心	—
	下午	事业单位工作人员职业素养培训	××培训中心	讲师
___年___月___日	全天	拓展训练	××培训中心	讲师
___年___月___日	上午	组织管理和执行力提升	××培训中心	讲师
	下午	沟通协调与冲突管理	××培训中心	讲师
___年___月___日	上午	公文写作规范与技巧	××培训中心	讲师
	下午	心理调适与压力应对	××学校	教授

三、培训效果评估

事业单位工作人员在培训结束后，评估工作人员能否将所学到的先进理念和技术成功应用于工作实践且实现培训成果的转化，是培训工作中非常重要的环节。

（一）培训效果评估原则

在对事业单位工作人员的培训效果进行评估时，需遵循以下基本原则，如图4—2所示。

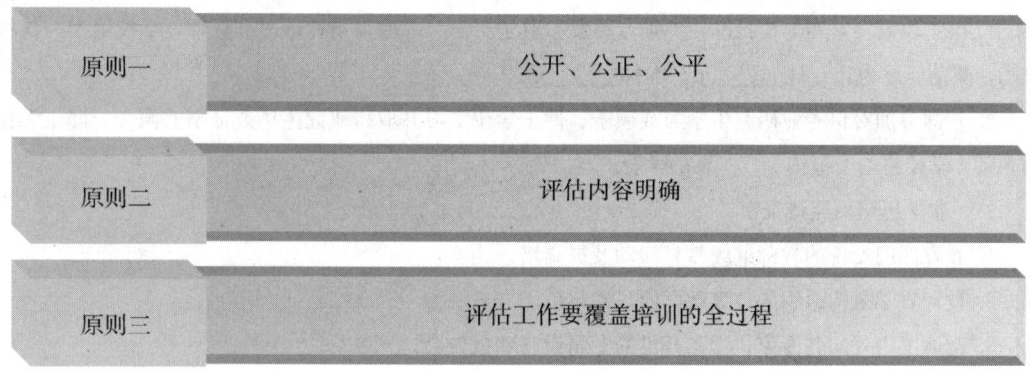

图4—2 培训效果评估的基本原则

（二）培训效果评估方法

培训结束后，需通过建立一定的条件，进行有关培训效果的评价。表4—3提供了几种常见的培训效果评估方法，供读者参考。

表4—3 　　　　　　　　　　　培训效果评估方法

评估方法	详细说明
简单测定法	在事业单位工作人员培训结束后，由培训单位或培训讲师出题，对其进行一定的测试，以衡量培训效果
简单前测—后测法	对参加培训的事业单位工作人员培训前后各进行一次测定，通过对比二者之间的差距来衡量培训效果
多重测定法	这属于一种追踪的方法，需要在培训前后进行多次测量，以确保在培训前可以较为准确地了解受训者的绩效状态，在培训后评估培训的短期效应和长期效应，避免评估带来的误差
实验组—控制组前后测定法	在培训前，将培训人员随机分为实验组和控制组，并在培训前接受测定，确定其基线水平，然后对实验组进行培训，控制组不进行培训，其他方面保持相同，培训结束后再进行培训效果测定，以评价培训效果

四、培训经费管理

近年来，事业单位为全面提升员工素质和工作水平，鼓励和支持员工参加多种类别的培训，并给予奖励、报销部分或全部培训经费。下面提供了某学校工作人员培训经费报销范围，供读者参考。

××学校教师培训经费报销范围

一、学历培训经费奖励与报销

1. 因工作需要，经学校批准，参加专科及本科学历学习并取得毕业证书的教师，学校给予一次性奖励，奖励标准为：专科_____元，本科_____元。

2. 教师参加对口专业研究生学习或硕士、博士学位学习并取得研究生毕业证书或硕士、博士学位的教师，学校将给予报销_____％的学费。

二、非学历培训经费报销

1. 教育部门安排的教师继续教育活动及提高培训。
2. 教育教学机构组织的教育教学研讨性培训。
3. 邀请国内外知名专家、学者开设的专题讲座和报告会。
4. 学校组织的各种短缺学科专业教师的业务培训。
5. 学校教师岗位培训、提高培训、专项培训和技能培训。
6. 学校教师外派进修培训等。

第二节 培训内容设置

一、管理岗位人员培训内容设置

（一）义务教育学校管理岗位

义务教育学校管理岗位一般设6个职员等级。管理岗位的最高等级、结构比例和各个等级管理岗位的人员数量，依据义务教育学校的规格、规模、隶属关系，按照干部人事管理有关规定和权限确定。表4—4、表4—5提供了某地区中学校长提高培训、某学校后勤主管培训的内容，以供读者参考。

表 4—4　　　　　　　　××地区中学校长提高培训内容设置

培训内容	培训讲师	培训方式
人本管理专题研究	外聘讲师张××	课堂讲授
校本培训专题研究	××培训中心主任李××	案例分析
校长素质与领导艺术培训	外聘讲师王××	课堂讲授
现代教育理论与当代教育改革	××学院教授陈××	课堂教授
中小学心理健康教育	××学院教授刘××	案例分析
未成年人思想道德建设专题研究	外聘讲师姚××	课堂教授
学校法制教育专题研究	××法学院教授林××	案例分析

表 4—5　　　　　　　　××学校后勤主管培训内容设置

培训内容	培训讲师	时间安排	培训地点	培训方式
学校后勤管理操作规范	教育局王××	××月××日上午	学校会议室	课堂讲授
后勤管理的新意识和新理念	培训中心讲师宋××	××月××日下午	学校会议室	课堂讲授
校园常规管理与维护	教育局王××	××月××日上午	多媒体教室×座××	多媒体教学
现代后勤管理的案例分析与经验分享	××学校后勤主任张××	××月××日下午	学校会议室	案例研究
先进学校的后勤管理现状及启示	—	××月××日上午	学校	实地调研和考察

（二）卫生事业单位管理岗位

在我国，卫生事业单位管理岗位最高等级为三级职员岗位，共 8 个等级。卫生事业单位管理岗位的最高等级和结构比例根据卫生事业单位的规格、规模、隶属关系，按照干部人事管理有关规定和权限确定。表 4—6 展示了某地区中医院院长培训的内容。

表4—6   ××地区中医院院长培训内容

培训内容	培训讲师	培训方式
中医药工作面临的形势和任务	××医学院教授	课堂讲授
中医院现状及主要任务	××卫生局局长	课堂讲授
中医院中医药文化建设	××医学院教授	课堂讲授
现代医院管理知识和技术	××医学院讲师	课堂讲授
保持发挥中医药特色优势经验介绍	××中医院院长	案例分析
"治未病"试点工作经验介绍	××中医院院长	案例分析

二、专业技术岗位培训内容设置

（一）高等学校专业技术岗位

1. 岗位设置

高等学校专业技术岗位设置要符合高等教育工作和人才成长的规律和特点，适应发展高等教育事业与提高专业水平的需要。具体的岗位设置见表4—7。

表4—7   高等学校专业技术岗位名称及岗位等级

岗位等级	专业技术职务	备注
1级	教授一级岗位	正高级教师岗位
2级	教授二级岗位	
3级	教授三级岗位	
4级	教授四级岗位	
5级	副教授一级岗位	副高级教师岗位
6级	副教授二级岗位	
7级	副教授三级岗位	
8级	讲师一级岗位	中级教师岗位
9级	讲师二级岗位	
10级	讲师三级岗位	

续表

岗位等级	专业技术职务	备注
11级	助教一级岗位	初级教师岗位
12级	助教二级岗位	

2. 培训内容

高等院校专业技术岗位设置不同，对各岗位人员培训的内容也应有所差异。表4—8为某高校专业技术岗位培训内容和形式。

表4—8　　　　　　　××高校专业技术岗位培训内容设置

人员类型	培训方式	主要培训内容
助教	岗前培训	教育法律法规和政策，有关教育学、心理学的基本理论，高等院校教师职业要求等
	教学实践	基本教学过程和环节培训、教学能力培养、教学水平提高培训等
	助教研修班	学习本专业的硕士、博士研究生课程
讲师	研修班	参加以提高教学水平为主要内容的骨干教师研修班
	国内外交流访问	参加以科研课题为主要内容的国内外访问学者培训
	学历培训	攻读硕士、博士学位
副教授	研究班	参加以课程和教学改革、教材建设为内容的研修班
	国内外交流访问/高级研讨班	结合所承担的科研任务，可作为国内访问学者参加培训，或参加以学科前沿领域为内容的高级研讨班
	学术交流/出国	根据需要参加国内外有关学术会议、校际间学术交流，或选派出国
教授	国内外学术会议	参加高水平的国内外学术会议，提高学术水平
	交流讲学	到国内外高等院校进行交流讲学，提高教学水平

（二）卫生事业单位专业技术岗位

1. 岗位设置

卫生事业单位专业技术岗位设置要符合卫生工作和人才成长的规律和特点，要适应发展社会公益卫生事业与提高专业水平的需要。具体岗位设置见表4—9。

表4—9　　　　　　　　卫生事业单位专业技术岗位名称及岗位等级

岗位等级	专业技术职务	备注
1级	特级主任医（药、护、技）师岗位	正高级专业技术岗位
2级	一级主任医（药、护、技）师岗位	
3级	二级主任医（药、护、技）师岗位	
4级	三级主任医（药、护、技）师岗位	
5级	一级副主任医（药、护、技）师	副高级专业技术岗位
6级	二级副主任医（药、护、技）师	
7级	三级副主任医（药、护、技）师	
8级	一级主治（主管）医（药、护、技）师	中级专业技术岗位
9级	二级主治（主管）医（药、护、技）师	
10级	三级主治（主管）医（药、护、技）师	
11级	一级医（药、护、技）师	初级专业技术岗位
12级	二级医（药、护、技）师	
13级	医（药、护、技）士岗位	

2. 培训内容

医疗卫生事业专业技术岗位不同，培训内容也有所差异。表4—10提供了某医院部分专业技术岗位人员的培训内容和培训方式。

表4—10　　　　　　　　××医院专业技术岗位人员培训内容设置

岗位名称	培训内容	培训方式
主治医师	医疗纠纷的渊源及对策	课堂讲授法 观看录像 专家讲座 案例分析
	主治医师如何保障医疗安全和医疗质量	
	新形势下的医患关系与沟通	
	如何做好主治医师	
	医务工作中的人性化服务	

续表

岗位名称	培训内容	培训方式
临床医师	临床医师规范化查房培训	观看录像 现场演示 学徒培训法
	医疗文书规范化写作培训	
	抗菌药物临床合理使用的培训	
药师	体内药物分析	课堂讲授法 专家讲座 现场演示
	药源性疾病与防治	
	细菌的耐药性与抗菌药物的合理应用	
	中药材商品规格等级划分的意义与依据	
	待提取分离精制浓缩干燥新技术在中药制剂中的应用	
	中药的质量标准及评价指标和方法	
护士	熟悉护理工作及各项常规制度	观看录像 案例分析法 学徒培训法
	常见疾病的治疗和护理	
	基础护理技术操作规范	
	中医护理技术操作规范	

（三）农业事业单位专业技术岗位

1. 岗位设置

农业事业单位专业技术岗位设置要符合农业工作和人才成长的规律和特点，适应事业发展与提高专业水平的需要。具体的岗位设置见表4—11。

表4—11　　　　农业事业单位专业技术岗位名称及岗位等级

岗位等级	专业技术职务	备注
1级	农业技术推广研究员一级岗位	正高级专业技术岗位
2级	农业技术推广研究员二级岗位	
3级	农业技术推广研究员三级岗位	
4级	农业技术推广研究员四级岗位	

续表

岗位等级	专业技术职务	备注
5级	高级农艺师（高级畜牧师、高级兽医师）一级岗位	副高级专业技术岗位
6级	高级农艺师（高级畜牧师、高级兽医师）二级岗位	
7级	高级农艺师（高级畜牧师、高级兽医师）三级岗位	
8级	农艺师（畜牧师、兽医师）一级岗位	中级专业技术岗位
9级	农艺师（畜牧师、兽医师）二级岗位	
10级	农艺师（畜牧师、兽医师）三级岗位	
11级	助理农艺师（助理畜牧师、助理兽医师）一级岗位	初级专业技术岗位
12级	助理农艺师（助理畜牧师、助理兽医师）二级岗位	
13级	技术员岗位	员级专业技术岗位

2. 培训内容

农业事业单位专业技术岗位不同，对于培训内容的需求也有所差异。表4—12提供了某地区农业事业单位部分专业技术岗位的培训内容和培训方式。

表4—12　　　　××地区农业事业单位部分专业技术岗位培训内容设置

岗位名称	培训内容	培训方式
农业技术员	无公害蔬菜实用技术培训	多媒体教学 现场演示
	果树栽培与管理新技术培训	
	化学除草剂的安全使用	
	农药微肥的拌种	
	化学调控技术	
助理农艺师	农业合作化建设	多媒体教学 案例分析
	农业标准化建设	

续表

岗位名称	培训内容	培训方式
助理农艺师	××地区蔬菜产业发展问题	多媒体教学 案例分析
	××地区水果产业发展问题	
农艺师	国内外农业生产与科技新动态	学术交流会议 多媒体教学 研修班
	最新农业高新实用技术	
	农业环保技术培训	
	农产品品质安全管理	
	农业生产标准化管理	
高级农艺师	参加地区间技术交流和推广活动	学术交流会议 研修班
	参加国内外专业主管部门或学术机构的学术会议	
农业技术推广研究员	参与国家重大科技攻关项目	国内外交流访问 高级研修班
	到国外或发达地区进行访问、交流	

三、工勤技能岗位培训内容设置

（一）工勤技能岗位划分

事业单位工勤技能岗位指承担技能操作和维护、后勤保障、服务等职责的工作岗位。其岗位等级划分见表4—13。

表4—13　　　　　　　　工勤技能岗位等级对应表

岗位等级	技术等级	备注
1级	高级技师	—
2级	技师	
3级	高级工	
4级	中级工	
5级	初级工	
普通工		不分级

（二）岗位内容设置

事业单位工勤技能岗位培训主要分为岗前培训、晋升职业等级资格培训、知识技能更新培训、待岗培训等类型。

1. 岗前培训内容

依据劳动就业准入制度的规定，事业单位新招收的工勤人员、调整到新工种的工勤人员以及招收没有本岗位职业资格证书的临时工均需进行岗前培训。具体的培训内容如图4—3所示。

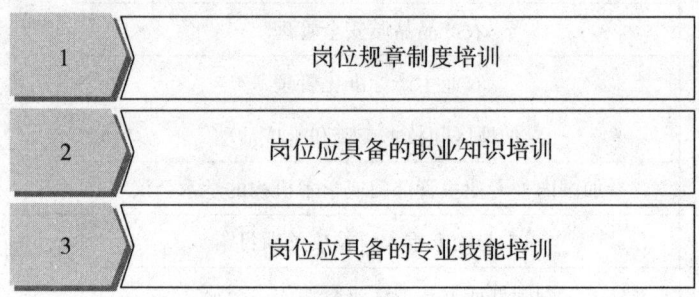

图4—3　岗前培训内容

2. 晋升职业等级资格培训内容

事业单位工勤技能工作人员均应按照岗位达标要求，参加晋升职业等级资格的培训鉴定。具体的培训内容如图4—4所示。

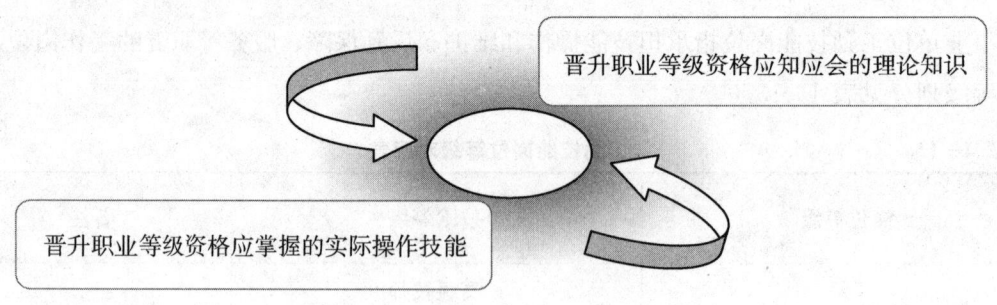

图4—4　晋升职业等级资格培训内容

3. 知识技能更新培训内容

事业单位工勤技能岗位工作人员均需按规定参加知识技能更新培训，具体的培训内容如图4—5所示。

4. 待岗培训内容

事业单位工勤技能岗位工作人员在竞聘上岗、双向选择过程中未聘任的待岗人员和因机

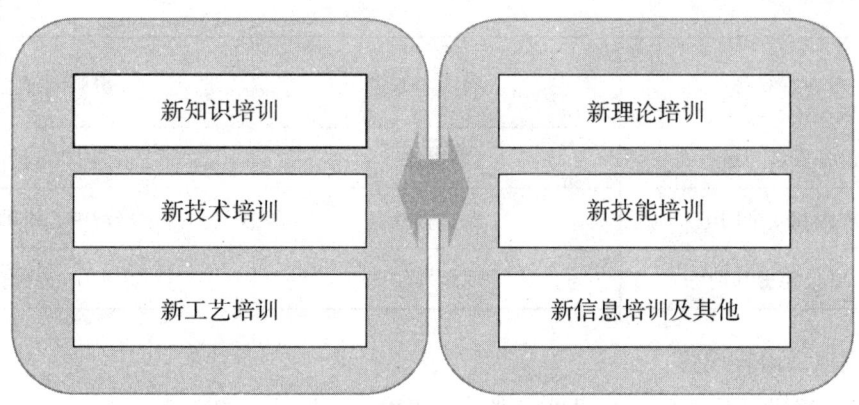

图 4—5 知识技能更新培训内容

构调整、人员分流等原因未上岗人员,均须参加待岗培训。具体培训内容如图 4—6 所示。

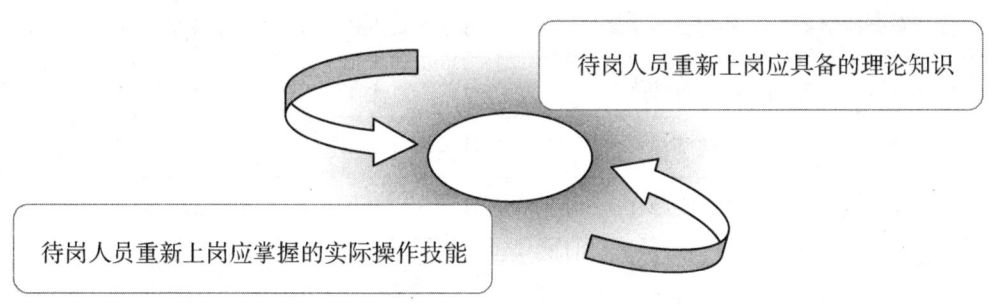

图 4—6 待岗培训内容

(三) 工勤技能岗位培训内容设置范例

1. 学校后勤处电工培训内容设置

学校的后勤工作承担着食、住、行、用的繁重任务,如何通过有效的管理确保后勤管理各项工作顺利开展具有十分重要的意义。表 4—14 提供了一份电工岗位培训内容,供读者参考。

表 4—14 电工培训内容设置

培训内容	培训方式	讲师来源
电工安全操作制度规范	课堂讲授	后勤主任
电机控制和低压配电	多媒体	培训中心讲师

续表

培训内容	培训方式	讲师来源
电气设备安装与运行	多媒体	培训中心讲师
安全规程和安全用电	课堂教授	培训中心讲师
电工实操技能提升训练	现场操作	培训中心讲师

2. 司机培训内容设置

表4—15提供了某事业单位司机培训的主要内容,供读者参考。

表4—15　　　　　　　　××事业单位司机培训内容设置

培训内容	培训讲师	时间安排	培训地点	培训方式
汽车行驶与安全控制系统	外聘讲师王××	××月××日上午	××职业学校	多媒体教学
汽车检测与诊断技术	外聘讲师李××	××月××日下午	××职业学校	多媒体教学
汽车维修方法	技师赵××	××月××日上午	××职业学校	操作示范
汽车防滑控制系统	外聘讲师任××	××月××日下午	××职业学校	课堂教授
汽车自动变速器技术	外聘讲师郝××	××月××日上午	××职业学校	课堂教授

第五章

事业单位人员薪酬福利体系设计

第一节 事业单位人员薪酬组成

事业单位实行岗位绩效薪酬制度，岗位绩效薪酬由岗位薪酬、薪级薪酬、绩效薪酬、津贴补贴四部分组成，其中岗位薪酬和薪级薪酬为基本薪酬。

一、岗位薪酬设计

岗位薪酬主要体现工作人员所聘岗位的职责和要求。事业单位岗位分为专业技术岗位、管理岗位和工勤技能岗位。专业技术岗位设置13个等级；管理岗位设置10个等级；工勤技能岗位分为技术工岗位和普通工岗位，技术工岗位设置5个等级，普通工岗位不分等级。不同等级的岗位对应不同的薪酬标准。工作人员按所聘岗位执行相应的岗位薪酬标准。

（一）专业技术人员

在我国的事业单位中，专业技术人员按本人现聘用的专业技术岗位执行相应的岗位薪酬标准，具体标准见表5—1。

表5—1　　　　　　　　　　专业技术人员岗位薪酬标准

人员类型	岗位薪酬标准	说明
聘用在正高级专业技术岗位的人员	执行一至四级岗位薪酬标准	执行一级岗位薪酬标准的人员需要经人力资源社会保障部批准
聘用在副高级专业技术岗位的人员	执行五至七级岗位薪酬标准	—
聘用在中级专业技术岗位的人员	执行八至十级岗位薪酬标准	—
聘用在助理级专业技术岗位的人员	执行十一至十二级岗位薪酬标准	—
聘用在员级专业技术岗位的人员	执行十三级薪酬标准	—
补充说明 注：在事业单位按国家有关规定设置专业技术岗位并完成岗位聘用前，专业技术人员薪酬按以下标准执行，待岗位按规定核准后，专业技术人员再按明确的岗位等级执行相应的岗位薪酬标准		
聘为正高级专业技术职务的人员	执行四级岗位薪酬标准	—

续表

人员类型	岗位薪酬标准	说明
聘为副高级专业技术职务的人员	执行七级岗位薪酬标准	—
聘为中级专业技术职务的人员	执行十级岗位薪酬标准	—
聘为助理级专业技术职务的人员	执行十二级岗位薪酬标准	—
聘为员级专业技术职务的人员	执行十三级岗位薪酬标准	—

（二）管理人员

在我国的事业单位中，管理人员按本人现聘用的岗位（任命的职务）执行相应的岗位薪酬标准，具体标准见表5—2。

表5—2　　　　　　　　　管理人员岗位薪酬标准

人员类型	岗位薪酬标准
聘用在部级正职岗位的人员	执行一级职员岗位薪酬标准
聘用在部级副职岗位的人员	执行二级职员岗位薪酬标准
聘用在局级正职岗位的人员	执行三级职员岗位薪酬标准
聘用在局级副职岗位的人员	执行四级职员岗位薪酬标准
聘用在处级正职岗位的人员	执行五级职员岗位薪酬标准
聘用在处级副职岗位的人员	执行六级职员岗位薪酬标准
聘用在科级正职岗位的人员	执行七级职员岗位薪酬标准
聘用在科级副职岗位的人员	执行八级职员岗位薪酬标准
聘用在科员岗位的人员	执行九级职员岗位薪酬标准
聘用在办事员岗位的人员	执行十级职员岗位薪酬标准

（三）工人

在我国的事业单位中，工人按本人现聘用的岗位（技术等级或职务）执行相应的岗位薪酬标准，具体标准见表5—3。

表 5—3　　　　　　　　　　　工人岗位薪酬标准

人员类型	岗位薪酬标准
聘用在高级技师岗位的人员	执行技术工一级岗位薪酬标准
聘用在技师岗位的人员	执行技术工二级岗位薪酬标准
聘用在高级工岗位的人员	执行技术工三级岗位薪酬标准
聘用在中级工岗位的人员	执行技术工四级岗位薪酬标准
聘用在初级工岗位的人员	执行技术工五级岗位薪酬标准
聘用在普通工岗位的人员	执行普通工岗位薪酬标准

二、薪级薪酬设计

薪级薪酬主要体现工作人员的工作表现和资历，我国对专业技术人员和管理人员设置 65 个薪级；对工人设置 40 个薪级，每个薪级对应一个薪酬标准。工作人员按照本人套改年限、任职年限和所聘岗位，结合工作表现，套改相应的薪级薪酬。具体内容参照国家相关规定。

三、绩效薪酬设计

（一）绩效薪酬的内涵

绩效薪酬主要体现工作人员的实绩和贡献。事业单位在核定的绩效薪酬总量内，按照规范的程序和要求，进行自主分配。实施绩效薪酬后，对于事业单位发放的地方性奖金、津贴、补贴将在规范后纳入绩效薪酬。

（二）事业单位绩效薪酬实施步骤

2009 年 9 月，国务院常务会议指出，事业单位实施绩效薪酬将分三步展开，详情如图 5—1 所示。

四、津贴补贴设计

（一）艰苦边远地区津贴

国家通过建立艰苦边远地区津贴实施范围和类别的评估指标体系，建立艰苦边远地区津

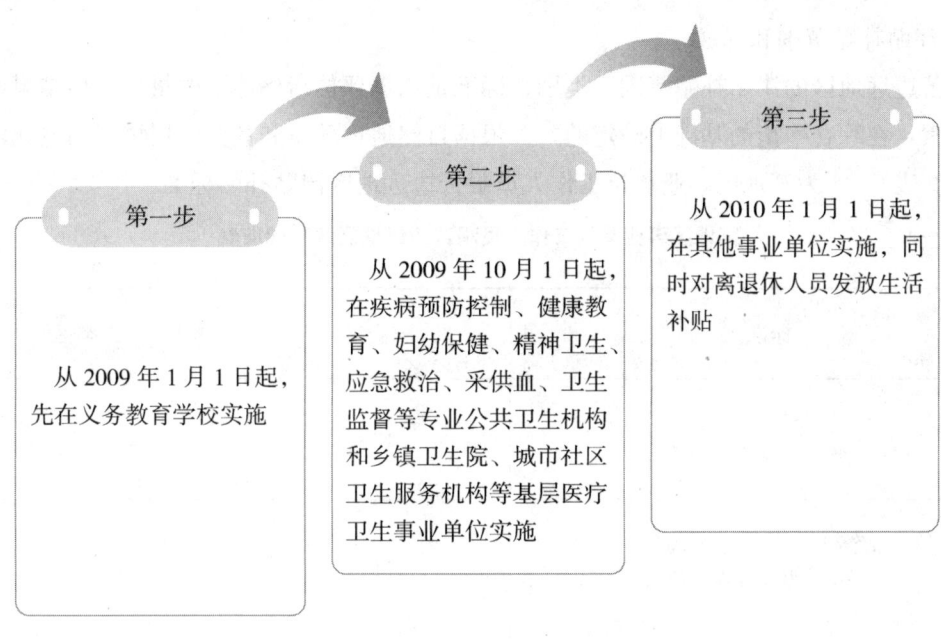

图 5—1 事业单位绩效薪酬实施步骤

贴水平正常增长机制和实施范围、类别动态调整机制,以达到有效地管理艰苦边远地区津贴的目的。

1. 艰苦边远地区评估指标体系

为确保评估指标体系的科学性,很多地区依据自然环境和人文社会发展两方面指标评价本行政区域的工作人员生活环境的艰苦边远程度。如图5—2所示提供了某地区工作人员生活环境艰苦边远程度评估指标体系,供读者参考。

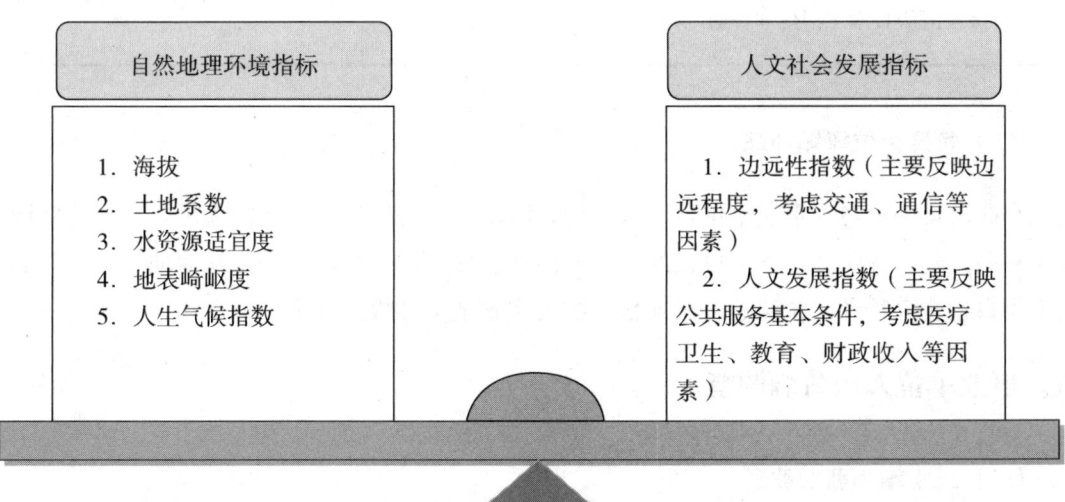

图 5—2 某地区工作人员生活环境艰苦边远程度评估指标体系

2. 津贴补贴范围和标准

艰苦边远地区的津贴补贴范围、类别、标准是依据评估指标体系的量化评估结果，结合政策因素，在综合平衡的基础上确定的，并根据自然地理环境和社会发展情况的变化定期进行调整。表5—4为某地区事业单位工作人员艰苦边远地区津贴补贴标准。

表5—4　　　　某地区事业单位工作人员艰苦边远地区津贴标准表

单位：元/月

标准	一类区	二类区
一级专业技术岗位 一级至二级管理岗位	130	240
二级至四级专业技术岗位 三级至四级管理岗位	110	200
五级至七级专业技术岗位 五级至六级管理岗位	90	170
八级至十级专业技术岗位 七级至八级管理岗位 一级至二级技术工岗位	75	140
十一级至十三级专业技术岗位 九级至十级管理岗位 三级至五级技术工岗位和普通工岗位	65	120

（二）特殊岗位津贴补贴

在我国，国家对在事业单位苦、脏、累、险及其他特殊岗位工作的人员，实行特殊岗位津贴补贴。除国务院和国务院授权的人力资源社会保障部、财政部外，任何地区、部门和单位不得自行建立特殊岗位津贴补贴项目、扩大实施范围和提高标准。

五、事业单位人员薪酬调整

（一）正常增加薪级薪酬

根据国家规定，事业单位中，年度考核结果为合格及以上等次的工作人员，每年增加一级薪级薪酬，并从第二年的一月起执行。

（二）岗位变动人员薪酬调整

工作人员岗位变动后，从变动的下月起执行新聘岗位的薪酬标准，具体调整办法如图5—3所示。

> 由较低等级的岗位聘用到较高等级的岗位，原薪级工资低于新聘岗位起点薪级工资的，执行新聘岗位起点薪级工资，第二年不再正常增加薪级工资

> 由较低等级的岗位聘用到较高等级的岗位，原薪级工资低于新聘岗位起点薪级工资的，薪级工资不变

> 由较高等级的岗位调整到较低等级的岗位，薪级工资不变

> 在专业技术岗位、管理岗位、技术工岗位和普通工岗位之间变动的，薪级工资按新聘岗位比照同等条件人员重新确定

图5—3 岗位变动人员薪酬调整办法

（三）调整基本薪酬标准

国家根据经济发展、财政状况、企业相当人员薪酬水平和物价变动等因素，会适时调整事业单位工作人员的基本薪酬标准。基本薪酬标准的调整由国家统一部署。

（四）调整津贴补贴标准

国家根据经济发展、财力增长和调控地区薪酬收入差距的需要，适时调整艰苦边远地区津贴标准；根据财政状况和对特殊岗位的倾斜政策，适时调整特殊岗位津贴补贴标准。

六、事业单位新聘用人员薪酬待遇

根据国家规定，事业单位新聘用人员按照以下薪酬待遇标准执行，具体见表5—5。

表5—5　　　　　　　　　事业单位新聘用人员薪酬待遇

聘用人员类型	待遇标准
大学本科（含获得双学士学位的本科生和未获得硕士学位的研究生）及以下学历毕业生	实行一年见习期，并执行见习期薪酬；长学制专业大学本科毕业生，见习期薪酬待遇可适当提高。见习期薪酬执行期满后，岗位薪酬按所聘职位确定，薪级薪酬按转正定级的标准执行
获得硕士学位的毕业生和获得博士学位的毕业生	不实行见习期，在明确岗位前，执行初期薪酬；明确岗位后，岗位薪酬按所聘岗位确定，薪级薪酬按转正定级的标准执行
到艰苦边远地区或国家扶贫开发工作重点县工作的大中专以上学历毕业生	可提前转正定级，定级时薪级薪酬适当高定
其他新聘用人员薪酬待遇	由聘用单位比照同等条件人员确定

第二节　事业单位人员福利项目

一、常见福利项目

（一）假期

事业单位工作人员依据国家规定，享受婚假、丧假、带薪年休假、事假、探亲假、产假等假期。表5—6为某地区事业单位工作人员假期一览表，供读者参考。

表5—6　　　　　　　　　某地区事业单位工作人员假期一览表

假期名称	假期时间	待遇	说明
婚假	3天	薪酬照发，路费自理	公休假和法定假不计为假期天数
丧假	职工的父母、配偶、子女直系亲属和公婆、岳父母死亡均可给予丧假1~3天		

续表

假期名称	假期时间	待遇	说明
带薪年休假	已满1年不满10年的，年休假5天 已满10年不满20年的，年休假10天 已满20年的，年休假15天	享受与正常工作期间相同的薪酬收入	1. 工作年限达到规定年限后，从下月起享受相应的年休假天数 2. 国家规定的探亲假、婚丧假、产假的假期，不记入年休假的假期
事假	5个工作日（一般情况不超过） 15个工作日（特殊情况不超过） 20个工作日（全年累计不超过）	5个工作日以下，基本薪酬照发，从第6个工作日起按工作日停发本人日基本薪酬，直至其事假终止为止	享受年休假待遇的工作人员应先以本人年休假冲抵
探亲假	30天（探配偶），每年一次 20天（探父母，未婚一年一次，职工自愿两年探亲一次的，可以两年给一次假，假期为45天；已婚四年一次，假期为20天） 根据实际需要给予路程假	按照本人的标准薪酬发放，按规定报销路费或部分路费	与配偶或父亲、母亲都不住在一起，又不能在公休假日团聚者享受
产假	98天（可产前休15天，难产增加15天；多胞胎生育的，每多生育一个婴儿，增加产假15天）	享受正常薪酬待遇	—

（二）丧葬费、抚恤金、遗属补助

1. 丧葬费

国家事业单位工作人员死亡后可由遗属等依法领取丧葬费补助。随着物价水平的不断提高，各地事业单位丧葬费补助水平也有明显增加。

2. 抚恤金

根据人力资源社会保障部、民政部、财政部于2008年发布的《关于事业单位工作人员和离退休人员死亡一次性抚恤金发放办法的通知》的规定，事业单位因公牺牲、病故人员的遗属等可依法领取一次性抚恤金。其具体标准见表5—7。

表5—7　　　　　　　　　　　抚恤金发放标准

类别	抚恤金标准
参照公务员法管理的事业单位的工作人员和离退休人员	烈士：本人生前80个月基本工资或基本离退休费
	因公牺牲：本人生前40个月基本工资或基本离退休费
	病故：本人生前20个月基本工资或基本离退休费
参加统筹地区工伤保险事业单位的工作人员和离退休人员	工作人员属于因工死亡的，一次性工亡补助金标准按当地工伤保险规定执行
参加企业职工基本养老保险事业单位的工作人员和离退休人员	工作人员属于病故的，一次性抚恤待遇仍按当地规定执行

3. 遗属生活困难补助

事业单位工作人员死亡以后，遗属生活有困难的，死者生前所在单位可以根据"困难大的多补助，困难小的少补助，不困难的不补助"的原则，给予定期或临时补助。

遗属生活困难补助费标准，一般以能维持当地群众生活水平为原则，具体标准由各省、市、自治区规定（中央国家机关、事业单位执行所在地区的标准）。

（三）社会保险和公积金

1. 养老保险

2006年工资制度改革，对工作年限不满20年的退休（退职）人员计发退休费（退职生活费）作了如下规定：

对事业单位工作人员退休时工作年限满10年不满20年的，按本人退休前岗位工资和薪级工资两项之和的70%计发。

事业单位工作人员和机关工人退职后的退职生活费按本人退职前基本工资一定比例计发。其中，工作年限不满10年的，按基本工资的50%计发；工作年限满10年不满20年，按基本工资的60%计发；工作年限满20年以上的，按基本工资的70%计发。

2009年年初，"事业单位养老保险制度改革方案"正式下发，山西、上海、浙江、广东、重庆五省市进行了试点。此次改革的重点内容是将事业单位养老保险下调，与企业一致。

2. 医疗保险

事业单位在职职工的基本医疗保险费由用人单位和职工共同缴纳。用人单位缴费率为职工档案工资总额的7%，职工个人缴费率为本人档案工资的2%。退休人员参加基本医疗保险，个人不缴纳基本医疗保险费，单位按退休职工养老金总额的7%缴纳。

3．失业保险

在我国，城镇企业事业单位、城镇企业事业单位职工按照国家规定，依法缴纳失业保险费，享受失业保险待遇。城镇企业事业单位招用的农民合同制工人本人不缴纳失业保险费。

4．工伤保险

事业单位工作人员因工作遭受事故伤害或患职业病，其工伤范围、工伤认定、劳动能力鉴定、待遇标准等按照《工伤保险条例》的有关规定执行。其具体参保规定见表5—8。

表5—8 事业单位在职员工伤保险参保规定

事业单位类别	参保规定
不属于财政拨款或支持范围，或没有经常性财政拨款的事业单位	1．参加统筹地区的工伤保险 2．缴纳工伤保险费所需费用在社会保障缴费中列支
依照或参照国家公务员制度管理的事业单位	执行国家机关工作人员的工伤政策
上述两类规定范围以外的事业单位	可参照统筹地区的工伤保险，也可按照国家机关工作人员的有关工伤政策执行

5．生育保险

目前，部分事业单位也为本单位工作人员办理生育保险，并按规定缴纳生育保险费用。

6．住房公积金

根据国家规定，事业单位也应为其工作人员缴存住房公积金。一般情况下，其缴存住房公积金的比例为不低于5%，原则上不高于12%，但具体比例由各地规定，并适时进行调整。

（四）其他福利项目

除上述福利外，事业单位还可根据单位效益情况，适当提供相关的福利项目。

二、福利基金管理

职工福利基金是指按照结余的一定比例提取以及按照其他规定提取转入，用于单位职工的集体福利设施、集体福利待遇等的资金。

职工福利基金的来源包括按结余的一定比例提取的职工福利基金、按人员定额从事业支出或经营支出中列支提取的工作人员福利费。

但两者有差别：职工福利基金主要用于集体福利的开支，如用于集体福利设施的支出，对后勤服务部门的补助，对单位食堂的补助，单位职工公费医疗支出超支部分按规定由单位负担的费用，以及按照国家规定可以由职工福利基金开支的其他支出。按规定标准提取的福利费主要用于职工个人方面的开支，用于单位职工基本福利支出，如职工生活困难补助等。在有些具体支出项目上，福利基金和福利费也可以合并使用。

第三节　事业单位福利设施管理

一、福利设施项目

事业单位福利设施主要包括员工的食堂、宿舍（或住房）、保健卫生所、健身场所以及健身器材等，这些既可以保障所有职工正常工作的生活需要和健康需求，也是事业单位为员工提供的一种间接的福利。

与前述的福利项目不同的是，这些福利设施项目一般具有公用性，是所有员工共享的福利项目，而不能被职工个人占有或带走。

二、学校食堂管理制度范例

版本 ___年___月	××中学食堂管理制度		
	颁布部门：	执行部门：	执行日期：

第1章　总　则

第1条　为提高学校食堂管理水平和服务水平，使食堂管理规范化、制度化、民主化，更好地为师生的教学、学习及生活服务，特制订本制度。

第2条　食堂的主要任务是：坚持"服务第一"的方针，为师生提供卫生、营养、方便、经济的就餐服务；在有条件的情况下，努力挖掘自身潜力，积极扩大服务范围，增加服务项目，增强内部活力。

第3条　食堂管理工作的基本原则：

1. 实行多种形式的承包责任制，做到责、权、利相结合，努力提高劳动效率和经济效益。
2. 推行全面质量管理，不断提高服务质量。
3. 贯彻"按劳分配，奖优罚劣"的原则，充分调动食堂职工的积极性。

第2章　食堂设备、设施基本要求

第4条　食堂应当有相应的消毒、更衣、盥洗、采光、照明、通风、防腐、防尘、防蝇、防鼠、洗涤、污水排放、垃圾和废弃物存放等设施。

第5条　储存主食品、副食品、干杂货、蔬菜、调味品的库房要相对独立，粗加工间、盥洗、清洗、消毒池，生、熟菜墩以及存放生、熟食品的冰柜等，均要有标志，且设备布局和工艺流程应当合理。

续表

  第 6 条 食堂要配备专用的冷藏、保洁设备和符合卫生标准的洗涤、消毒剂。洗涤、消毒剂要有固定的存放场所,并有明显标记。
  第 7 条 食堂内外环境要保持整洁,各种炊具及盛装食品的盆、碗要经常洗刷,摆放有序,必须符合卫生要求。所有机械及电器及时保养、擦拭并保持清洁。

第 3 章 食品采购及库房管理

  第 8 条 严格实行专人采购与管理,若因人员变更应及时调整,不得随意代购代管。
  第 9 条 采购食品应到持有有效卫生许可证的经营单位采购并向供贷方索要产品合格证、检验报告及发票。
  第 10 条 采购定型包装食品和食品添加剂必须有说明书和标签,说明书和标签上的内容必须符合《食品卫生法》的相关规定。
  第 11 条 食品的包装容器要符合卫生要求,运输车辆要保持清洁,不得与有毒有害物品和非食品混运。
  第 12 条 库房管理员对采购的食品及原料要严格验收分类入库,隔地存放,严禁不合格产品进入库房。同时填写详细的入库清单。
  第 13 条 库房管理员要按照"先进先出法"发货,随时检查库存食品的变质情况,凡有腐烂、变质或超过保质期的食品要及时销毁,不得发送出库。

第 4 章 食堂卫生管理

  第 14 条 从业人员卫生要求:
  1. 不能留长指甲、涂指甲油,不能戴戒指加工食品。
  2. 从业人员必须持健康证上岗,并且每年复查一次。上岗期间若患不宜从事食品工作病症,要立即停职接受治疗,直到经健康检查合格方可再回原岗位从业。
  3. 上岗时要穿戴整洁的工作衣帽,并经常保持个人卫生。加工直接入口的食品应戴口罩,临时离开工作间必须脱去工作衣帽,进入工作间再重新更衣、换鞋、洗手、消毒。
  第 15 条 环境、器具卫生要求:
  1. 食堂内及食堂周边要保持整洁。食堂内的灶面、油烟机、炊具、菜碗柜、水槽、蒸饭箱、地面必须保持清洁。食堂周边要消除卫生死角、水沟无污物,并做好灭鼠、灭蝇、灭蚊工作。每周末要组织厨工进行一次大扫除,由司务长分工安排,并进行检查。
  2. 卫生区域实行包干到人,并与个人的效益工资挂钩。
  3. 定时做好餐具消毒工作,防止交叉污染;餐具做到一洗、二清、三消毒、四保洁。
  4. 餐具必须做到生熟分开,并有明显标志。
  5. 面案、菜案用毕要用掩布遮盖。

第 5 章 食堂安全管理

  第 16 条 严格执行安全法律法规,经常对食堂员工及师生进行安全教育,强化安全防范意识。
  第 17 条 加强安全检查,坚持每日安全巡查,确保无安全隐患,不发生安全事故。
  第 18 条 加强安全监督,坚决不经营来路不明或有害的食品。
  第 19 条 防火、防盗,库房通风设备好,锅炉要定期进行安全检查。
  第 20 条 非工作人员不得进入食堂库房、操作间等工作人员进出场所。

第 6 章 食堂人员管理

  第 21 条 从业人员要遵守劳动纪律,有事请假,按时上班,到点关门,对就餐人员做到说话和气,文明服务。
  第 22 条 所有从业人员上岗前必须接受食品卫生专项知识培训,熟悉相关专业要求,具有良好的政治思想素质和强烈的责任心。
  第 23 条 经常听取用餐人员对食堂工作的意见,不断改进工作,实行民主化管理,以提高工作水平和服务质量。

续表

第24条 经常变换饭菜花样，调整食物品种，努力提高烹调质量，加强优质服务观念，做到师生满意。

第25条 爱护食堂公共设施，如故意损坏须照价赔偿，情节严重者予以罚款。

第7章 附 则

第26条 本办法未规定事项参考国家相关法律法规。

第27条 本办法最终解释权归学校总务处。

第28条 本办法从××××年××月××日起执行。

修订记录	修订标记	修订处数	修订日期	审批签字

三、科研所职工宿舍管理办法范例

版本 ___年___月	××科研所职工宿舍管理办法		
	颁布部门：	执行部门：	执行日期：

第1章 总 则

1. 目的

为加强科研所职工宿舍的管理，保证宿舍秩序，使宿舍管理制度化、规范化，为科研所职工创造安全、整洁、舒适的居住环境，特制订本办法。

2. 适用范围

本办法适用于在职工宿舍住宿的科研所职工、委培人员、博士后人员。

3. 权责单位

3.1 科研所综合处负责本办法制订、修改、废止、解释工作。

3.2 物业服务部是宿舍卫生清洁、设施配置和维护的归口管理部门。

第2章 实施细则

4. 住宿与退宿

4.1 申请资格

（1）本科研所正式任职员工家住外地或上下班不方便者。

（2）委培人员、博士后需要申请宿舍床位的。

4.2 申请办法

（1）申请住宿的人员应先填写"住宿申请单"，申请单报各实验室与研究中心负责人核准。

（2）核准后的申请单交科研所综合处审批，审批通过后安排住宿。

4.3 宿舍分配

（1）以住宿申请单时间先后为分配原则。

（2）宿舍房间统一分配，不得自行调换；若要调换须提出申请，经宿舍管理员同意方可调换。

4.4 退宿规定

（1）住宿员工离职或退休、博士后出站、委培人员到期时应及时办理退宿手续。另外，住宿员工违反宿舍管理规定被勒令退宿及其他必要事由需要退宿时都应及时办理退宿。

续表

(2) 退宿时应填写"退宿申请单",交由综合处办理相关手续。住宿人员在退宿时应保持宿舍清洁、设施设备完好、水电煤气等费用结清、宿舍钥匙归还。

5. 住宿收费及管理规定

5.1 科研所正式员工第一年每人每月收取宿舍管理费_____元,第二年每人每月收取宿舍管理费_____元,第三年每人每月收取宿舍管理费_____元,三年以上每年上调月管理费_____元。

5.2 委培人员、博士后进站人员,每人每月收取宿舍管理费_____元,博士后出站时办理退房手续。

5.3 单身员工结婚购房或享受货币分房待遇者,以及调离科研所者,应及时退房,特殊情况应取得科研所综合处同意,在商定期限内搬出,此期间占用床位的单身宿舍管理费每月在原来的基础上加收1倍。

5.4 住宿期间的水、电、气费用自理,并按期缴纳。

6. 住宿人员应遵守公约

6.1 员工对所居住宿舍应尽管理人责任,不得随意改造或变更房舍。

6.2 员工不得将宿舍部分或全部转租或借予他人使用,若经发现,即停止其居住权利。

6.3 有关宿舍现有的器具设备(如电视、玻璃、卫浴设备、门窗、床铺等),科研所以完好状态交与员工使用,如有疏于管理或恶意破坏,酌情由现住人员负担该项修理费或赔偿费,并视情节轻重论处。

6.4 任何员工未经公司许可,不得私配钥匙,不得擅自留宿外人。

6.5 员工离开住所必须关好门窗,锁好房门。

6.6 宿舍内不得擅自加装使用电量大的电器,不得私接电路。

6.7 住宿人员必须按时就寝,休息时间不得大声喧闹或发出大的噪声。

6.8 使用电视、收音机、计算机,声音不得过大,以免妨碍他人休息。

6.9 住宿人员不得损坏宿舍公共设施,如造成损坏,应照价赔偿,并根据情节轻重予以罚款。

6.10 节约水、电,杜绝长流水、长明灯现象。

6.11 注意宿舍安全,严禁携易燃易爆物品进入宿舍,及时排除事故隐患。

6.12 对违反管理规定的人员,及时进行批评教育、提出警告;对多次不改者,综合处可予以处罚,乃至逐出宿舍。

7. 具体违规处罚参考《违反科研所管理制度处罚条例》。

修订记录	修订标记	修订处数	修订日期	审批签字

第六章

事业单位绩效考核体系设计

事业单位人力资源管理
工作手册

第一节　绩效考核体系设计

一、事业单位绩效考核方法

绩效考核在人力资源管理中起着十分重要的作用，有效的绩效考核制度可以约束、激励、指导、帮助职工，并有效调动职工积极性、促进事业单位效率与服务质量的提升，从而保证单位工作目标实现。在考核方法的选取上，常见的有以下四种。

（一）基于平衡计分卡的绩效考核

平衡记分卡技术是美国哈佛商学院罗伯特·卡普兰（Robert S. Kaplan）和大卫·诺顿（David P. Norton）两位教授共同创立的，它把组织的战略目标分解为财务、顾客、内部流程、学习与成长等具体的目标，并把这些目标分解为各职能部门和个人的目标，形成平衡计分卡评估体系。具体内容如图 6—1 所示。

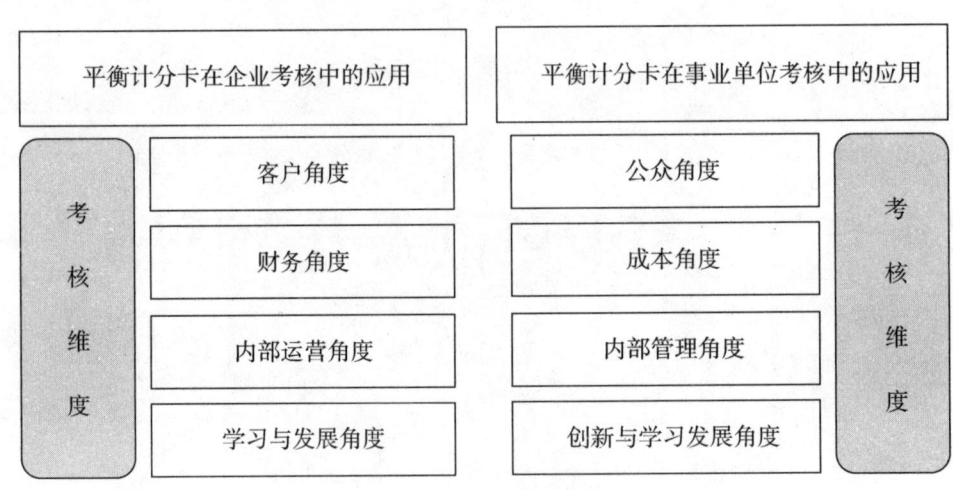

图 6—1　平衡计分卡的应用

（二）关键绩效指标法

基于关键绩效指标对事业单位工作人员的绩效进行评价，可以使对组织有贡献的行为受到鼓励。

事业单位关键绩效指标的选取步骤如图 6—2 所示。

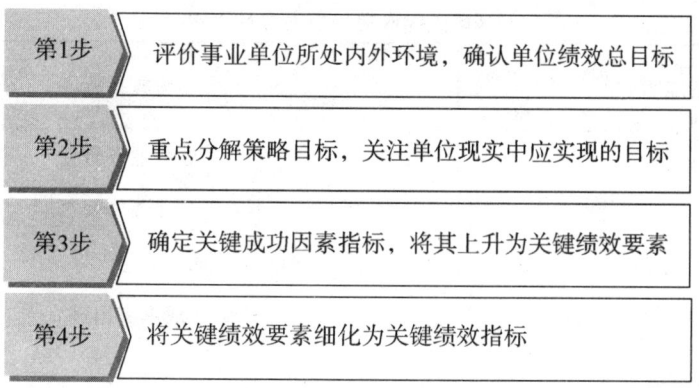

图6—2 事业单位关键绩效指标的选取步骤

(三) 360度绩效评估法

将360度绩效评估法引入事业单位的绩效评估时,事业单位需要在实施中进行一些调整,如图6—3所示。

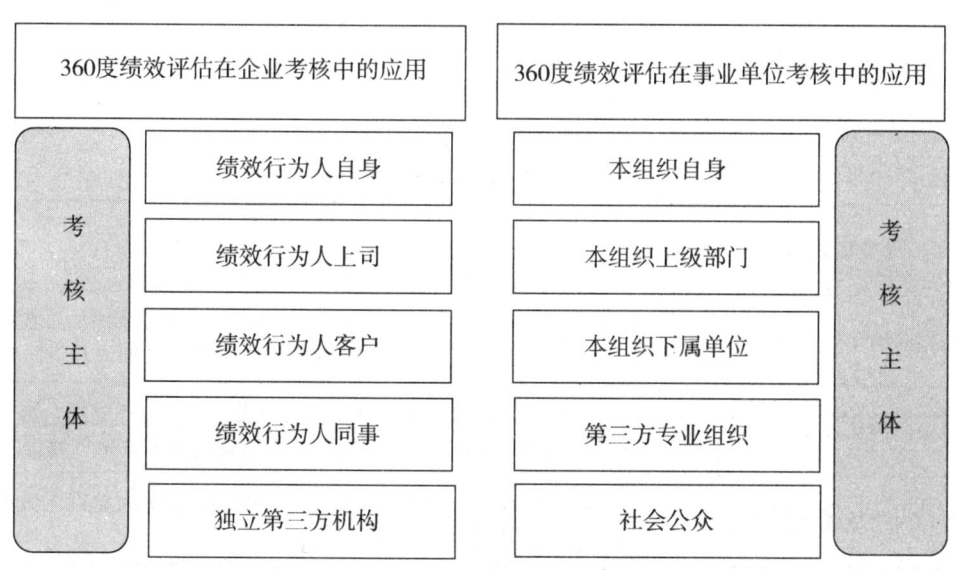

图6—3 360度绩效评估法在事业单位中的应用

(四) 目标管理法

目标管理法是由下级与上司共同决定具体的绩效目标,定期检查完成目标进展情况,并依据进展情况对员工进行奖励或处罚的方法。表6—1提供了某医院团队目标绩效考核内容,供读者参考。

表6—1　　　　　　　　　××医院团队目标绩效考核内容

团队类型	考核指标
医疗业务	医疗业务数量
	医疗业务增长速度
	病人满意度评分
	成本支出额
	效益水平
科技攻关团队	论文发表、课题获奖数量
	工作完成进度
	成本支出额
	效益水平
	市场开发投入产出比

（五）事业单位绩效评估模式

表6—2介绍了三种事业单位绩效评估模式，供读者参考。

表6—2　　　　　　　　　　　绩效评估模式

考核模式	具体内容
问题导向的绩效评估模式	以问题为导向，为解决某一特定的问题而进行考核评估，在设计评估指标体系时应重点关注解决实际问题的指标，并加大其指标权重
实用导向的绩效评估模式	以实用为导向，以保证考核评估结果能够得到有效应用，这一评估模式的优点在于能够有效评估资源，充分发挥绩效评估的效用
问责导向的绩效评估模式	这一模式是通过绩效评估，使管理者能够对相关利益群体做出社会交代，并对结果负责

二、管理岗位绩效考核设计

（一）学校管理岗位绩效考核设计范例

1. 小学/中学校长绩效考核表

学校校长是学校全局的领导者与学校事务的管理者，对学校内部人才的培养与未来的发展具有重要的作用。表6—3提供了一份某学校校长绩效考核表。

表6—3　　　　　　　　　××学校校长绩效考核表

考核项目	考核标准	分值	得分
教育质量管理	1. 落实年度课程计划，确保各年级课程开齐，每缺失一项扣_____分	10	
	2. 积极组织学校教职工进行教育创新，考核期内教育成果在县级以上推广次数不少于_____次，每减少一次，扣_____分	10	
	3. 确保学校教育资源利用充分，考核期内教学设备利用率不低于_____%，图书馆利用率不低于_____%，校舍利用率不低于_____%，每出现一项不符合者扣_____分	10	
	4. 控制和有效避免本校学生辍学，考核期内学生辍学率每增_____%，扣_____分	10	
	5. 提高本校教学质量，考核期内学校统考列统考区域前3名，得_____分，列_____~_____名，得_____分	10	
校务后勤管理	1. 确保学校内部规章制度、档案资料齐全，每发现一次制度或档案资料不齐全，扣_____分	3	
	2. 严格执行国家方针、政策，学校每出现一次违规，扣_____分	4	
	3. 确保学校内部行政分工合理、职责明确、凝聚力强，每出现一次因分工不合理而造成工作延误的事件发生，扣_____分	3	
安全稳定管理	组织做好安全教育，有计划和预案，组织安全演练，确保学校无安全事故，每出现一次安全事故扣_____分；发生人员伤亡的重大事故，该项得零分并按照其他相关规定处理	10	
财务管理	确保学校财务管理规范，无乱收乱支事件发生，每出现一次，扣_____分	10	
师德建设	1. 确保考核期间教师无侮辱、体罚或变相体罚学生的事件发生，每出现一次扣_____分，造成重大恶劣影响的扣_____分	5	
	2. 本校教师无开办收费性补课班、诱导或强制学生购买教辅材料的事件发生，每出现一次扣_____分，扣完为止	5	
廉政建设	1. 遵守财经纪律，纪律监察、审计等部门每查出一处不符合规定之处，扣_____分	5	
	2. 规范办学行为，严格执行校务公开制度，无信访案件发生，每出现一次，扣_____分	5	
考核得分合计		100	

2. 小学/中学教务主任工作业绩考核表

教务主任是校长领导教学工作的主要助手，协助校长具体负责领导、组织和管理学校的教育教学工作。表6—4为某学校教务主任工作业绩考核表。

表6—4　　　　　　　　　××学校教务主任工作业绩考核表

考核内容		权重（%）	考核标准	得分
工作职责	考核项目			
教学制度和文件管理	教学制度建设	10	及时、规范、适用	
	教学文件管理	10	教学档案及时归档率达_____%	
教学运行管理	排好教学课程	20	有切实可行的教学工作计划，能不折不扣地安排落实学校布置的教学工作	
		10	能做好本学段教师任课调配以及课表、时间表编排，开足开齐课程	
	教师培养	10	组织教师参加校内外的理论学习和业务进修，全面完成教师培养工作计划	
教学质量监控	—	10	在区成绩检测中，学校学科成绩达到相应的标准	
	组织教学质量评估	10	教学质量评估成绩不低于_____分	
教学服务设施管理	确保管理服务设施完好	10	确保图书馆、实验室、多媒体教室等辅助教学服务设施完好，完好率达_____%以上	
	充分利用各项设施、设备	10	设备、仪器有效利用率不低于_____%	

3. 年级主任考核表

表6—5是某学校制订的一份年级主任考核表。

表6—5　　　　　　　　　××学校年级主任考核表

考核项目		指标内容	考核标准	得分
年级主要工作目标（60分）	学生日常行为纪律（10分）	1. 学生日常行为习惯良好，美德修养有较大提高 2. 年级内杜绝安全事故 3. 无因学生打架斗殴而造成的重大事故	考核期内，学生日常行为按日常考核得分，出现一般事故扣_____分，出现重大事故扣_____分	

续表

考核项目		指标内容	考核标准	得分
年级主要工作目标（60分）	教学质量考核（20分）	1. 学年度上期：统考、调考科目在同类学校排名保持稳定和提升 2. 学年度下期：会考科目一次合格率达到＿＿＿＿％以上或完成学校规定目标 3. 学生体育达标率达＿＿＿＿％	考核期内，学生成绩排名下降＿＿＿＿％扣＿＿＿＿分，完成学校规定目标满分	
	年级组建设（12分）	1. 年级组内教师积极参加各类教学评比，业务素质和工作积极性有较大提高，有＿＿＿＿项以上科研成果 2. 教师出勤率达到＿＿＿＿％以上 3. 年级组工作有序进行	完成学校规定目标得满分，未达到目标视情况给予扣分	
	学校常规落实（10分）	1. 制订年级组工作目标，分级落实到各个岗位教师，并完成各个目标 2. 认真落实相关部门下达的工作任务	考核期内，该项考核内容评价为优得＿＿＿＿分，良得＿＿＿＿分～＿＿＿＿分，合格得＿＿＿＿分～＿＿＿＿分，不合格不得分	
	满意度评价（8分）	1. 年级内不发生服务对象（家长、学生）重大投诉事件 2. 学生和家长对学校满意率达＿＿＿＿％以上 3. 对服务对象投诉处理率达＿＿＿＿％ 4. 服务对象对投诉处理满意率达＿＿＿＿％	完成学校规定目标得满分，未达到目标视情况给予扣分	
教育教学保障目标（40分）	检查与考核（15分）	1. 对年级组教师教学工作、班主任工作认真考核，无错误或遗漏 2. 及时纠正年级组内教师教育教学工作中出现的不合规范的行为	考核期内，该项考核评价为优得＿＿＿＿分，良得＿＿＿＿分～＿＿＿＿分，合格得＿＿＿＿分～＿＿＿＿分，不合格不得分	

续表

考核项目		指标内容	考核标准	得分
教育教学保障目标（40分）	安全管理（10分）	1. 年级组长对保障本年级师生安全负主要责任 2. 要组织检查落实本年级教师对学生的安全教育 3. 定期检查教室门窗设施安全，消除安全隐患	考核期内，该项考核评价为优得 ＿＿ 分，良得 ＿＿ 分～＿＿ 分，合格得 ＿＿ 分～＿＿ 分，不合格不得分	
	工作态度（15分）	1. 工作积极，认真完成每一项工作；有较强的责任意识 2. 政治业务学习认真，记录完整清晰 3. 团结同组同事，带领组内成员积极参加学校组织的各项活动	考核期内，该项考核评价为优得 ＿＿ 分，良得 ＿＿ 分～＿＿ 分，合格得 ＿＿ 分～＿＿ 分，不合格不得分	

（二）医院管理岗位绩效考核设计范例

医院要本着科学、公正、激励与制约相结合的原则对聘任的医院院长进行绩效考核，其绩效考核的主要内容见表6—6。

表6—6　　　　　　　　　　医院院长绩效考核内容

考核项	考核内容
基本医疗业务及效率	门诊人次、手术人次、医院病床使用率等
经济目标	年度业务收入增长幅度、药品收入占业务收入的比例、资产负债率等
医疗质量	处方合格率、治愈好转率、医疗服务满意度、医疗事故发生件数、等级、责任程度等
护理质量	基础护理合格率、危重患者护理合格率等
防疫保健	传染病收治及疫情登记报告、免疫接种实施情况等
科教工作	医学科研项目的完成及推广情况、人才培养实施计划的落实情况等

（三）研究所管理岗位绩效考核设计范例

平衡计分卡不仅是一种绩效管理工具，也能帮助单位负责人进行有效的战略变革，打造组织的核心竞争能力。

对科研单位管理人员的考核，可以借鉴平衡计分卡这一管理工具。表6—7所列为某研究所技术中心主任绩效考核表，供读者参考。

表6—7　　　　　　　××研究所技术中心主任绩效考核表

指标类别	考核指标	权重	目标值	年终结果	考核部门	得分
财务方面	研发预算费用达成率					
	部门费用超支率					
客户方面	客户对技术方案满意度评分					
	客户对技术服务满意度评分					
内部管理	各级科研项目数量					
	工艺故障率					
学习与发展	员工论文发表数量					
	技术工艺获奖数量					

三、专业技术岗位绩效考核设计

（一）学校专业技术岗位绩效考核设计范例

1. 小学/中学教师绩效考核表

开展中小学教师绩效考核是提高教师素质、促进教师队伍科学发展的关键环节。表6—8所列为某学校设计的一份教师绩效考核表。

表6—8　　　　　　　　××学校教师绩效考核表

教师姓名		教授科目		教授年级		
考核时间	___年___月___日—___年___月___日			工　龄		
考核项目		考核内容	评价标准	上级	同级	总评
德	道德品质（5分）	1. 国家教育政策执行情况 2. 有无违背社会公德的现象	按指标内容的严重程度扣分，情节严重扣3分，一般扣2分，扣完为止			
	为人师表（5分）	1. 衣着不得体，有损教师形象 2. 语言不规范，举止行为不文明 3. 违背师德被举报的	按指标内容的严重程度扣分，情节严重扣3分，一般扣2分，扣完为止			

续表

考核项目		考核内容	评价标准	上级	同级	总评
德	爱岗敬业（5分）	1. 无法按时完成教育教学任务 2. 因个人原因扰乱教育教学秩序	按造成影响的严重程度扣分，影响严重扣3分，一般扣2分，扣完为止			
	关爱学生（5分）	1. 有无体罚或变相体罚学生的行为 2. 有无侮辱学生人格尊严的行为	按造成影响的严重程度扣分，影响严重扣3分，一般扣2分，扣完为止			
能	文化素质（5分）	1. 熟练掌握日常工作所需的专业知识、文化基础知识 2. 积极参加各类学习和培训，努力提高文化素质	1. 完全做到，得5分 2. 大部分做到，得4分 3. 基本做到，得3分 4. 很少做到，得1分			
	教学能力（10分）	1. 具有扎实的教学功底，能够娴熟驾驭课堂教学 2. 熟知教学规律和教学原则 3. 有很强的教材分析和组织管理能力	1. 完全做到，得10分 2. 大部分做到，得8分 3. 基本做到，得6分 4. 很少做到，得2分			
	创新能力（5分）	1. 掌握现代教学技术，熟练运用各种辅助教学手段 2. 优化教学资源，不断尝试和创新教学方法	1. 完全做到，得5分 2. 大部分做到，得4分 3. 基本做到，得3分 4. 很少做到，得1分			
勤	个人考勤（10分）	1. 严格执行考勤制度，不迟到、不早退、不旷课 2. 积极参加培训、会议、出操、升旗等活动，不缺勤	旷课扣3分/节，事假扣1分/节，病假扣0.5分/节，迟到或早退扣0.5分/次，各类活动缺勤扣2分/次，扣完为止			
	工作责任心（10分）	1. 服从学校安排，乐于接受领导分配的工作，并能保质保量完成 2. 能够以身作则，严于律己，对学生和学校负责	每出现一次因工作懒散、工作不到位、不服从组织安排等引起的责任问题扣1分，扣完为止			
绩	德育工作（8分）	1. 坚持在日常教学工作中，渗透和开展德育教育，无重大事故发生 2. 学生无不良品德行为和违规违纪行为出现	1. 完全做到，得8分 2. 大部分做到，得6分 3. 基本做到，得4分 4. 很少做到，得2分			

续表

考核项目		考核内容	评价标准	上级	同级	总评
绩	教学工作（15分）	1. 教学准备充分，教案齐全、规范、书写工整，符合教学实际 2. 精心组织教学，符合学生实际，讲课中无知识性错误出现 3. 教学数量达到或超过节数要求 4. 能全面完成教学目标任务，学生达到基本教育质量要求，考试合格率90%以上、优秀率30%以上	1. 完全做到，得15分 2. 大部分做到，得12分 3. 基本做到，得9分 4. 很少做到，得5分			
	教研工作（7分）	1. 积极参加教研活动，并做好教研活动记录 2. 主动承担教学公开课、示范课、观摩课等活动，并撰写心得 3. 每学期听课10节以上，并做好听课记录和评价	1. 完全做到，得7分 2. 大部分做到，得5分 3. 基本做到，得3分 4. 很少做到，得1分			
	*班主任工作（5分）	1. 加强班级日常管理，所带班级成为先进班集体 2. 每学期组织3～4次丰富多彩的班队主题活动 3. 深入做好家访工作，并记录资料 4. 培养学生形成良好的心理素质和行为习惯	1. 完全做到，得5分 2. 大部分做到，得4分 3. 基本做到，得3分 4. 很少做到，得1分			
	*成果奖励（5分）	1. 承担课题研究，在优质课评比中获奖 2. 撰写论文并发表或获奖 3. 辅导的学生在竞赛中获奖	1. 省级以上，得5分 2. 市县级，得3分 3. 县级以下，得1分			
考核得分合计						
备注说明		1. 非班主任、未承担课题研究人员，不计后两项成绩，考核满分为90分 2. 考核等级划分：优秀=80分以上，合格=60～80分，不合格=60分以下				

2. 高校教师教学工作质量绩效考核

高校教师承担着为国家培养人才，提高国家人力资源素质的重要职责，因此对高校教师教学工作质量的考核具有十分重要的意义。表6—9所列为某高校教师教学工作质量综合评估表。

表6—9　　　　　　　　××高校教师教学工作质量综合评估表

教师姓名		所在院系		教授课程	
考核周期	___年___月___日—___年___月___日			工作年限	
计算方法	教研室评估成绩×0.5＋学生评估成绩×0.3＋同级教师互评成绩×0.2			综合得分	
教研室评估（50%）					
考核项目	考核标准			分值	得分
教研工作	1. 教学工作量 （1）达到或超过工作量要求，教学效果良好，得_____分 （2）达到工作量要求，教学效果一般，得_____分 （3）达不到工作量要求，但教学效果好，得_____分 （4）达不到工作量要求，且教学效果不好，得_____分			10分	
	2. 教学秩序 （1）管理严格，方法得当，上课期间从不离开课堂，秩序井然，得_____分 （2）管理较为严格，能维持正常的教学秩序，得_____分 （3）不随意调课、停课，教学秩序一般，得_____分 （4）上课期间有离开课堂或迟到、早退现象，教学秩序混乱，得_____分			15分	
	3. 教学进度 （1）教学计划按照学校制订的进度进行，得_____分 （2）教学实际与计划进度误差不超过_____学时，得_____分 （3）教学实际与计划进度误差不超过_____学时，得_____分 （4）教学实际与计划进度误差超过_____学时，或无计划，或不规范或随意删减教学内容，得_____分			15分	
	4. 教学水平 （1）考核期末教学水平评估为优秀者，得_____分 （2）考核期末教学水平评估为良好者，得_____分 （3）考核期末教学水平评估为一般者，得_____分 （4）考核期末教学水平评估为不合格者，得_____分			20分	
	5. 科研成果 （1）近3年内，作为主要参加者已完成校级以上科研课题或科研成果获得校级以上奖励，得_____分 （2）近4年内，已在公开发行的刊物上发表论文2篇以上或在核心期刊上发表论文1篇，得_____分			10分	

续表

	教研室评估（50%）
考核项目	考核标准	分值	得分
课前准备工作	1. 备课及时性 （1）在教学准备中，教案经常能保持 6 学时以上的余量，得_____分 （2）在教学准备中，教案经常能保持 4 学时以上的余量，得_____分 （3）在教学准备中，教案经常能保持 2 学时以上的余量，得_____分 （4）教案没有余量，得_____分	10 分	
	2. 教案质量 （1）教案关键内容把握准确，突出难点内容，方法和技巧恰当，得_____分 （2）教学结构和教学方法设计科学、合理，得_____分 （3）对教材进行很好的加工和提炼，切合学生所需，得_____分	10 分	
作业布置与批改	1. 布置作业与授课计划 80% 以上相同，得_____分 2. 批改作业时教师必须进行记录，作业占总成绩的 10%～20%，得_____分 3. 对作业中出现的问题明确指出，对无故缺交作业量超过 1/3 的学生督促其补交，得_____分	10 分	

	学生评估（30%）
评估项目	分值	评估内容与标准	A	B	C	D	得分
教学态度	5	课程教学计划明确，教师课前备课充分					
	5	教师课堂讲授认真，对学生要求严格					
	5	教师做好表率，不随意调课、停课					
讲授内容	5	教师讲课内容丰富，有吸引力					
	10	课堂内容重点突出、详略得当、难度适当					
	10	讲授内容能够反映学科前沿信息，扩大学生视野					
讲课方法	10	能够采取多样化的教学方法调动学生的积极性					
	5	能鼓励学生提出问题和个人观点并进行讨论					
	10	能因材施教，发挥教师主导作用、学生主体作用					
	5	教师的讲课进度快慢适中，对课堂时间安排合理					

续表

学生评估（30%）							
评估项目	分值	评估内容与标准	A	B	C	D	得分
学生能力培养	10	经常对学生进行创新思维和创新能力培养					
	10	培养学生解决问题的能力					
	10	注重学生的基本技能和个性发展的培养					
同级教师互评（20%）							
考核项目	分值	考核标准	A	B	C	D	得分
基本素质	5	言行举止符合教师职业道德					
	5	具备较好的教学理论基础，指导教学实践成效显著					
	10	有广博的学科知识，思维清晰敏捷，表达能力好					
课堂教学能力	5	教学目标明确，注重学生能力的培养					
	5	教学内容丰富，层次分明，重点突出					
	5	因材施教，教学设计合理，能充分挖掘学生潜能					
	5	教学组织形式符合内容要求，方法灵活					
	5	关心学生的学习需求，思维灵活，富有创新					
辅导能力	5	作业布置形式灵活，能够引导学生自主学习					
	5	作业批改及时					
	5	能够及时、准确、耐心、细致地进行辅导和测试					
主动性	10	勇于承担公开课、教研课，有明显学科教学风格					
	10	主动承担或参与课题研究，有一定的研究成果					
创造性	10	承担校选修或活动课教学工作，教学效果良好					
	10	关注知识更新，创造性地开展工作					
备注说明	\multicolumn{6}{l|}{1. A＝完全达到，B＝大部分达到，C＝基本达到，D＝达不到 2. A：赋分×1，B：赋分×0.8，C：赋分×0.6，D：赋分×（0.4及以下）}						

3. 高校教师工作业绩考核表

通常情况下，工作业绩考核都作为绩效考核的重点内容，表6—10所列为某学校教师工作业绩考核表，供读者参考。

表 6—10　　　　　　　　　　××学校教师工作业绩考核表

考核内容		考核标准	权重(%)	得分
考核项目	考核指标			
课时业绩	教学课时数	独立承担并完成每周不少于＿＿课时的教学工作量，每减少＿＿课时，扣＿＿分，低于＿＿课时，该项得分为 0	10	
	听课课时数	不断进取，每学期听课数量不少于＿＿课时，每减少＿＿课时，扣＿＿分，低于＿＿课时，该项得分为 0	10	
	公开课数量	考核期内，承担＿＿次公开课的讲授工作，若未承担公开课，该项得分为 0	10	
质量业绩	教学质量评估得分	独立担任一门及以上课程的教学工作，且课程质量评估得分达 85 分以上，得 15 分 课程质量评估得分为 70~85 分，得 12 分 课程质量评估得分为 60~70 分，得 9 分 课程质量评估得分低于 60 分，得 5 分	15	
	统考成绩	考核期内，所教授课程统考平均分不低于 75 分，得 15 分 考核期内，所教授课程统考平均分为 60~75 分，得 12 分 考核期内，所教授课程统考平均分为 50~60 分，得 8 分 考核期内，所教授课程统考平均分低于 50 分，得 5 分	15	
育人业绩	—	落实师德规范，考核期内无体罚或变相体罚学生事件发生，每发生一次扣＿＿分，扣完为止	10	
科研业绩	参与课题数量	截至考核期结束 3 年内，完成省（部）级以上科研课题数量。省级课题：＿＿分/课题；部级课题：＿＿分/课题	10	
	所获荣誉数量	考核期内所获奖励和荣誉称号数量。省级奖励或荣誉称号：＿＿分/次；部级奖励或荣誉称号：＿＿分/次	10	
	发表论文数量	考核期内发表论文或著作数量。核心期刊论文：＿＿分/篇；普通期刊论文：＿＿分/篇；主编教材：＿＿分/本；其他论著：＿＿分/篇	10	

(二)医院专业技术岗位绩效考核设计范例

1. 临床医生绩效考核

通常情况下,对临床医生主要从个人品德、工作量、服务质量、科研工作、医德医风等方面进行考核,表6—11为某医院临床医生绩效考核表。

表6—11　　　　　　　　　　××医院临床医生绩效考核表

考核项目	考核指标	权重	考核标准	得分
个人品德	病人投诉次数	5%	考核期内,每出现一次病人及家属因对临床医生的行为、态度不满而投诉的事件,扣_____分,超过_____次,该项得分为0	
	—	10%	严格遵守医德规范,考核期间每发现一次违规违纪行为,扣_____分,造成恶劣影响的,该项得分为0	
工作量	门诊人次数	10%	1. 门诊人次数达到_____以上,得_____分 2. 门诊人次数达到_____以上,得_____分 3. 门诊人次数低于_____,得_____分	
	院前急救人次数	5%	1. 院前急救人次数达到_____人,得_____分 2. 院前急救人次数少于_____人,得_____分	
	住院服务床日数	10%	1. 住院服务床日数达到_____日,得_____分 2. 住院服务床日数超过_____日,少于_____日,得_____分 3. 住院服务床日数少于_____日,得_____分	
	手术服务人次	10%	1. 手术服务人次达_____人以上,得_____分 2. 手术服务人次超过_____人,但少于_____人,得_____分 3. 手术服务人次少于_____人,得_____分	
服务质量	危重病人抢救成功率	5%	1. 危重病人抢救成功率达_____%以上,得_____分 2. 危重病人抢救成功率低于_____%,得_____分	
	手术前后诊断合格率	5%	1. 手术前后诊断合格率达_____%以上,得_____分 2. 手术前后诊断合格率超过_____%,低于_____%,得_____分 3. 手术前后诊断合格率低于_____%,得_____分	
	处方合格率	5%	处方合格率达_____%以上,得_____分	
	病人满意度评分	5%	1. 所负责病人对其提供服务质量满意度评分的算术平均分达_____分以上,得_____分 2. 算术平均分超过_____分,低于_____分,得_____分 3. 算术平均分低于_____分以上,得_____分	

续表

考核项目	考核指标	权重	考核标准	得分
服务质量	医疗事故发生次数	15%	考核期内，医疗事故发生次数为0，每出现一次医疗事故扣_____分；造成恶劣影响的，按医院其他相关规定处理	
科研工作	论文发表数量	5%	考核期内，在核心以上期刊发表论文数量不少于两篇，每少一篇扣_____分	
	参与技术攻关项目数	10%	考核期内，参与或主持重大技术攻关项目数量。省级课题：_____分/项目；部级课题：_____分/项目	

2. 医生医德医风考评

医德医风是医生在生活和医疗实践中不断培养形成的，是合格医生应有的素质和必备的条件。近年来，医德医风的考评也日益得到重视，表6—12提供了一份某医院医德医风考评表，供读者参考。

表6—12　　　　　　　　　　　××医院医德医风考评表

考评项目	考评标准	得分
工作纪律	1. 无故不参加医院组织的各项学习、活动，每次扣_____分（_____分）	
	2. 上班时擅自离岗、串岗，每次扣_____分（_____分）	
职业道德与规范	1. 执行首诊负责制，不推诿病人，推诿病人一次扣_____分（_____分）	
	2. 坚持医疗原则，不弄虚作假，每发现一次假借病人名义开具"搭车药"或搭车检查现象，扣_____分，同时还应补交费用，并处以罚款（_____分）	
	3. 严格遵守医生道德规范，每出现一次伪造病例、检查单或出具假诊断、假证明事件，扣_____分（_____分）	
	4. 廉洁行医，每发现一次收取现金、馈赠等行为，扣_____分，并按照情节严重情况给予相应的处分（_____分）	
	5. 工作认真负责，每发现一次错诊、漏诊、用药不合理、发错报告等行为，扣_____分（_____分）	

续表

考评项目	考核标准	得分
职业道德与规范	6. 自觉遵守医药代表接待制度，合理用药，每出现一次利用职务之便帮助药品代理商推销药品事件，扣_____分（_____分）	
	7. 与同事团结协作，每出现一次因与同事不合而影响工作事件，扣_____分（_____分）	
服务质量	1. 坚持文明服务，每发现一次服务态度差、刁难或与病人及家属发生争吵事件，扣_____分，造成严重后果的，该项得0分（_____分）	
	2. 严格按医生文明规范要求工作，病人综合满意度低于80%，扣_____分（_____分）	

（三）科研单位专业技术岗位绩效考核设计范例

科研人员作为研究所重要的人力资源，其绩效考核是否科学、有效，是否能够提高科研人员工作的积极性、主动性，对单位的发展至关重要。表6—13、表6—14、表6—15提供了某单位科研人员考核表的示例，供读者参考。

1. 某单位科研人员业绩考核表

表6—13　　　　　　　　××单位科研人员业绩考核表

姓名		部门		研究方向	
考核周期	___年___月___日—___年___月___日			考核得分	
	课题/项目	主持人	评分标准		得分
主持或参加课题/项目			主持国家重大一级项目，得_____分		
			参加国家重大一级项目，得_____分		
			主持国家重大二级项目，得_____分		
			参加国家重大二级项目，得_____分		
			主持院内重大重点项目，得_____分		
			参加院内重大重点项目，得_____分		
	成果名称	获奖类别	评分标准		得分
成果与专利			国家自然科学一等奖，得_____分		
			国家发明一等奖，得_____分		
			国家科技进步一等奖，得_____分		

续表

成果与专利	成果名称	获奖类别	评分标准	得分
			国家自然科学二等奖，得_____分	
			国家发明二等奖，得_____分	
			国家科技进步二等奖，得_____分	
			省级科技奖励一等奖，得_____分	
			院级科技成果一等奖，得_____分	
			省级科技奖励二等奖，得_____分	
			院级科技成果二等奖，得_____分	
			省级科技奖励三等奖，得_____分	
发表论文	论文名称	刊物类别	评分标准	得分
			专业期刊上发表，_____分/篇	
			核心期刊上发表，_____分/篇	
			SCI论文数量（第一作者），_____分/篇；SCI合作，_____分/篇	
学生培养	博士后：_____分/人　博士：_____分/人　硕士：_____分/人			
考核得分合计				

2. 某单位研究员考核表一（自然科学类）

表6—14　　　　　　　　　　××单位研究员考核表

考核内容		考核标准	得分
项目	指标		
德	思想道德	具有良好的思想道德素质，遵纪守法，忠诚于科学研究事业	
	职业道德	1. 所发表研究成果无抄袭现象，每发现一处违规抄袭扣_____分，造成恶劣影响的，该项得0分 2. 所获得研究专利无侵权发生，每发生一起侵权事件扣_____分，造成恶劣影响的，该项得0分 3. 遵守保密制度，严守研究所秘密，考核期内无泄密事件发生，如有该情况发生，得0分	
能	开拓创新能力	1. 能够带领研究团队通过科学研究和开发，获得系列高科技成果 2. 能够掌握本领域的核心研究技术和自主知识产权，确保所研究的领域居于国内外领先地位	

续表

考核内容		考核标准	得分
项目	指标		
能	管理能力	1. 能够把握、调整科研群体的主攻方向，提高科研水平 2. 能够凝聚科研人才、培养科学人才	
勤	考勤管理	1. 按规定执行所内考勤制度，无故旷工一天扣＿＿＿分，年度请病假超过＿＿＿天扣＿＿＿分，年度请事假超过＿＿＿天扣＿＿＿分 2. 准时参加国内学术交流会、项目评审等活动，无故缺勤一次，扣＿＿＿分	
绩	承担研究项目	主持国家重大一级项目，＿＿＿分/项 参与国家重大一级项目，＿＿＿分/项 主持国家重大二级项目，＿＿＿分/项 参加国家重大二级项目，＿＿＿分/项 主持研究院内重大重点项目，＿＿＿分/项 参加研究院内重大重点项目，＿＿＿分/项	
	科研成果/专利	获得国家自然科学一等奖，＿＿＿分/次 获得国家发明一等奖，＿＿＿分/次 获得国家科技进步一等奖，＿＿＿分/次 获得国家自然科学二等奖，＿＿＿分/次 获得国家发明二等奖，＿＿＿分/次 获得国家科技进步二等奖，＿＿＿分/次 获得省级科技奖励一等奖，＿＿＿分/次 获得院级科技成果一等奖，＿＿＿分/次 获得省级科技奖励二等奖，＿＿＿分/次 获得院级科技成果二等奖，＿＿＿分/次 获得省级科技奖励三等奖，＿＿＿分/次	
	发表论文	高端论文（第一作者），＿＿＿分/篇 高端论文（所内外合作），＿＿＿分/篇 SCI 论文（第一作者），＿＿＿分/篇 SCI 合作及其他论文，＿＿＿分/篇	
	国际会议邀请报告	被邀请参加本专业性的国际会议，＿＿＿分/次	
	学生培养	培养硕士人才，＿＿＿分/人；培养博士人才，＿＿＿分/人；培养博士后，＿＿＿分/人	

3. 某单位研究员考核表二(社会科学类)

表 6—15　　　　　　　　　　××单位研究员考核表

考核内容		考核标准	得分
项目	指标		
德	思想道德	具有良好的思想道德素质,遵纪守法,忠诚于科学研究事业	
	职业道德	1. 所发表的论文、专著、报告,无抄袭现象,每发现一处违规抄袭扣＿＿＿＿分,造成恶劣影响的,该项得0分 2. 遵守保密制度,严守研究所秘密,考核期内无泄密事件发生,若有此类事件发生,该项得0分	
能	研究分析能力	1. 能把握本专业的发展方向,组织制订学科建设规划 2. 能够准确地对研究中遇到的问题进行分析和把握,突破核心问题,提高本领域的研究水平和实力	
	组织协调能力	能围绕科研目标,发挥团队精神,建设层次合理、稳定的科研队伍	
勤	考勤管理	1. 按规定执行所内考勤制度,无故旷工一天扣＿＿＿＿分,年度请病假超过＿＿＿＿天扣＿＿＿＿分,年度请事假超过＿＿＿＿天扣＿＿＿＿分 2. 准时参加国内学术交流会、报告会、研讨会等,无故缺勤一次,扣＿＿＿＿分	
绩	参与课题级别	主持国家重大一级项目,＿＿＿＿分/项 参与国家重大一级项目,＿＿＿＿分/项 主持国家重大二级项目,＿＿＿＿分/项 参加国家重大二级项目,＿＿＿＿分/项 主持研究院内重大重点项目,＿＿＿＿分/项 参加研究院内重大重点项目,＿＿＿＿分/项	
	科研成果奖励	获得国家社会科学基金项目优秀成果奖,＿＿＿＿分/次 获得国家级社科优秀成果奖,＿＿＿＿分/次 获得省级社会科学研究成果奖,＿＿＿＿分/次	
	论文和专著数量	1. 论文/专著数量 (1) 考核期内发表论文数量不少于＿＿＿＿篇,每减少一篇,扣＿＿＿＿分;发表论文数量少于＿＿＿＿篇,该项得0分 (2) 考核期内发表专著数量不少于＿＿＿＿篇,每减少一篇,扣＿＿＿＿分;发表专著数量少于＿＿＿＿篇,该项得0分 2. 论文级别 高端论文(第一作者),＿＿＿＿分/篇 高端论文(所内外合作),＿＿＿＿分/篇 SCI论文(第一作者),＿＿＿＿分/篇 SCI合作及其他论文,＿＿＿＿分/篇	

续表

考核内容		考核标准	得分
项目	指标		
绩	研究咨询报告	研究咨询报告由省部级以上党政机关采纳的，_____分/篇 研究咨询报告由省部级党政机关采纳的，_____分/篇	
	培养人才数量	培养硕士人才，_____分/名，培养博士人才，_____分/人，培养博士后，_____分/人	

四、工勤技能岗位绩效考核设计

（一）电工业务目标考核

电工是后勤部门不可缺少的岗位，主要负责管辖范围内供电系统设备设施的维护和保养，以及高压变电所值班工作。表6—16提供了某学校电工业绩考核表，供读者参考。

表6—16　　　　　　　　　××学校电工业绩考核表

工作内容	业务目标	赋分	得分
巡查工作	1. 每日至少巡查_____次高压变电所设备、设施运行情况（8分） 2. 每月至少巡查_____次校内电力设备、设施运行情况（7分） 3. 巡查中发现问题，按照情况严重程度及时予以维修或上报（5分）	20分	
维修工作	1. 接到维修任务，在最短的时间内到达现场，最长不超_____分钟（5分） 2. 严格按照维修规范标准执行维修工作（20分） 3. 维修质量合格率不低于_____%（10分） 4. 遇到无法维修的项目时，请求后勤管理部门或电力部门予以支持（5分） 5. 定期对相关设备进行保养（10分）	50分	
记录、统计工作	1. 做好每月的用电情况统计，并及时向相关人员汇报（5分） 2. 对比每月与上月用电数据，发现异常并及时向上级领导汇报（5分） 3. 做好日常巡查记录、维修记录、设备保养记录、交接班记录、用电记录等（5分）	15分	
服务态度和质量	1. 对服务对象提出的问题进行耐心解答（5分） 2. 服务对象满意度评分达85分以上（5分） 3. 部门领导满意度评分的算术平均分达90分以上（5分）	15分	

（二）学校保管员绩效评价

学校保管员绩效考核通常从工作质量、岗位所需的相关知识、工作量完成情况、工作态度等方面展开，表 6—17 为某学校保管员绩效考核表。

表 6—17　　　　　　　　　　××学校保管员绩效考核表

工作内容	业务目标与考核标准	权重（%）	得分
工作质量	1. 工作特别熟练和准确，工作中几乎没有错误，_____分 2. 工作比较准确，非常熟练，很少需要核查工作，_____分 3. 工作比较熟练，偶尔出现错误，需要一定的监督，_____分 4. 如果加强监管，工作可以接受，_____分 5. 错误出现太多，工作很难被接受，_____分	30	
工作知识	1. 对本岗位的各个工作环节都非常熟悉，_____分 2. 不需要帮助，具有日常工作所需的相关知识，_____分 3. 对工作理解很好，基本能完成日常工作，_____分 4. 工作知识稍差，工作中需要不断帮助，_____分 5. 工作知识非常欠缺，难以完成日常工作，_____分	15	
工作量	1. 工作量很大，但完成工作的速度和质量很高，_____分 2. 工作量较大，完成工作量比预期多，_____分 3. 工作量一般，完成工作基本与预期一致，_____分 4. 预期的工作量并不能够全部完成，_____分 5. 工作拖拉，通常不能完成工作职责，_____分	30	
主动性	1. 工作非常积极主动，不需要任何督促，_____分 2. 能独立工作，不需要督促，_____分 3. 基本能完成个人日常工作，需要被通知才能去做其他工作，_____分 4. 很少主动为别的领域提供帮助，_____分 5. 对改进工作无兴趣，只做必须要做的工作，_____分	10	
出勤状况	1. 考核期内，缺勤少于 3 天，迟到少于 3 次，_____分 2. 考核期内，缺勤 3～5 天，迟到 3～5 次，_____分 3. 考核期内，缺勤 5～7 天，迟到 5～7 次，_____分 4. 考核期内，缺勤 7～10 天，迟到 7～10 次，_____分 5. 考核期内，缺勤 10 天以上，迟到超过 10 次，_____分	15	

第二节 奖惩制度设计

一、学校奖惩制度设计范例

(一) 中学/小学教师奖惩制度范例

版本 ___年___月	教师奖惩制度			
	颁布部门：	执行部门：		执行日期：

第1章 总 则

第1条 目的

为了更好地激发广大教职工的工作积极性，发挥教师的特长，培养教师的创造性能力，特实行本奖惩制度。

第2条 适用范围

本校内部所有教师日常管理均依据本制度执行。

第2章 教师奖励管理

第3条 奖励方法

本校教师奖励采用精神奖励与物质奖励相结合的方法。

第4条 物质奖励

1. 对指导学生参加各级教育行政部门举办的各种竞赛取得的成绩，奖励标准见表1。

表1　　　　　　　　　竞赛活动奖励标准

获奖级别 获奖等级	国家级	省级	市级	县级
一等奖	____元	____元	____元	____元
二等奖	____元	____元	____元	____元
三等奖	____元	____元	____元	____元

注：经层层选拔的竞赛，以同项获奖最高级别计，不重复计算。

2. 对指导学生参加或个人参加的科技体育类比赛所取得的成绩，奖励标准见表2。

续表

表2　　　　　　　　　　　　科技体育类比赛奖励标准

获奖级别＼获奖等级	国家级	省级	市级	县级
一等奖	＿＿＿元	＿＿＿元	＿＿＿元	＿＿＿元
二等奖	＿＿＿元	＿＿＿元	＿＿＿元	＿＿＿元
三等奖	＿＿＿元	＿＿＿元	＿＿＿元	＿＿＿元

3. 为鼓励教师在日常教学工作之余较好地完成科研工作，学校特设立教研奖，对教师个人参加各种各类研讨会评选获奖的论文作品给予一定的奖励，奖励标准见表3。

表3　　　　　　　　　　　　论文获奖奖励标准

获奖级别＼获奖等级	国家级	省级	市级	县级
一等奖	＿＿＿元	＿＿＿元	＿＿＿元	＿＿＿元
二等奖	＿＿＿元	＿＿＿元	＿＿＿元	＿＿＿元
三等奖	＿＿＿元	＿＿＿元	＿＿＿元	＿＿＿元

注：1. 以教育学会或学科性学术团体举办的论文为准
　　2. 科研成果获奖也按此标准的＿＿＿～＿＿＿倍给予奖励

4. 为不断提高影响力，学校积极实施名师工程，设立校级骨干教师、教坛新秀、名教师等教师教学荣誉，凡获得以上荣誉的教师均可享受学校的奖励，具体标准如下：

（1）校级骨干教师、教坛新秀、名教师等，奖励＿＿＿元；

（2）县级骨干教师、教坛新秀、名教师等，奖励＿＿＿元；

（3）市级骨干教师、教坛新秀、名教师等，奖励＿＿＿元；

（4）省级骨干教师、教坛新秀、名教师等，奖励＿＿＿元；

（5）国家级骨干教师、教坛新秀、名教师等，奖励＿＿＿元。

5. 为学校获得良好声誉，为学校发展做出重大贡献的教师，由校长办公会讨论决定发给不少于＿＿＿元的特殊贡献奖。

第5条　精神奖励

1. 根据教师工作表现，依据相关评选规则，评选优秀教师、优秀教育工作者，并颁发相关奖章、证书。

2. 优秀教师、优秀教育工作者作为职位晋升的主要后备人员，在职位晋升或人才选拔中予以重点考虑。

第3章　教师惩罚管理

第6条　日常工作违规惩罚

1. 教师对学生进行有偿补课和家教者，扣除当月应得奖金金额的＿＿＿％。

2. 无特殊原因，未按要求参加政治业务学习者，每缺席一次扣＿＿＿元。

3. 上班期间做与工作无关的事情，每发现一次扣＿＿＿元。

续表

　　4. 未按学校规定执勤，每发现一次扣_____元；执勤期间出现责任事故，执勤教师扣_____元/次。

　　5. 体罚学生的教师，经学校调查核实后，除向学校递交检查外，并扣发该教师从事件发生至问题处理结束期间的所有奖金。

　　6. 严格执行课堂规则，做到上课不迟到、下课不早退，违反此规定每出现一次扣_____元。

　　第7条　教师缺勤惩罚

　　1. 全校教师应自觉遵守纪律，按时上下班。因公、因事、因病等原因缺勤时，应事前履行请假手续，否则按照旷工处理，每次扣_____元。

　　2. 迟到：_____分钟以内，扣_____元/次；_____分钟~_____小时，扣_____元/次；_____小时以上，扣_____元。

　　3. 一月内，事假_____天以上或病假_____天以上（不含节假日）扣除相应天数的生活津贴及当月考勤奖。

　　第8条　教师应举止文明，仪表端庄，为人师表。男教师不能穿拖鞋、背心、留长发，女教师应着装得体，违反此规定每出现一次扣_____元。

第4章　附　则

　　第9条　本制度的拟订和修改由教务处负责，报校长审批通过后执行。

　　第10条　本制度的最终解释权归学校教务处。

修订记录	修订标记	修订处数	修订日期	审批签字

（二）高校科研工作奖励办法范例

版本 ___年___月	××学院科研工作奖励办法		
	颁布部门：	执行部门：	执行日期：

　　第1条　目的

　　为进一步激励我校教职工进行学术研究，全面提升我校的科研水平，规范我校科研成果奖励工作，特制订本办法。

　　第2条　立项科研项目的奖励

　　1. 经过切实努力申报国家级、省部级科研项目，凡经学校组织推荐申报到上级主管部门的，给予申报项目补助费_____~_____元。

　　2. 凡争取到以我校为依托单位的国家级、省部级项目的，按到校经费总数，学校另从校科研基金中给予一定比例的奖励（原则上为经费总数的_____%，但最高不超过_____万元）。

　　第3条　科研成果奖

　　1. 学术论文（著作）和专利（标准）奖励

　　论文指第一作者为××大学且通信作者也是××大学的；著作指我校教师为第一作者的；专利（标准）指我校作为申请单位并被授权的。

　　（1）个人论文贡献奖励

　　1）在××上发表的论文，每篇奖励奖金_____万元。

续表

2）根据国家权威部门发布的"SCI"论文引证数据，单篇正面他引次数累计超过_____次的，每篇论文一次性奖励奖金_____万元。

（2）单位论文贡献奖励

对"SCI""EI"论文总数前三名的单位（总数大于_____篇，单篇论文不重复计算，且"SCI"一区论文总数排名前三位）进行奖励，分别奖励奖金_____万元、_____万元、_____万元。

2．学术著作奖

为鼓励科研人员著书立说，凡被国家有关部门评为全国"精品图书"或"优秀图书"的著作，每部奖励奖金_____万元。

3．应用技术成果奖

（1）国家级、省部级课题按期完成并通过相应政府部门组织的鉴定后，学校依国家级每项_____元、省部级每项_____元予以奖励。

（2）已取得专利证书的国际发明专利、国家专利（发明专利、实用新型专利、外观设计专利），学院按国际发明专利每项_____元、国家发明专利每项_____元、国家实用新型专利每项_____元、国家外观设计专利每项_____元予以奖励。

第4条 科研奖励奖

1．获得国家级科研成果奖，学校按所获奖励金额的_____%予以奖励。

2．获得省部级科研成果奖，学校按所获奖励金额的_____%予以奖励。

第5条 科研组织奖

1．获得国家级、省部级科研项目，学院分别按到位经费的_____%、_____%给予所在单位以奖励。

2．年度内获得科研立项奖、科研成果奖、科研奖励奖总金额排名前两位的单位，授予校年度科研工作先进单位，并给予_____万元奖励。

第6条 学校设立教师"科研十佳"奖项，以四年为一个考评周期。我校教师连续四年进入科研十佳，学校给予一次性奖励_____万元；连续四年科研综合排名第一名，学校奖励_____万元。

第7条 学校原则上每年举行一次全校科研表彰大会，隆重表彰在科研工作中取得突出成果的教职员工和单位。

第8条 附则

1．获得奖励的人员如发现有学术不端行为，学校立即撤销其奖励，并追回其所获奖金。

2．本《办法》未涉及的有关事项，由校学术委员会根据具体情况讨论并提出建议方案，提交校长办公会讨论决定。

修订记录	修订标记	修订处数	修订日期	审批签字

二、医院奖惩制度设计范例

（一）医护人员奖惩制度范例

版本 ___年___月	××医院医护人员奖惩制度		
	颁布部门：	执行部门：	执行日期：

第1章 总　则

第1条　目的

为加强医护人员服务质量管理，调动医护人员工作的积极性和主动性，确保医院各项工作目标的实现，特制订本制度。

第2条　适用范围

医院内部所有医护人员的日常管理均依照本办法执行。

第2章 医护人员奖励管理

第3条　奖励方式

物质奖励与精神奖励相结合。

第4条　奖励时间

本医院视具体需要，对医护人员进行随时奖励和年终奖励。

第5条　奖励金额

一般奖励_____~_____元，特殊/重大奖励视情况而定。

第6条　奖励范围

1. 在工作中能够顾全大局，为维护医院财产、病区安全及患者安全做出重要贡献，保护公共财产和群众利益的。
2. 积极参与各项社会公益事业，在各项卫生活动中表现突出，经常受到患者、家属、同事、领导好评的。
3. 能够及时发现问题，有效地杜绝差错、事故、护理并发症及护理纠纷等问题发生，使医院或病人免受重大损失的。
4. 能够研究、推广新技术和新项目，为单位创造良好效益的，或在技术成果评比中获奖者，可按项目所创造效益的多少，或获奖的级别，颁发相应奖励。
5. 在重大事件或其他严重威胁人民身体健康的紧急情况下，能够服从命令、忠于职守、救死扶伤，取得良好社会效益的。
6. 善于沟通和管理，为整个医院物质文明和精神文明建设、科室服务质量提高做出突出贡献的。
7. 凡在正式期刊、报纸上发表专业文章，或积极参与科研、著书成绩显著的。
8. 由于服务质量好得到新闻媒体正面报道的以及收到病人感谢信、锦旗、牌匾的。
9. 带病坚持工作，主动加班加点，积极想办法为患者解决实际困难的。
10. 为医院或科室发展提出合理化建议，并在采纳后产生一定效果的。

凡符合以上内容之一者，均可酌情分别给予口头、通报表扬或奖金奖励等。

第7条　具体奖励金额由人力资源部视贡献大小进行奖励申请，由医院院长审核通过后予以发放。

第3章 医护人员惩罚管理

第8条　劝导批评范围

1. 违反《员工仪容仪表规范》要求者。

续表

2. 在病房中扎堆聊天、大声说笑的。
3. 在工作时间干私活、看小说、睡觉、长时间打私人电话的。
4. 上班迟到、早退、无故不按时交接班，上班过程中使用计算机玩游戏的。
5. 在医院内喧吵或辱骂，干扰医院正常秩序的。
发生以上情况之一，将由员工的直接领导对其进行劝导批评处理。

第9条 警告处分范围
1. 违反首诊医师负责制和急诊工作制，未经许可在工作时间内擅离职守的；推诿、拒收病人，延误最佳治疗时机情节轻微者。
2. 散布错误的、恶意的信息或谣言，挑拨离间，影响团结和日常工作的。
3. 在日常工作中服务态度差，与病人发生冷、硬、顶、推、拖等现象的。
4. 无故拖延诊疗时间，未按照预约时间给病人做检查或写报告，造成恶劣影响的。
5. 受到新闻媒体曝光批评、社会舆论指责、卫生部门点名批评等有损医院声誉、破坏医院形象的行为举止的。
6. 开不合理药方、做不合理的检查，给服务对象造成不必要的负担或医疗卫生资源浪费的。
7. 因医德医风差，业务水平低，被病人投诉的。
8. 不虚心接受批评，经常无法按时完成上级领导交给的工作任务的。
发生以上情况之一，将由医生的直接领导对其进行劝导批评处理。

第10条 停职检查处分范围
1. 伪造医疗护理记录且情节严重的；私自将病历记录内容的信息透露给他人，造成不良后果的。
2. 由于不负责任、玩忽职守、违反医疗护理操作常规等造成医疗事故或严重过失，给医院造成不良影响或重大经济损失的。
3. 向病人家属暗示、索要或收受财、物，对医院声誉造成恶劣影响的。
4. 偷窃医院财物的。
5. 工作期间自行注射麻醉药物或非法倒卖毒、麻、限、剧药，造成医院损失和不良社会影响的。
6. 利用工作之便，违规引进设备、物资器材等，并在引进工作中收受回扣，且涉及金额巨大的。

第4章 附　　则

第11条　本制度的拟订和修改由医院人力资源部负责，报院长审批通过后执行。
第12条　本制度的最终解释权归医院人力资源部。

修订记录	修订标记	修订处数	修订日期	审批签字

（二）医德医风建设的奖惩规定范例

版本 ____年____月	××医院医德医风建设的奖惩规定		
^	颁布部门：	执行部门：	执行日期：

第1章 总　则

第1条　目的

为纠正医疗行业的不正之风，为广大群众营造和谐的就医环境，本医院结合工作实际，特制订本奖惩规定。

第2条　适用范围

医院内部所有医务人员的医德医风建设均依照本制度执行。

第2章 奖励规定

第3条　奖励内容及标准

1. 在医疗工作中，由于医德医风良好、技术精湛，收到病人或家属的感谢信、锦旗、匾额等荣誉的，给予_____元/次现金奖励，并给予通报表扬。

2. 得到新闻媒体正面报道或表扬，提升医院社会形象的，给予_____元/次现金奖励，并给予通报表扬。

3. 在工作中遇到病人无理取闹，仍能以礼相待，做好服务和诊疗工作，树立良好形象者，给予通报表扬。

4. 经医院批准参加院级以上各类比赛，为医院争得荣誉者，给予相应奖励，详情见表1。

表1　　　　　　　　　　比赛奖励标准

获奖级别 获奖等级	国家级	省级	市级	县级
一等奖	_____元	_____元	_____元	_____元
二等奖	_____元	_____元	_____元	_____元
三等奖	_____元	_____元	_____元	_____元

注：非卫生医疗单位举办的比赛，其奖金标准减半

5. 尽力为病人提供优质服务，病人对其满意度评分综合满意率达95％以上的，给予_____元/次奖励。

第4条　其他奖励

其他奖励视行为所产生的社会美誉度、经济效益情况而定。

第3章 惩罚规定

第5条　惩罚项目及标准

1. 不能与同事密切配合完成工作任务、诋毁他人、抬高自己，影响团结和工作的，扣_____~_____元。

2. 医务人员服务态度差，与病人或家属发生争执者，扣_____元/次，并视情节严重情况给予通报批评。

3. 医务人员利用职务之便，假借病人名义为自己或他人做检查的，除如数补缴医疗费用外，还要给予公开批评。

续表

4. 医务人员徇私舞弊，出具假诊断书、检查结果或报告、医疗证明、体检结果的，扣_____~_____元/次，并依照国家规定给予相应行政处分。

5. 医务人员向病人及其亲属暗示、索要财物者，除所有财物如数退还外，还要进行全院通报，并给予相应的行政处分。

6. 医务人员利用职务之便，私自采购药品、物资、器械等，并在其中收受、索要回扣者，视为受贿行为，除追缴非法所得外，情节严重者移交司法部门处理。

7. 医务人员利用工作之便向病人推销卫生材料、药械、保健食品和生活用品等谋取私利的，除没收非法所得外，另扣_____元/次。

8. 未经医院同意擅自停门诊，扣_____元/次。

9. 医务人员未配证上岗或在岗不按规定着装，窗口工作人员未挂牌或挂牌与在岗人员名字不吻合，扣_____元/次。

10. 医务人员以介绍病人入院、检查、手术、治疗为理由收取"介绍费""转诊费"等形式的回扣或提成，除退回非法所得外，另扣_____~_____元/次，并取消当年评优的资格。

11. 医务人员未按规定项目标准收费和擅自变无偿服务为有偿服务谋取科室利益或个人私利的，扣科室劳务提成_____~_____元，扣当事人_____~_____元劳务提成。

12. 医务人员违反首诊医师负责制、急诊工作制，擅离岗位，玩忽职守，推诿、拒收病人，延误诊治时机，给医院造成经济损失或不良社会影响者，给予相应的行政处分，其造成的经济损失由医务人员所在科室承担_____%，由个人承担_____%。

13. 医务人员未经医院批准，到本人执业注册以外的医疗机构进行执业活动，除责令停止、没收其非法所得外，另扣_____~_____元/次。

14. 违反社会公德，给医院造成不良影响的，扣_____元/次。

15. 医德医风较差、业务水平低、半年内被病人投诉_____次者，年终考核、个人医德、医风评估不合格者，离岗学习_____个月。

第4章 附　则

第6条　本制度的拟订和修改由医院人力资源部负责，报院长审批通过后执行。

第7条　本制度的最终解释权归医院人力资源部。

修订记录	修订标记	修订处数	修订日期	审批签字

三、研究所奖惩制度设计范例

版本_____年_____月	××研究所保密管理奖惩办法		
	颁布部门：	执行部门：	执行日期：

第1条　为了加强本研究所科学技术保密工作，维护国家的安全和利益，促进保密工作更加深入开展，根据国家的相关规定，结合我所的工作实际，特制订本办法。

第2条　本办法适用于本所对各级涉密部门及有关人员的奖惩。

第3条　任何部门和个人都有保守、保护本研究所科研秘密的义务，对泄露科研成果行为应及时向

续表

保密办公室(以下简称保密办)举报。

第4条 保密对象。下列记录本研究所科学技术研究、开发、应用、经营等活动的各种形式的资料,由所科技档案室统一管理。
1. 科研报告、设计、资料、图纸、图表等成文资料。
2. 记载科学技术资料的光盘、软件、录像带、录音带等视听资料。
3. 有关实物等固体样本材料。
4. 其他可记录科学技术及信息的物件。

第5条 保密办牵头,会同科技处、人事教育处对各部门的保密管理工作进行具体考核,形成考核意见,报所保密委员会审批。

第6条 每年度对各部门进行保密管理考核,保密管理纳入所年度考核,与部门或个人的绩效津贴挂钩。

第7条 年度内发生泄密事件的,实行"一票否决制",即发生泄密事件,保密管理综合考核得分为零分。

第8条 保密奖励。凡具有下列表现之一的个人或部门,除进行表扬外,还给予_____~_____元的奖励。
1. 在危急情况下,保护国家和本研究所秘密安全的。
2. 对泄露国家和本研究所秘密或非法获取国家秘密的行为及时举报的。
3. 发现他人泄密或者可能泄密,立即采取补救措施,避免或减轻损害后果的。
4. 保护国家和本研究所秘密,使本研究所免受直接经济损失_____万元以上的。
5. 在涉及国家秘密的专项活动中,严守国家秘密,对维护国家的安全和利益做出重要贡献的。
6. 长期从事保密工作,忠于职守,事迹突出的。
7. 对保密技术措施有发明创造或改进,为保密工作做出贡献的。
8. 其他为国家和本科研所保密工作做出突出成绩的。

第9条 惩处规定。凡泄露国家秘密尚不够刑事处罚的,依照有关规定给予下列处罚(见表1)。

表1 相关惩处规定

密级	处分规定	备注
秘密级	应给予警告或记过处分。情节轻微的,可酌情从轻给予行政处分,也可以免于行政处分;情节较重的,应给予记过以上行政处分	违反上述事项,除对当事人给予行政处分外,还要给予相应的经济处罚
机密级	应给予记过或记大过处分。情节轻微的,可给予警告处分;情节较重的,应给予记大过以上行政处分	
绝密级	应给予降级或撤职处分。情节特别轻微的,可以给予记过或记大过处分;情节较重的,应给予撤职以上行政处分	

第10条 本办法由所保密委员会负责解释。

修订记录	修订标记	修订处数	修订日期	审批签字

第七章

事业单位员工岗位异动管理

事业单位人力资源管理
工作手册

第一节 员工职业发展规划

一、员工职业发展规划内容

员工职业发展规划是指从组织角度对员工从事的职业和职业发展过程所进行的一系列计划、组织、领导和控制活动,以实现组织目标和个人发展的有效结合。

职业发展规划的主体是组织和个人,主要内容包括职业选择、职业发展目标的确立、专业发展路径的设计等。

(一) 员工职业发展规划与个人职业发展规划

员工职业发展规划区别于通常的个人职业发展规划,员工职业发展规划是站在组织的视角为实现员工和组织的共同发展而进行的规划,两者区别如图7—1所示。

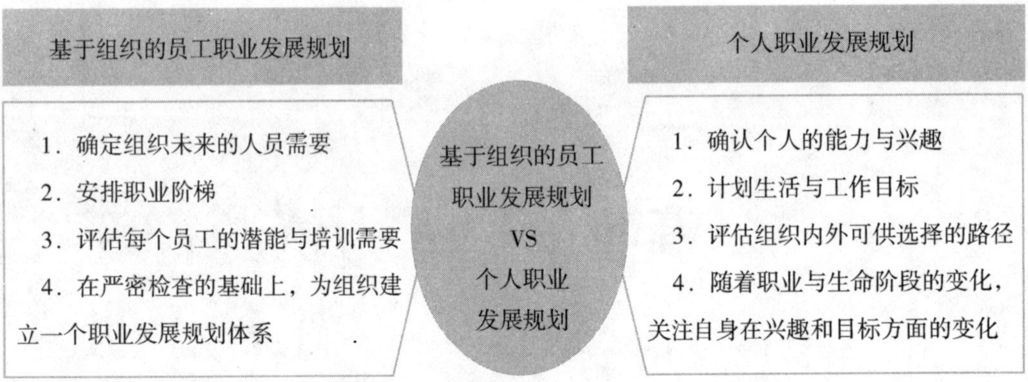

基于组织的员工职业发展规划
1. 确定组织未来的人员需要
2. 安排职业阶梯
3. 评估每个员工的潜能与培训需要
4. 在严密检查的基础上,为组织建立一个职业发展规划体系

基于组织的员工职业发展规划 VS 个人职业发展规划

个人职业发展规划
1. 确认个人的能力与兴趣
2. 计划生活与工作目标
3. 评估组织内外可供选择的路径
4. 随着职业与生命阶段的变化,关注自身在兴趣和目标方面的变化

图7—1 基于组织的员工职业发展规划与个人职业发展规划

(二) 员工职业发展规划的目标

员工职业发展规划的目标是组织和个人的共同发展。由于事业单位涉及的行业较多,体制各不相同,因此员工职业发展规划所达到的组织发展目的也各不相同。

(三) 事业单位员工职业发展规划的影响因素

要成功开展基于组织和个人共同发展的职业发展规划,必须了解影响员工职业发展规划的因素。下面以教师为例对此项内容进行说明，如图7—2所示。

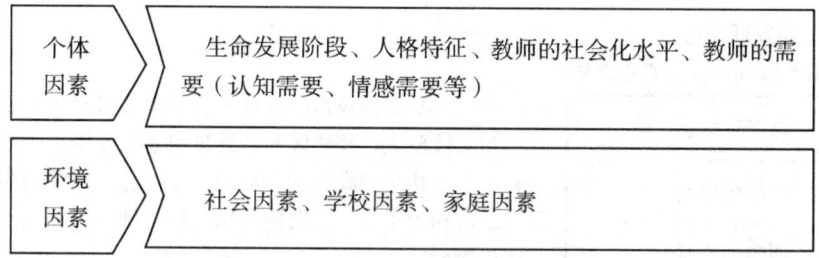

图7—2 教师职业发展规划的影响因素

二、员工职业发展规划方案范例

以某大学辅导员为例，给出其职业发展规划设计的范例。

版本 ___年___月	××大学辅导员职业发展规划方案			
^	颁布部门：	执行部门：	执行日期：

一、**目的**
学生辅导员队伍是大学生思想政治教育的主力军，是高校教师队伍的重要组成部分。为加强我校辅导员队伍建设，打造一支作风优良、爱岗荣校、服务学生、锐意创新的辅导员队伍，提高辅导员综合素质，协调辅导员数量结构，明确辅导员职责定位及发展方向，特制订本方案。

二、**适用范围**
本方案适用于我校学生辅导员职务，包括新进辅导员、专职学生辅导员、在读硕士研究生兼职辅导员和专业教师兼任学生辅导员等各类从事辅导员职位的人员。

三、**实施程序**
1. 自我评估。辅导员到岗后一个月内，由所在学院分管学生工作的院党委书记与辅导员谈话并填写职业发展表格，帮助辅导员根据自己实际情况如职业兴趣、工作能力、技能、个人背景等明确辅导员的职业发展方向。辅导员依据上述相关资料制订本人的职业生涯规划，并上交相关领导。
2. 根据辅导员提交的职业生涯规划，确定需要培训的项目，并与辅导员本人进行反馈沟通，使辅导员明确其发展所需的任职条件和所需培训。
3. 每年对辅导员的工作及职位发展进行评估，根据情况修订职业发展规划。
4. 建立辅导员职位发展档案。

四、**职业发展通道设计**
我校按照双重身份对辅导员进行管理，给予辅导员以"双线晋升"优惠待遇：既可按照助教、讲师、副教授、教授评聘思想政治教育学科或其他相关学科的专业技术职务，又可根据工作年限和实际表现，晋升相应的行政职务，我校设立科级、副科级、正科级、副处级、正处级辅导员管理岗位，其中处级（含副处、正处）岗位不超过辅导员队伍的10%，辅导员岗位职级与学校其他岗位职级享受同等待遇。

续表

1. 单一职业发展通道
（1）按职务层级划分的职业发展通道

高级辅导员
中级辅导员
初级辅导员
见习辅导员

根据辅导员职业准入的基本要求和辅导员岗位职责的具体要求，严格区分辅导员职务层级和人员类别。

其中，高级辅导员相当于_____岗位级别，中级辅导员相当于_____岗位级别，初级辅导员相当于_____岗位级别。

（2）管理岗位职业发展通道

正处级
副处级
正科级
副科级
科员级

辅导员管理岗位级别共设五个等级，即对应管理岗位的_____至_____级职员，管理岗位的职位申报与审批按照我校具体规定和当年的人员控制比例进行。

（3）专业技术岗位发展通道

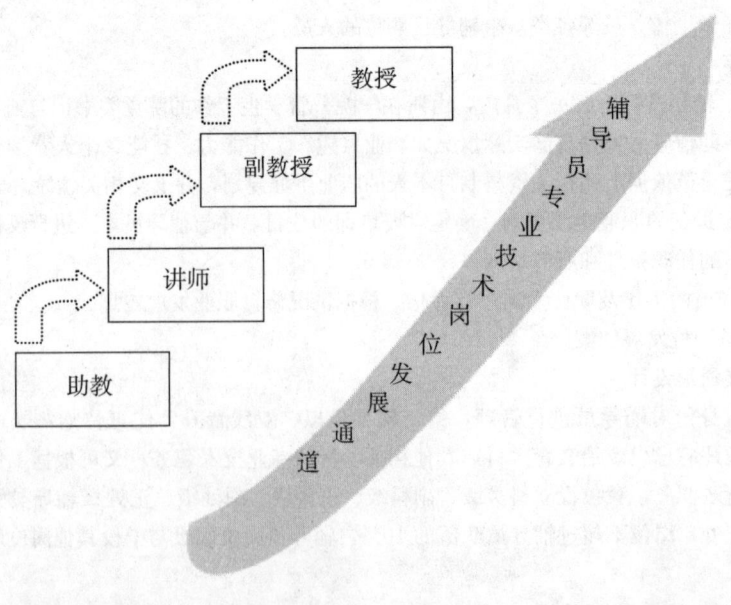

续表

> 2. 双重职业发展通道
> 我校辅导员在满足一定条件后，按照本人意愿和学校的具体规定，在满足相应的任职资格的条件下，可以转为教师岗位或其他行政岗位。
> **五、培训发展计划**
> 学生辅导员承担着各院系学生工作和党团工作，同时也是我校管理和教师队伍的后备军，必须加强学生辅导员的各项培训工作。我校为辅导员提供下列培训，各辅导员可以根据个人职业发展规划需要和学校安排选择相应的培训和教育。
> 1. 组织学生辅导员培训班，对学生辅导员实行岗前和在岗培训。
> 2. 按照学校制订的《年度辅导员专题培训计划表》，参加学校举办的培训活动。
> 3. 根据学校计划，每年_____～_____月组织优秀学生辅导员到国内外进行学习考察。
> 4. 专职学生辅导员可以自学攻读高一级学位或进修相关课程，学校为辅导员的进修活动提供相关条件。
> 5. 建立学生辅导员协作组，每年举办辅导员论坛，定期开展工作研究和交流。
> 6. 辅导员每工作_____～_____年，必须参加一次教育部门组织的岗位培训。
> 7. 其他国家规定学校组织的教育培训活动。
> **六、附录（略）**

三、职业发展通道设计

职业发展通道是指组织为员工设计的自我认识、成长和晋升的管理方案，为组织内部员工指明了可能的发展方向和发展机会，一般说来，有以下三种方式，即"纵向发展""横向发展"和"双重职业发展通道"。

（一）纵向发展

在职业发展体系里，纵向发展指的行政级别的晋升，主要表现为职务的晋升和相应的薪酬福利水平的提高。目前，纵向的职业发展通道主要包括管理发展通道和专业技术发展通道两种方式，如图7—3所示。

（二）横向发展

横向发展包括扩大现有工作内容和工作轮换，员工可以针对自己特长提出横向发展要求，发展自己的多重技能。因为员工的满足感不仅来自传统的行政级别晋升，还包括技术水平的提高、专业水平的提高、管理技能的提高等多个方面，具体如图7—4所示。

（三）双重职业发展通道

双重职业发展通道作为对单一职业发展通道模式的改进，也逐渐成为一种主要的职业发

主任医师
副主任医师
主治医师
医师
实习医生

处长
副处长
科长
副科长
科员
办事员

某医院医务人员专业技术发展通道　　　某医院医务处管理岗位发展通道

图7—3　纵向职业发展通道（示例）

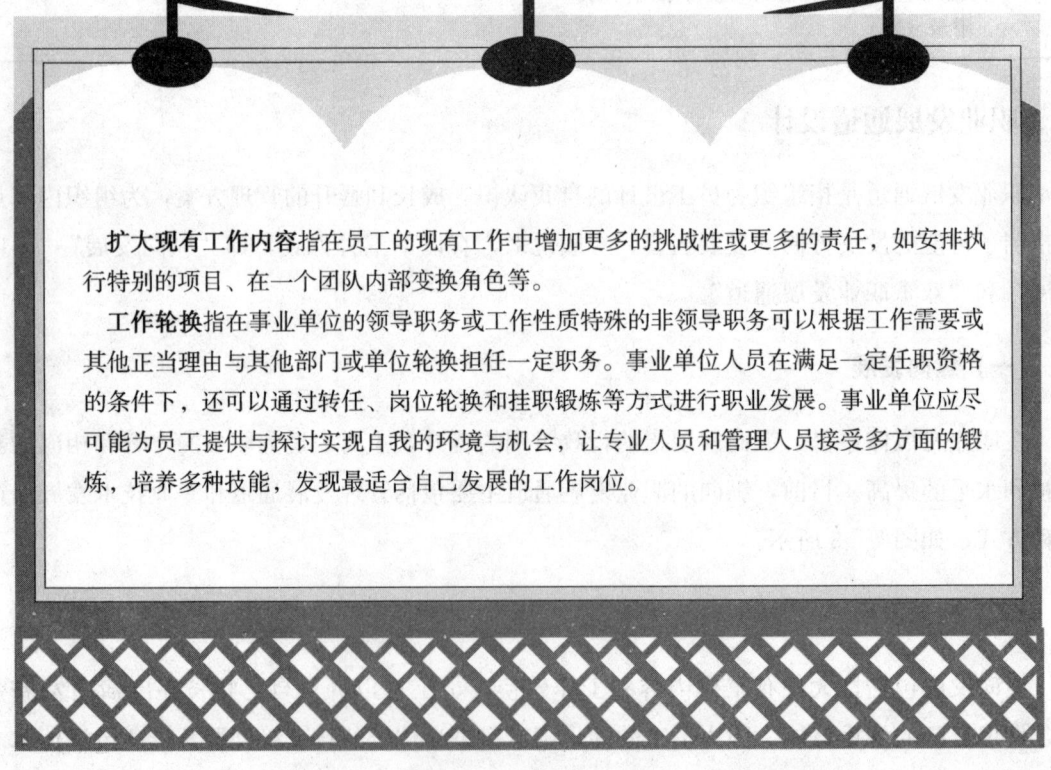

扩大现有工作内容指在员工的现有工作中增加更多的挑战性或更多的责任，如安排执行特别的项目、在一个团队内部变换角色等。

工作轮换指在事业单位的领导职务或工作性质特殊的非领导职务可以根据工作需要或其他正当理由与其他部门或单位轮换担任一定职务。事业单位人员在满足一定任职资格的条件下，还可以通过转任、岗位轮换和挂职锻炼等方式进行职业发展。事业单位应尽可能为员工提供与探讨实现自我的环境与机会，让专业人员和管理人员接受多方面的锻炼，培养多种技能，发现最适合自己发展的工作岗位。

图7—4　横向职业发展通道的相关内容说明

展道路。此外，也有组织采取"三通道""多通道"等发展道路。这里主要介绍双重发展通道。

> **事业单位"双通道"发展模式**
>
> 事业单位施行"双通道"的发展通路,如由专业技术岗位交流到管理岗位的人员,可根据干部人事管理权限和本人条件,直接聘任到相应的管理岗位。

第二节 人员晋升设计

一、人员晋升考核制度范例

事业单位人员晋升考核制度一般包括考核范围、考核方法、考核组织管理等内容,具体考核内容及方式根据国家及地方关于晋升标准的相关规定、事业单位的实际情况及晋升岗位的性质而有所不同。以下是某学校教师职务晋升考核制度。

版本 ___年___月	××学校教师职务晋升考核制度		
	颁布部门:	执行部门:	执行日期:

为更好地深化学校内部改革,使教师评审、晋升工作做到科学化、规范化,正确处理好"政治与业务,教学与科研,理论与实践,学历、资历与能力"等关系,调动教师教书育人的积极性、主动性,根据国家及地方关于教师职务晋升的相关规定,特制订本制度。

一、考核范围

我校在岗在编一线教师。

二、考核原则

教师职务晋升考核工作坚持客观、公正、民主、平等的原则。

三、考核组织和管理

教师职务晋升考核工作要在学校考核领导小组的统一领导下组织实施,学校考核领导小组负责教师职务晋升的考核工作。学校考核领导小组实行回避制度。校纪检委负责全程监督工作。

四、职务晋升量化考核

(一)职务晋升量化考核方法

晋升考核采取量化考核的方式,依据教龄、校龄、学历、工作实绩等进行定量考核,按得分由高到低进行排序。根据排序结果结合民众评议,在岗位设置范围内确定推荐晋升人选报上级主管部门和相关部门。经审批通过后进行公示,公示无异议的进行职务晋升。

(二)职务晋升量化考核项目及标准

对职务晋升,本校设置的量化考核项目及标准有以下规定,见下表。

续表

职务晋升量化考核项目及标准			
序号	项目	标准	说明
1	教龄	教龄满一年，____分	按实足年份计算
2	任职年限	每年____分	1. 未参加年度考核或考核不称职、基本称职、不合格者不记当年任职年限分 2. 外借人员不记外借当年任职年限分
3	学历	全日制博士专业对口____分，不对口____分 全日制硕士专业对口____分，不对口____分 全日制本科专业对口____分，不对口____分	有多种学历者选最高一项记分
4	职务	班主任、中层正职每年____分 教研组组长每年____分 其他行政人员每年____分	当前所任职务，兼任的以最高职务记分
5	年度考核	优秀记____分 合格（称职）记____分 基本称职不记分 不合格每次扣除____分	1. 中级近____年考核记录 2. 高级近____年考核记录
6	教学业绩	期中、期末、学业水平等考试达到同类学校、同类班级合格率的记____分，达优秀率的记____分，不合格的酌扣____分	根据任教班级学生统测成绩综合衡量
7	学生得奖	国家级一等奖____分、二等奖____分、三等奖____分 省级一等奖____分、二等奖____分、三等奖____分 地市级一等奖____分、二等奖____分、三等奖____分 县级一等奖____分、二等奖____分、三等奖____分	1. 奖项必须是在任现职期间取得 2. 同一奖项，只取最高一次，不重复计算 3. 奖项必须为国家承认的数理化奥数、信息技术及青少年科技制作等 4. 多人辅导学生获奖，主要人占获奖分值的一半，其他人平分；团体获奖，参赛教师均分

续表

8	获奖情况	教学竞赛	省级一等奖____分，二等奖____分，三等奖____分 市级一等奖____分，二等奖____分，三等奖____分 县级一等奖____分，二等奖____分，三等奖____分	优质课、公开课等教学竞赛活动所获奖项
		先进称号	省级综合先进____分，单项____分 市级综合先进____分，单项____分 县级综合先进____分，单项____分	
		学校评奖	获"学生最喜爱的任课教师"或"学生最满意的班主任"者，每次加____分 被评为"优秀教研组长"者，每次加____分 校内教育教学综合测评优秀者，每次加____分 被学校评为"优秀班主任"者，每次加____分	
		骨干学科带头人	获国家级、省级、市级、县级学科带头人、骨干教师（以证书或文件为准）分别记____分、____分、____分、____分	
9	科研文章	获奖	国家级获奖，记____分 省级一等奖____分，二等奖____分，三等奖____分 市级一等奖____分，二等奖____分，三等奖____分 县级一等级____分，二等奖____分，三等奖____分	在国家批准的正式刊物上发表的文章
		发表	核心刊物____分 一般性刊物____分	
10	科研课题		国家级____分/项、省级____分/项 市级____分/项、县级____分/项	1. 立项得50%，结题得100% 2. 参加者前三名按1/2的分数计算，其余不计分

五、推荐晋升

（一）按照各级推荐名额，根据量化考核结果，参考民众测评，择优确定拟推荐对象并进行公示，对公示无异议的推荐上报。

（二）晋升专业技术职务有下列情况之一者，实行一票否决制。

1. 缺乏良好的职业道德，服务态度恶劣，造成重大不良影响的。
2. 因体罚学生、乱收费、在外办班、有偿家教等被举报后被查实的。
3. 严重违反党风廉政建设的。
4. 违反校规校纪，情节恶劣的。
5. 提供虚假晋升材料或为他人虚假材料作证的。

六、附则

本制度最终解释权归学校晋升考核领导小组所有。

修订记录	修订标记	修订处数	修订日期	审批签字

二、人员晋升推荐制度范例

版本 ___年___月	××医院专业技术人员晋升推荐的有关规定		
	颁布部门：	执行部门：	执行日期：

为了更好地发挥各类专业技术人员临床工作的积极性，鼓励专业技术人员努力学习业务知识，刻苦钻研技术，勤奋工作，同时为了保证医院专业技术人员晋升推荐管理工作的公平性、公正性，特制订本规定。

一、专业技术职务晋升推荐条件

1. 热爱医院，热爱岗位，安心本职工作，牢固树立以病人为中心、全心全意为人民服务的思想，努力完成各项工作任务。
2. 模范执行医院的各项规章制度、医疗技术操作规程、医护文件书写规范及其他相关要求。
3. 凡晋升初级的专业技术人员，每人要有医务科、护理部认可的专业工作总结或专业论文_____篇；晋升中级的技术人员，要有_____~_____篇专业文章在专业杂志上发表；晋升副高级的专业技术人员，要有_____~_____篇在专业刊物上发表的文章。
4. 凡晋升各类、各级职称及考取职（执）业资格专业技术人员的专业学分必须年均达到_____分以上。

二、有下列情况的不予推荐晋升职称

1. 凡达不到上述任何一条规定的。
2. 有违反管理制度记录的人员。
3. 出现医疗事故及其他事故的人员。
4. 每年出现无故不参加医院内学术活动或考核、考试记录情况的人员。
5. 有年终考核记录不合格的人员。

三、职称晋升推荐

1. 推荐组织

(1) 医院成立推荐委员会负责申报人的评审推荐工作。推荐委员会由医院领导、高级专业技术人员组成，委员由医院指定和民主推荐产生。推荐委员会成员候选人必须在医疗、管理等岗位上表现突出，具有较高的医疗水平和显著的工作业绩，办事公道认真，身体健康。

(2) 推荐委员会实行回避制度。

2. 推荐程序及方法

(1) 对申报人员进行硬件量化打分，公布评议组评议结果；进行个人述职，推委会对其医疗水平、德、能、勤、绩、廉综合打分，现场公布评分结果。按照得分高低，各系列分别排名，分别取本系列前_____%作为推荐候选人。

(2) 推委会根据候选人平时表现、医疗科研水平、工作业绩进行综合评定。通过推委会投票产生推荐结果，等额向上级职称管理部门推荐。

四、纪律

1. 申报人员工作述职必须客观真实，提供的材料不许弄虚作假，凡弄虚作假者连续_____年取消申报资格。

2. 工作人员必须本着公正、公平的原则进行评审及推荐工作，凡徇私舞弊者按规定进行查办。

3. 对申报人员进行评审推荐，纪检监察部门全程参与，负责监督工作。

修订记录	修订标记	修订处数	修订日期	审批签字

三、人员职级评定、晋升管理办法范例

版本 ___年___月	××学校职员职级评定和晋升管理办法		
	颁布部门：	执行部门：	执行日期：

第一条　目的

为了加强学校党政管理队伍建设，完善教育职员制度，规范职员职级评定、晋升工作，特制订本办法。

第二条　职员职级设置

职员职级主要反映职员从事管理工作的经历、业绩水平、专业素质和能力。我校职员职级设为高、中、初三个等级，共十二个职级。其中，一至六级为高级职员职级，七至九级为中级职员职级，十至十二级为初级职员职级。

第三条　评定和晋升条件

(一) 评定、晋升职员职级的必备条件

1. 申报职员职级者应为本校正式在编在岗的各类人员。

2. 职员必须遵守国家宪法和法律，执行党和国家有关方针政策和法规，遵守社会公德。

3. 遵守学校校规校纪，爱岗敬业，恪守职业道德。

4. 作风正派、公正廉洁、身心健康、热爱教育事业。

5. 晋升职员职级者应已完成规定的职员培训科目，成绩合格；符合学校职员职级评定、晋升年限的要求；各年度考核合格。

续表

(二) 评定、晋升职员职级的基本条件

1. 评定、晋升管理岗位的基本条件

(1) 较系统地掌握履行本职工作所需的理论知识和技能方法,具有岗位相符的政策理论水平、较强的分析研究能力、组织管理能力及解决复杂问题的能力,具有一定的创新性思维,能应用于实际工作并取得一定的成效。

(2) 具有较强的文字表达能力,可以起草各种公文,撰写工作报告、工作总结等,发表过有一定水平的管理工作论文。

(3) 爱岗敬业,关心集体,有良好的团结协作精神,精通岗位领域的业务,具有发展潜力和水平。

2. 评定、晋升专业技术岗位的基本条件

对于评定教授、副教授、讲师等专业技术岗位的人员的基本条件包括：学历要求,外语条件,考核、答辩要求,论文、专著要求。具体详见《学校专业技术岗位职级评定和晋升条件》。

(三) 职员职级评定、晋升的年限基本条件

本校职员职级评定、晋升的年限基本条件见下表。

学校职员职级评定、晋升的年限基本条件

职员等级	基本条件
三级职员	四级职员任职满五年者
四级职员	五级职员任职满四年者
五级职员	六级职员任职满四年者
六级职员	七级职员任职满三年者
七级职员	八级职员任职满二年者；具有博士学位的八级职员任职满一年者
八级职员	九级职员任职满二年者；具有博士学位的九级职员任职满一年者
九级职员	获得博士学位的毕业生；十级职员任职满二年者
十级职员	获得硕士学位的毕业生,试用期已满者；十一级职员任职满二年者
十一级职员	应届大学本科毕业,见习期已满者；获得第二学士学位或研究生应届毕业生
十二级职员	应届大学本科毕业,在见习期内者

1. 二级及以上职员：不规定具体年限,根据上级任命的领导干部职务确定。

2. 凡获得过年度考核优秀者,在满足同等条件下可优先晋升职级。对于工作业绩突出,但任职年限未到,因工作需要晋升高一级职级者,经单位推荐、专家评定,并经校职员职级评聘委员会批准,可不受上述任职年限条件限制。

(四) 有下列情形之一者不得评定、晋升职级

1. 违反党和国家有关政策、法律法规,造成恶劣影响,正在接受司法、纪检部门审查或受到处罚者。

2. 严重违反学校规章制度,造成工作严重失误、有失职或渎职行为的。

续表

3. 受党纪、政纪处分，在处分期内者。
4. 未经组织批准，无故不参加考核者。
第四条 破格晋升
（一）学校专门给出晋升名额，鼓励教学特别优秀者晋升，并采取擂台赛的形式进行评价。
（二）学校急需引进的国内外高层次优秀人才，可由学校聘任委员会综合考察评议意见后直接聘任。
（三）通过学校特聘委员会审议并已享受校内相应高级专业技术职务待遇的人员，应参加学校年度专业技术职务晋升聘任工作，可以进入学术水平与技术能力评议程序。任职工作资历不受限制，来校后的工作表现和工作成绩作为是否同意进行学术水平与技术能力评议程序和正式聘任的依据。
（四）对于确有真才实学，已经在目前从事的教学、科研工作岗位上做出突出成绩，表现特别优秀，在近三年年度专业技术岗位考核中获得过一次优秀等级，但尚不具备规定资历、学历的在职教师，可以申请破格晋升。对破格晋升人才按照国家及地方破格晋升的相关规定和要求进行评议与聘任。
第五条 职级评定和晋升程序
（一）申报
拟晋升专业技术人员在熟悉政策、条件、程序的基础上，结合自身实际，向所在单位自愿申报，并按照有关要求填写表格，准备材料。
（二）任职条件审核
为准确把握申报人员的参评资格，基层单位评议推荐领导小组按照上级和我校文件有关规定组织对每一位申报人员的资格条件、教学情况、科研工作等情况进行审查。
（三）材料公示
各单位在进行职员职级正式评审前，须将本单位所有申报人材料在单位内公示_____天以上，接受全体教职工审查。
（四）职级的评议与审批
各级职员职级实行晋升职数控制。人事处根据职员职级设置的总体比例规划，提出每次晋升各级职员职级的职数建议方案，报学校职员职级评聘委员会审议通过后向全校公布，各单位在下达的职级名额内进行评定。
1. 初级职员：由各院（部）或机关职员职级评聘工作小组组织专家对申报材料进行审议评定，评定结果报校人事处审核批准。
2. 中级职员：由各院（部）或机关职员职级评聘工作小组组织专家对申报材料进行审查评议，并将评议结果报人事处，由学校职员职级评聘委员会审定批准。
3. 高级职员：由各院（部）或机关职员职级评聘工作小组组织专家对申报晋升高级职员职级者的材料进行审查评议，提出推荐晋升各职级的人选名单，并将名单及相关材料报送校人事处。由人事处组织专家评议委员会对被推荐人进行答辩、评议和票决，所确定的晋升名单报学校职员职级评聘委员会审批。对晋升三级及以上职员职级的还须报教育部审批。
（五）公示结果
经校职员职级评聘委员会审批的晋升者名单须在全校范围内公示一周，无异议者由学校正式发文、归档；对于有异议者由人事处负责后续的核实工作并提出具体处理意见，报学校职员职级评聘委员会审定。
第六条 职员职级晋升管理
1. 本校的职员职级评定、晋升工作在学校设立的职员职级评聘委员会的领导下进行，主任委员由校长担任，组员由相关校领导及其他人员组成。

续表

2. 学校每年组织一次职员职级晋升的评聘工作，与专业技术职务评聘工作同时进行。 3. 职员职级晋升名额原则上根据各级职员职级的岗位空缺数决定。 4. 申报晋升职员职级，应由个人申报或组织推荐，并在一定范围内述职。其中申报＿＿＿级及以上职员，由学校统一组织述职。 **第七条　附则** 本办法由学校人事处负责解释。					
修订记录		修订标记	修订处数	修订日期	审批签字

四、人员晋升管理流程

事业单位人员晋升需要经过申请、所在单位审核、相关人事部门审批等程序，具体流程依岗位种类有所区别。如图7—5所示为某高校专业技术高级职务晋升申报及评审程序。

1　个人提出申请，学校人事处对其进行资格审查，通过后填报评审表（一式三份）

2　提交代表性论文、著作送专家鉴定，同时提交评审材料（评审表、课题成果等材料）

3　材料审核并公示，单位签署考核、推荐意见，通过后报市教育局、人事局审查资格

4　校学科组进行评审，校中评委推荐

5　市教育局、人社局审核推荐并出具委托评审书，请省高评委学科组评审

6　评审通过，进行公示，无异议的进行发文公布

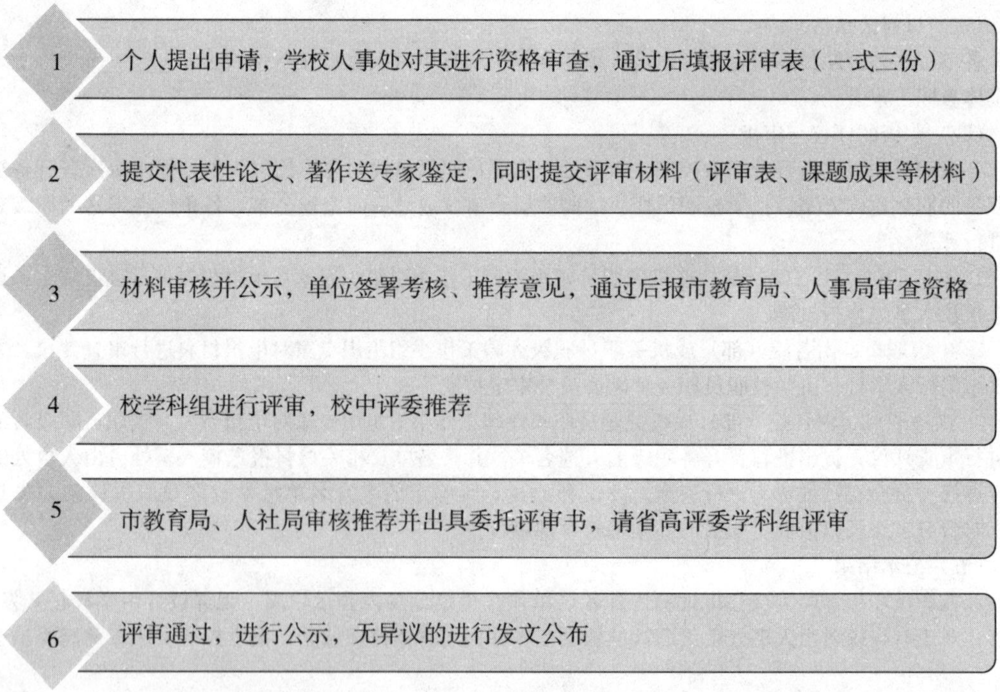

图7—5　某高校专业技术高级职务晋升申报及评审程序

第三节 员工调动与离退管理

一、人员调动管理制度范例

版本	××区人员调动管理制度			
___年___月	颁布部门：		执行部门：	执行日期：

第一章 总 则

第一条 为进一步规范本单位工作人员调动管理，规范调动程序，完善调动手续，加强对本单位人员调动工作的管理，确保工作人员合理、有序流动，本着控制数量、严格审批、规范管理的原则，结合本单位实际情况，特制订本制度。

第二条 本制度所称"调动"是指因工作需要暂时将工作人员从原单位借用到其他单位执行指定工作的行为，调动人员在调动期间身份关系、薪酬关系在原单位保持不变。

第三条 以"统筹安排、兼顾全局、科学有序、注重实效"为目标，坚持组织安排与个人意愿相结合的原则，根据工作需要和资格条件，从严把握工作调动。

第四条 本制度适用于全区各级机关及事业单位（含区内学校）的正式在编工作人员。

第二章 人员调动的条件

第五条 本单位人员调动主要分为直接调动和遴选调动。

（一）直接调动的人员条件包括但不限于以下四个方面：

1. 被调人员是正式在编在岗人员。
2. 身体健康，能够吃苦耐劳。
3. 政治素质好，工作能力强，事业心责任感强，现实表现优秀，遵纪守法，作风正派。
4. 具有与拟调入职位要求相当的工作经历、工作能力和任职资格，借调到专业性较强的工作岗位的人员需有相关学历或职称。

（二）遴选调动：可参照公招的相关要求进行，坚持"凡进必考、择优录用"的原则。

第六条 因工作需要内部调动工作人员时，必须具备以下条件：

（一）本部门（单位）编制内工作人员缺额，不能保证工作任务完成的。

（二）因承接重要工作、重大工程、重点项目、阶段性工作或上级部门安排部署的重要任务，本部门（单位）工作人员不足的。

（三）因专项工作设立机构，暂时无法解决人员编制的。

第七条 出现下列情况之一的，不得办理人员调动手续：

（一）试用期（见习期）、最低服务年限未满的工作人员。

（二）特殊岗位、专业技术人员调动后对工作可能造成影响的。

（三）涉嫌违纪违法正在接受专门机关审查，尚未做出结论的。

（四）受处分期间的、正在接受审计机关审计的。

（五）近三年年度考核有基本称职（基本合格）、不称职（不合格）或不定等次的。

（六）与借调单位领导有回避关系的人员。

（七）法律、法规规定的其他情形。

续表

第三章 人员调动手续办理

第八条 工作人员的调动需要根据需求来制订调动计划，具体要求如下：

（一）工作人员调动必须在单位规定编制、职位（岗位）空缺的情况下进行。

（二）各级单位如有调动需求，需在每季度最末一个月中旬上报下一个季度工作人员调动计划，报上级人力资源和社会保障局汇总后，拟订工作人员调动计划。如遇特殊情况及急难险重工作需求，经分管人事工作的副区长和区长同意的除外。

（三）凡在编制范围内同意调出工作人员后，该单位出现的空缺原则上不再补充同类人员。

第九条 工作人员的短期调动，以完成相应工作为限，一般不得超过一年；期满后返回原单位，由原单位妥善安排工作。如因工作需要，确需延长工作时间的，应提前一周按干部管理权限向上级组织部、人社局提出书面申请，重新办理工作调动手续。

第十条 工作人员调动审批程序。

由用人部门（单位）提出书面申请，说明单位编制及职位、岗位空缺情况、本人调动申请、选调方案、调动期限、拟调职位的要求及任职资格条件（性别、年龄、文化程度、专业、特长等），按干部管理权限报区委组织部或区人社局审批。由组织人事部门研究调任人选，并统一发文调动。

第十一条 出现下列情况之一的，用人部门（单位）应及时解除相关人员的调动关系：

（一）借调期满，未办理续借手续的。

（二）原定的调动期未满，工作任务有变动或工作任务提前完成，不再需要继续借调的。

（三）因原单位工作需要，被调动的人员无法继续从事用人部门（单位）工作的。

（四）被调动的工作人员因个人原因提出结束调动关系，并得到用人部门（单位）同意的。

（五）被调动的人员违反用人部门（单位）劳动、工作纪律，致使无法正常开展工作的。

（六）被调动的人员因其他原因不适合继续借调的。

第十二条 被调动人员应严格遵守国家公务员行为规范和用人部门（单位）各项规章制度，自觉服从该部门（单位）的管理和领导，认真完成工作任务。

（一）被调动的人员在调动期内由用人部门（单位）负责管理，参加用人部门（单位）的相关活动（有特殊规定的除外），享受用人部门（单位）工作人员同等的政治教育、业务培训等待遇。

（二）调动期间，被调动人员与原单位的人事关系不变。借调期限在6个月以上的，应及时将党组织关系转到借入单位。原单位应按规定做好被调动人员的薪酬福利、职称晋升等管理工作。

（三）被调动的人员在用人部门（单位）工作不足6个月的，在原单位参加年度考核。用人单位应对期间的工作表现给出鉴定，向原单位反馈；在用人部门（单位）工作超过6个月的，由用人部门（单位）进行年度考核并提出评定等次意见，向原单位反馈。

（四）调动期间，如遇原单位竞争上岗、岗位调整等情况，原单位应将被调动人员与在编在岗干部（职工）同等对待，做好该员工定员、定岗、定级工作，保证公开、公平对待借调人员。

（五）被调动人员在调动期间，违反有关规定、玩忽职守、贻误工作、不服从领导，以致造成不良影响的，随时予以退回，并视情节给予相应处分。

（六）被调动人员借调期满，因工作需要，符合提拔（重用）或调动等相关条件的，按相关规定办理。

第十三条 人员调动手续办理工作纪律

（一）人事调动工作由组织人事部门集中统一管理，统一审批。未经组织人事部门审批不得随意调动。

（二）各部门（单位）要严格按照本制度，根据实际工作需要借调其他部门的工作人员，切实加强对被调动人员的管理。

续表

（三）有关部门（单位）接到人事调动通知后，应及时通知被调动的人员按规定时间报到。
（四）已调到各部门（单位）但没有办理正式调动手续的人员，确因工作需要借调的，按本制度规定的程序及时补办调动手续。
（五）未按规定程序办理人员调动的，要追究借出、借入部门（单位）的主要领导责任。
（六）在办理人员调动过程中，必须依法办事、公道正派、公开透明，严格遵守组织人事工作纪律。
（七）调动工作中存在应当回避情形的，按照有关规定执行。

第四章 附 则

第十四条 本制度由本区人力资源和社会保障局负责制订、解释。
第十五条 本制度自发布之日起生效实施。

修订记录	修订标记	修订处数	修订日期	审批签字

二、在编员工辞职管理办法范例

版本 ___年___月	××单位在编员工辞职管理制度		
	颁布部门：	执行部门：	执行日期：

第一章 总 则

第一条 为了完善本单位的人事管理规章制度，促进人才合理流动，依法保护单位和员工的合法权益，依照国家和地方相关法律及文件，特制订本实施办法。
第二条 本办法主要适用于本单位的在编人员，其他人员辞职参照本办法或按照聘用合同的相关规定办理，以下涉及的辞职员工均按在编人员对待。
第三条 在编员工辞职应遵循下列三大原则：
（一）有利于人才的合理分布、适应本单位经营发展需要。
（二）有利于更好地发挥人才作用。
（三）鼓励和支持人才到边远地区、贫困地区、少数民族地区、工农业生产第一线及其他国家最需要的地区、行业和部门工作。
第四条 在编人员是指具有国家（人事部门）正式编制的工作人员，其基本薪酬和地方性补助都是财政拨款的。

第二章 辞职员工要求

第五条 有下列情形之一的，辞职员工可以单方解除本合同，并书面通知单位：
（一）在试用期内的。
（二）考入全日制普通高等院校的。
（三）被录用或者选调到国家机关工作的。
（四）依法服兵役的。
第六条 单位职工有下列情形之一，不得提出辞职：
（一）有重要公务尚未处理完毕，且必须由本人继续处理的。

续表

（二）正在接受纪检机关（监察机关）、司法机关调查或审计机关审计的。

（三）其他特殊情况。

第七条 有下列情况之一的人员，其辞职事宜必须经过批准：

（一）国家和省、市（地区）重点科研项目的主要负责人和业务骨干，辞职后对工作可能造成损失的。

（二）在边远地区、少数民族地区工作的。

（三）从事特殊行业、特殊工种的。

（四）从事国家机密工作，或曾从事国家机密工作但在规定的保密期内的。

（五）经司法或行政机关决定或批准，正在接受审查、尚未结案的。

（六）法律、法规、规章制度等规定的其他情形。

第三章 辞职程序

第八条 辞职员工在可以随时单方解除聘用合同的情形时，应详细注明解除合同的依据、理由、解除时间及其他相关事项，以《解除聘用合同说明书》的形式书面通知单位。

第九条 职工希望与单位协商解除聘用合同的，应当经过以下程序：

（一）辞职员工应提前30天提交书面申请至本部门负责人。

（二）员工所在部门负责人或直接上级需与员工进行积极的沟通，沟通无效的情况下，由部门负责人或直接上级签署明确意见后报单位人事处。

（三）人事处签署意见后呈报单位主要负责人研究决定。

（四）协商一致，办理辞职手续。

第十条 员工提出解除聘用合同，未能协商一致的，拟辞职员工应当继续履行工作义务；6个月后再次提出解除合同仍未能协商一致的，可单方解除本合同。法律、法规另有规定的，从其规定。

第四章 辞职交接管理

第十一条 自组织（人事）部门批准辞职之日起30日内，辞职员工应办理交接等相关手续；对拒不办理交接手续的，应按照有关规定予以相应处分。

第十二条 辞职员工应当在离职前归还公司物品（包括固定资产、借用物品、部门资产等），经由经办人及部门负责人监督并签名确认。

第十三条 辞职员工应在离职前五日完成因工作原因而发生的借款、报销等事宜的清账工作。

第十四条 辞职员工的人事档案，应按国家关于流动人员人事档案的规定，办理移交、接转手续。

（一）辞职员工的人事档案可转至户籍所在地，由人才流动服务机构进行管理，也可由其现工作单位所在地的人才流动服务机构管理。

（二）尚未建立人才流动服务机构的地区，流动人员人事档案仍由原人事档案管理部门管理。

第十五条 辞职员工在未能另外获得住房前，在商定的时间内可允许继续居住在原单位住房，并按照××元/月缴纳房租租金。

第十六条 辞职人员凡经单位出资培训的，如个人与单位订有合同，培训费用可按合同规定办理；如个人与单位没有签订合同，单位以其未服务年限所平摊的培训费为标准进行收取。

第十七条 辞职员工若是本单位重点引进的人才，花费的人才引进费由该员工如数偿还。

第十八条 辞职人员不得私自带走属于单位的科研成果、内部资料和设备器材等，违者视情节轻重给予行政处分或责令赔偿经济损失。

第十九条 辞职应按规定程序办理手续，不得擅自离职。对擅自离职员工，进行批评教育，并分不同情况妥善处理。符合本规定第五条、第七条可以辞职或经批准允许辞职的，补办辞职手续。其余应动员返回。对拒不返回和拒不补办手续的，按自动离职处理，以后被其他单位录用，工龄从重新录用之日

续表

起计算。

第二十条 有关单位应支持人才合理流动。对有意刁难、打击申请辞职人员者,应给予严肃处理。

第二十一条 所在单位或主管部门与辞职申请人之间发生争议时,可向当地政府人事部门人才流动争议仲裁机构申请调解或仲裁。

第二十二条 涉及国家安全、知识产权、重要机密的员工,应严格遵守国家及本地区有关规定,未经同意,不得使用或泄密;否则,将追究其侵权或泄密责任。

第五章 附 则

第二十三条 本办法的未尽事宜,依照国家相关规定执行。

第二十四条 本办法由本单位人事部负责解释,本办法自公布之日起施行。

修订记录	修订标记	修订处数	修订日期	审批签字

三、在编员工退休管理规定范例

版本 ___年___月	××单位在编员工退休管理规定		
	颁布部门:	执行部门:	执行日期:

第一章 总 则

第一条 为合理地配置本单位的现有人力资源,规范在编人员的退休管理,依据国家政策规定,结合本单位实际,特制订本管理规定。

第二条 退休是指员工达到单位规定的一定年龄,从工作岗位上退职并与公司解除劳动关系的人事活动。

第三条 本单位在编人员的退休管理均按本规定执行。

第四条 退休人员应满足下列条件:

(一)本单位职工退休年龄是男年满60周岁,女工人年满50周岁,女干部年满55周岁。

(二)从事井下、高温、高空、特别繁重体力劳动或其他有害身体健康工作的,退休年龄男年满55周岁,女年满45周岁。

(三)因病或非因工致残,由医院证明并经劳动鉴定委员会确认完全丧失劳动能力的,退休年龄为男年满50周岁,女年满45周岁。

第五条 本单位人事处离退休办公室是单位离退休人员的管理部门,负责制订与实施单位离退休人员管理与服务工作计划,保管和统计退休人员的资料、信息等相关工作;在员工达到规定的退休年龄前一个月通知本人,离退休按有关政策不需本人提出申请。

第二章 退休手续办理

第六条 正常退休手续办理程序如下:

(一)人事处离退休办公室负责核定相关资料,呈单位主管领导先审查,报单位党组会审批。

(二)人事处离退休办公室工作人员约请退休人员谈话,告知政策,通知办理退休手续。

(三)人事处离退休办公室审核退休审批表等材料,并按管理权限报组织部门、人事部门、编制部门办理审批手续。

（四）退休员工应在其到龄后的一个月内办理完工作交接、财务交接、办公设施设备交接、车辆交接等交接手续，保证内外工作接续顺畅，无遗留问题。

（五）人事处离退休办公室按时通知相关部门停发在职人员薪酬，同时报送相关部门办理享受养老保险手续及公积金退款手续。

第七条 提前退休的办理手续办理程序如下：

（一）由本人提交书面申请，上交所在部门负责人。

（二）所在部门出具意见后报人事处离退休办公室核实其提前退休的理由、出生年月、工作年限等。

（三）对符合提前退休条件的，报单位党组讨论决定，如同意提前退休，可办理相关手续。

第八条 员工退休审批后，填写"员工离岗工作交接清单""人员离职结算通知单"，并将退休材料送人事处离退休办公室归档，申领退休证。

第九条 事业单位工作人员退休后的退休费按本人退休前岗位薪酬、薪级薪酬之和的一定比例计发。其中，工作年限满35年的，按90%计发；工作年限满30年不满35年的，按85%计发；工作年限满20年不满30年的按80%计发。

第三章 附 则

第十条 本规定未尽事宜，依照国家相关规定执行。

第十一条 本规定由单位人事部负责解释，自公布之日起施行。

修订记录	修订标记	修订处数	修订日期	审批签字

四、员工离退交接管理办法范例

版本 ___年___月	××单位员工离退职交接管理办法			
^	颁布部门：	执行部门：		执行日期：

第一章 总 则

第一条 目的

为规范员工离退职程序，确保员工离退职对本单位的正常运作产生较小影响，依照国家和地方相关法律及文件，特制订本实施办法。

第二条 本办法适用范围如下：

（一）因合同到期未续聘人员。

（二）因提前与公司解除劳动合同的离岗人员。

（三）因退休离岗人员。

（四）涉及工作岗位变动的人员。

（五）涉及岗位工作内容的增减或重新调整的人员。

（六）因其他原因停职或暂停工作人员。

第二章 员工离退职交接管理

第三条 离退职工作交接管理

续表

　　（一）离退职员工离职前，由部门负责人规定离职交接项目、交接要求和交接人，移交完成后，由部门经理签核确认。
　　（二）移交项目及移交签核人发生变动时，对应的管理部门有义务及时通知人力资源部劳动关系专员，以便及时修订《员工离退职移交表》。
　　第四条　离退职员工的物品交接管理
　　（一）人力资源部在收到离退职备案当天，应将离退职员工信息（姓名、部门、工号、最后工作日、部门经理等）通知财务部、办公室、信息中心、物业部、工程技术部等所有公共资源管理部门。
　　（二）公共资源管理部门应当在两个工作日内，将离退职员工所需要归还、清退、抵扣、移交、关闭、转移的各类款项、物品、关系等汇总信息反馈给离退职员工本人及其部门经理。
　　（三）离退职员工无论何种原因离开公司，必须在离岗前将在公司领用的物品上缴到主管部门（超过规定使用期间的，可不列入交接内容）。
　　（四）单位的相关资料以及在岗期间的相关工作资料（个人工作记录和记事本不包括在内，但市场业务人员专门用于市场信息记录的记录或记事本不属个人物品），属公司财产和资源，离退职员工不得带走。
　　（五）所有移交项目统一由公共资源管理部门负责人和离退职员工的部门负责人逐一签核确认，工作部门责任人对按规定应收回的物品负有全面责任，因工作失误造成的物品未能收回或无法扣处罚款，从而损害公司的利益，则追究其失职责任或赔偿责任。
　　第五条　离退职员工有义务按照"员工离退职移交表"的指引，配合各部门指定人员，在最后工作日前，完成移交手续。
　　第六条　离退职员工的未结薪酬、便携押金、离职补偿、公积金、离职证明等，应待移交手续完成后发放、转移及开具。
　　第七条　信息中心及工程技术部应当在员工离职后及时注销其工号、各类公司账号等。
　　第八条　离职员工应在离职后三个月内，将户口、人事档案、社会保险从本单位的转移出去，超过三个月后，公司将不再为离职员工出具涉及户口、婚育、档案、社保等方面的法律证明。

第三章　附　则

　　第九条　本办法定未尽事宜，依照国家相关规定执行。
　　第十条　本办法由单位人力资源部负责解释，自公布之日起执行。

修订记录	修订标记	修订处数	修订日期	审批签字

第八章

事业单位员工关系管理

第一节　员工行为纪律规范

一、教职工日常行为规范范例

版本 　　年　　月	××学校教职工日常行为规范			
^	颁布部门：	执行部门：	执行日期：	

第1条　为规范教职工的行为，维护正常的工作秩序，提高工作绩效，促进学校的发展，特制订本规范。

第2条　本规范适用于学校的全体教职工。

第3条　爱岗敬业，为人师表，努力提高自身行为语言素质。

第4条　自觉遵守社会公德和社会公众秩序，遵守学校规章制度。

第5条　学校实行坐班制，上班时间要坚守岗位，认真履行岗位职责。上、下班时间以学校安排的作息时间为准，做到不迟到、不早退、不脱岗，工作时间不得从事与本岗位无关的活动。

第6条　精心备课，写好教案；科学讲授，因材施教；耐心辅导，诲人不倦；认真批阅作业，填好教学文件。

第7条　授课教师应以高度的责任感、饱满的精神状态，认真对待每一堂课，严格要求学生遵守课堂纪律，组织好课堂教学。

第8条　在课堂教学中，教师应做到语言清晰流畅，书写工整规范。

第9条　精通本课程知识，掌握本专业学科系统理论及实践技能，研究教学规律，开展教学改革，钻研教材和大纲，不断提高教学质量。

第10条　虚心听取学生评教意见，教学相长，新老教师互相学习，取长补短，共同提高教育质量。

第11条　在本职工作中贯彻德育要求，促进学生德、智、体、美、劳全面发展。

第12条　妥善处理学生中的各种问题。尊重学生人格，对学生不歧视、不讽刺、不体罚或变相体罚。单独与个别异性学生谈话和补课时，注意场合和分寸。

第13条　积极参加学校、年级组和班级的各种集体活动，做好安全教育工作。

第14条　爱护公物，严格遵守公物出借制度和赔偿制度。

第15条　养成良好的个人卫生习惯，并保持良好的仪容和精神面貌。

第16条　自觉遵守办公室纪律，创造良好的工作环境，保持办公场所的整洁卫生。

修订记录	修订标记	修订处数	修订日期	审批签字

二、医务人员日常行为规范范例

版本 ___年___月	××医院医务人员日常行为规范		
	颁布部门：	执行部门：	执行日期：

第1条　为进一步加强医院服务质量管理和医院文化建设，提高医务人员的综合素质和礼仪修养，规范员工行为，创造良好的医疗环境和医疗秩序，特制订本规范。

第2条　医务人员应自觉践行医德规范，严守国家、医疗法规，遵守各项操作规程。

第3条　医务人员应在自己的专业职权范围内从事医疗工作，遵守各项诊疗常规及操作规程。

第4条　医务人员要仪表端正，着装整齐洁净，言行举止优雅得体。

第5条　医务人员上班期间一律穿工作服，按医院要求着装，工作服必须干净、整洁、合身，体现岗位特征。不能穿便装、穿拖鞋上岗。

第6条　医务人员必须佩戴由医院统一制作的工作牌上岗，接受患者及家属的监督。

第7条　礼貌待人，文明行医。坚持文明行医，礼貌待患，不得出现"生、冷、硬、顶"现象。热情接待，语言亲切，态度和蔼，服务周到。不推诿、刁难病人，不准与病人及其家属争吵。

第8条　工作中不得玩忽职守，要精心诊疗，避免造成误诊、错诊、漏诊而贻误病情。诊疗要规范操作，动作轻柔、适度。

第9条　对所有患者一视同仁。不得因患者的性别、年龄、文化程度、社会地位、衣着及亲疏远近而有不同对待。

第10条　尊重病人人格，维护病人权益，保护病人隐私。

第11条　发现患者有疑问或困难，无论与自己有无关系，都要主动上前提供帮助，直至患者满意。

第12条　进病房时，如房门关上，须轻叩，经同意后方可推门进去。如双手托物只能用肩轻抵，不得用脚踢门。

第13条　医务人员在走廊、电梯处遇到病患时，应主动让路，让患者先行。

第14条　服务作风端正，想病人所想、急病人所急，做到合理检查、合理用药、合理收费，不收红包、不拿回扣。

第15条　医务人员有义务接受继续教育，不断提高自身的业务水平，使其与自身的职务、职称相适应，各级领导应在尽可能的情况下支持医务人员提高业务及学术水平。

修订记录	修订标记	修订处数	修订日期	审批签字

三、科研所职工日常行为规范范例

版本 ___年___月	××科研所职工日常行为规范			
^	颁布部门：	执行部门：		执行日期：

第1条 严格遵守国家的法律、法规和本科研所的各项规章制度，自觉遵守社会公德和职业道德。

第2条 坚持辩证唯物主义和历史唯物主义，牢固树立正确的世界观、人生观和价值观。

第3条 热爱祖国，献身科学事业，以国富民强、民族振兴为历史使命。

第4条 弘扬科学精神，追求科学真理，树立科学态度，传播科学思想和科学方法。

第5条 勇担重任，顾全大局，协同攻关，团结协作，尊老扶新，无私奉献。

第6条 学术民主，讨论自由，倡导百花齐放、百家争鸣。

第7条 敢于标新立异，敢为天下先，不怕失败挫折，努力开拓创新，勇攀科学技术高峰。

第8条 在科研立项、成果评审、鉴定验收和奖励活动中，遵循客观、公正、准确的原则，不弄虚作假、诚实守信。

第9条 在研究过程中，实验操作规范，爱护实验仪器，细心记录数据，确保档案资料齐全。

第10条 在科技开发、成果转化工作中，遵循诚实守信与互利的原则。

第11条 在管理和其他服务工作中，廉洁奉公，主动热情，不断提高工作效率、服务质量和管理水平。

第12条 严守国家秘密和本科研所的技术秘密，保护知识产权，尊重他人知识产权。

修订记录	修订标记	修订处数	修订日期	审批签字

四、公共图书馆管理人员工作纪律规定范例

版本 ___年___月	××图书馆管理人员工作纪律规定			
	颁布部门：	执行部门：		执行日期：
\multicolumn{5}{l}{第1条 树立图书馆工作为教育、教学服务的思想，认真学习图书管理业务知识，妥善保管订阅的图书杂志。 第2条 遵守本馆一切规章制度和管理规定。 第3条 对来馆读者要一视同仁，不得私自为个人借拿书刊。 第4条 遵守劳动纪律，坚守工作岗位，不得擅离职守，不无故缺勤或迟到；下班前检查工作场所门窗、电源、计算机等仪器设备，做好防火防盗工作。 第5条 自觉爱护馆内设备，做好设备的清洁、防盗工作。 第6条 保持阅览室内清洁卫生，确保室内安静，管理和制止读者"乱丢""乱扔""乱吐"等不良现象，营造清洁、安静、舒适的阅览环境。 第7条 定期向读者介绍新图书信息和资料，热情亲切，营造良好的氛围。 第8条 爱护图书，保持图书、报刊、资料完好，排列有序，为读者查找报刊资料提供辅导与帮助，积极引导读者文明阅读与借阅。 第9条 经常巡视和整理书架，保持库内整洁有序。架上图书陈列整齐，架标规范无缺，图书错架率不超过＿＿＿％；期刊报纸每天按时整架一次，错架率不超过＿＿＿％。 第10条 保持图书、期刊、报纸的及时上架与有序排列，严格进行图书报刊的交接与清点；到库新书＿＿＿日内务必全部上架、读者所归还的图书次日上午必须归架；新到期刊＿＿＿日内上架、报纸当日上架；读者阅览的图书、报刊必须当班整理，及时归架。 第11条 严禁在库内吸烟，杜绝火灾隐患；做好防鼠、防虫、防潮等书刊保护工作。}
修订记录	修订标记	修订处数	修订日期	审批签字

五、事业单位节假日值班管理规定范例

版本 ___年___月	××单位节假日值班管理规定			
	颁布部门：	执行部门：		执行日期：

　　第一条　为了保证节假日时本单位各项工作的正常开展，确保各项紧急工作和突发事件在非工作日能得到及时处理，特制订本管理规定。
　　第二条　本规定适用于各科室、治安队及各班组的值班人员。
　　第三条　值班上岗有关规定如下：
　　（一）所有工作人员都应履行值班职责，在节假日轮流进行值班工作。具体值班安排由综合科负责，每次节假日前20天公布值班具体安排。
　　（二）值班人员严禁私自调班，因特殊原因需要调整的，在与代班人员协商后，必须到综合科办公室填写替班单，经办公室批准后方可替班，凡不按规定、未经领导批准的，替班一律以不到岗计。
　　（三）因公出差、休假等不能值班的，由所在科室负责安排替班，或安排提前换班。
　　（四）执行双人值班制度，值班人员不得擅离职守，严禁脱岗或私自代岗。
　　第四条　值班要求如下：
　　（一）值班人员要严格遵守值班作息时间，不得无故迟到、早退、离岗。
　　（二）值班情况纳入平时考核，因脱岗、缺岗、失职、渎职等原因造成责任事故的，视情节给予值班人员通报批评，并追究相应责任。
　　（三）执行值班登记。值班人员受理来电，须详细登记来电内容，包括来电时间、来电人姓名、联系方式和反映的问题。凡交办、处理事项，须详细登记交办单位、姓名、电话、处理情况、结果及未尽事宜，并向接班同志移交清楚，确保处理事项的连续性。值班记录做到字迹工整、准确无误。
　　（四）执行重要事件报告。值班时间接上级有关部门的会议通知或工作安排、遇重大或突发事件，应及时向相关领导请示汇报，由领导协调处理，若因个人值班失职造成损失，将追究当事人的责任。
　　（五）值班人员当班期间不准饮酒、不准会客、不准容留与值班工作无关的人，违者按违反机关劳动纪律处理，情节严重的要按照相关规定追究责任。
　　（六）执行值班保密事宜，不向无关人员谈论值班情况，防止发生失泄密事件。
　　第五条　单位将不定期对值班情况进行检查，如发现空岗，要对值班人员提出批评，并责令相关人员说明情况。
　　第六条　本规定由人事行政部负责制订并监督考核。
　　第七条　本规定自下发之日起执行。

修订记录	修订标记	修订处数	修订日期	审批签字

第二节 劳动关系管理

一、聘用合同

聘用合同制是事业单位的基本用人制度，是以岗位需要为前提，通过签订聘用合同，确定工作岗位，明确单位与员工聘用关系的一种管理制度。

聘用合同是事业单位与职工按照国家的有关法律、政策，在平等自愿、协商一致的基础上，订立的关于履行有关工作职责的权利义务关系的协议，其必须具备如图8—1所示的条款。

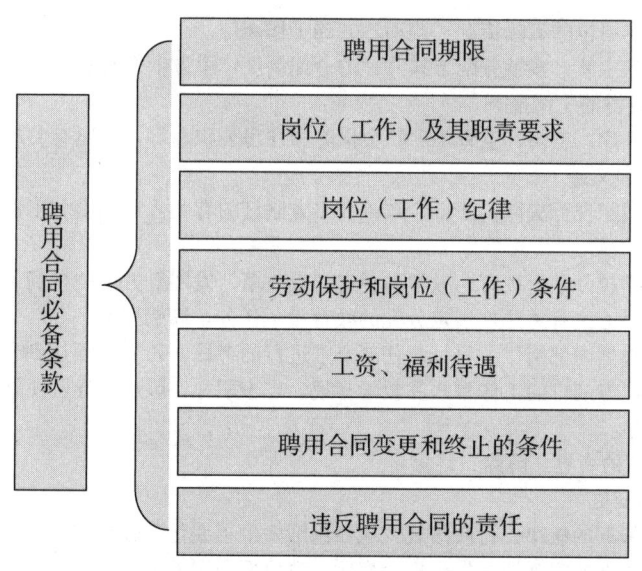

图8—1 聘用合同必备条款

聘用合同除上述必备条款外，经当事人双方协商一致，可以约定试用期、培训、知识产权保护、解聘提前通知时限等其他条款。

下面是一份中学教师聘用合同的范本。

教师聘用合同范本

甲方：××中学（以下简称甲方）　　　　乙方：××（以下简称乙方）

根据有关规定，为维护正常的教学秩序，提高教学质量，明确甲乙双方的权利义务，经双方协商一致，特签订本合同。

第一条　合同期限

本合同为固定期限合同，时间为＿＿＿年（自＿＿＿年＿＿＿月＿＿＿日起至＿＿＿年＿＿＿月＿＿＿日止。试用期为＿＿＿月）。期满后，根据双方意愿，可续签长期合同。

第二条　工作内容、条件和纪律

（一）甲方根据自愿报名、公开竞争、择优录用的原则，自签约之日起，聘用乙方为甲方的教师，从事＿＿＿＿＿＿学校教育教学工作。

（二）甲方应为乙方提供符合国家规定的安全卫生的工作环境、必要的工作条件和劳动保护，保障乙方的安全与健康。

（三）乙方遵守甲方依法制订的规章制度和工作纪律；遵纪守法，遵守职业道德；积极参加甲方组织的培训，不断提高知识水平和岗位技能。若乙方违反相应的规章制度和工作纪律，甲方有权根据规定进行处理。

第三条　双方的权利和义务

（一）甲方的权利和义务

1. 甲方提供给乙方与甲方其他在编在职教职工同等的工作条件和劳动保护措施，保障乙方的合法权益。

2. 甲方有权根据本单位的实际情况，调动乙方的工作岗位。

3. 根据按劳分配为主体、多种分配方式并存的分配制度，甲方依据有关规定和乙方完成工作任务等情况，按月核发乙方应得的工作报酬。

4. 养老、失业、医疗、工伤、生育等项社会保险和住房公积金等，按照有关规定执行。

（二）乙方的权利和义务

1. 乙方必须遵守国家现行法律、法规、政策和甲方制订的有关规章制度和工作职责；如有违反，甲方可按规定予以处理。

2. 乙方享有参与学校办学、教育、教学和促进学校改革、发展等方面的权利。

3. 乙方必须完成甲方按有关法规规定分配的教育教学任务，满勤满量。

4. 乙方接受甲方根据内部岗位、目标责任制要求进行的考核，乙方必须达到合格以上的标准。

5. 乙方必须遵守甲方制订的工作常规和教学常规，忠于职守，服从领导，团结同志，努力做好本职工作，维护甲方的声誉。

第四条　聘用合同的变更、解除、终止

（一）聘用合同的变更

1. 如订立合同所依据的法律、行政法规及规章制度发生了变化，合同应变更相关内容。

2. 如订立合同所依据的客观情况发生重大变化，致使原合同无法履行，经双方协商同意，可以变更合同相应内容。

（二）乙方有下列情况之一者，甲方可以解除、终止本合同：

1. 在试用期间被证明不符合聘用条件的。

2. 严重违反甲方规章制度和工作纪律，经批评教育仍不改正的。

3. 严重失职，营私舞弊，给甲方利益造成重大损失的。

4. 被依法追究刑事责任的。

5. 乙方患病或非因公负伤，医疗期满后不能从事原工作，也不服从另行安排的工作的。

6. 连续＿＿＿年考核不合格，又不服从工作安排或重新安排后年度考核仍不合格的。

7. 聘用合同订立时所依据的客观情况发生重大变化，致使原合同无法履行，经当事人协商不能就变更聘用合同达成协议的。

（三）有下列情形之一者，乙方可以要求聘用单位解除聘用合同：

1. 甲方未按规定支付劳动报酬。
2. 经聘用单位同意，受聘人员升学、应征入伍、调出本校到其他单位工作。

（四）乙方在聘期内因特殊原因提出辞聘的，需提前_____天向甲方提出申请，经甲方同意，报请相关部门审核后，方可辞聘，并视具体情况承担相应的违约责任。

（五）有下列情况之一，甲方不得与乙方解除合同：
1. 患病或非因公负伤，在国家规定的医疗期内的。
2. 实行计划生育女职工在孕期、产期、哺乳期及规定的医疗期内的。
3. 符合国家规定的其他条件的。

第五条　争议处理

甲乙双方因履行本合同发生争议的，由当事人双方协商解决。当事人也可向甲方上级主管部门申请调解，或在争议发生之日起_____日内向有管辖权的人事争议仲裁机构申请仲裁。对仲裁裁决不服的，可以自收到仲裁裁决之日起_____日内向甲方所在地或者聘用合同履行地的人民法院提起诉讼。

第六条　甲乙双方约定的其他事项

1. _____
2. _____
3. _____

本合同一式三份，甲乙双方各执一份，一份送有关行政部门存档。本合同经甲乙双方签字盖章后生效。

甲方（盖章）　　　　　　　　　　　　乙方（签字或盖章）

法定代表人

或委托代理人（签字或盖章）

签订日期：　　年　月　日　　　　　　签订日期：　　年　月　日

用人单位与劳动者协商一致，可以变更合同约定的内容，下面是一份聘用合同变更书的范本。

聘用合同变更书

经甲、乙双方协商一致，同意于_____年_____月_____日变更_____年_____月_____日双方签订的聘用合同（合同编号：　　　　）。聘用合同的内容作如下变更：

1. _____
2. _____
3. _____

聘用合同书未变更部分的内容，双方仍继续遵照执行。

甲方（盖章）　　　　　　　　　　　　乙方（签字盖章）

法定代表人

或委托代理人（签字盖章）

日期：　　　　　　　　　　　　　　　日期：

二、劳动合同

各事业单位应按照《中华人民共和国劳动法》《中华人民共和国劳动合同法》及其他相关规定，与其工勤人员在平等自愿、协商一致的基础上订立劳动合同，建立劳动关系。

事业单位的工勤人员实行劳动合同制。劳动合同书应由事业单位的法定代表人（或主要负责人）与工勤人员个人分别签章，并加盖该单位的法人公章（或劳动合同专用章）；若法定代表人（或主要负责人）委托本单位的其他人员代为签章的，在签章和鉴证时，需向工勤人员或鉴证机构出示《委托书》。

三、劳动争议处理

《中华人民共和国劳动争议调解仲裁法》第4条规定：发生劳动争议，劳动者可以与用人单位协商，也可以请工会或者第三方共同与用人单位协商，达成和解协议。

劳动争议发生后，当事人可以就争议事项进行协商，使双方消除矛盾，找出解决争议的方法。当然，协商解决并不是劳动争议解决的必经程序，不愿协商或者协商不成的，当事人有权申请调解或仲裁直至诉讼程序。

根据《中华人民共和国劳动争议调解仲裁法》第2条的规定，劳动争议处理的范围包括以下六方面的内容，如图8—2所示。

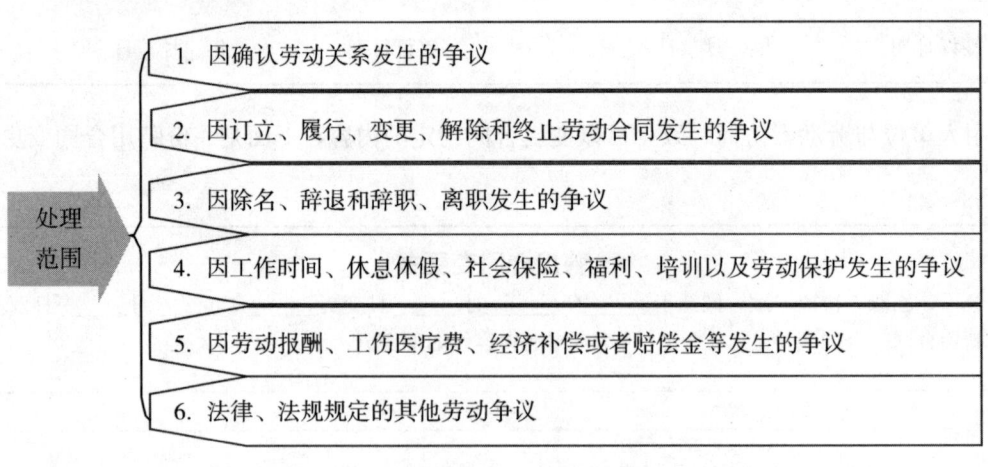

图8—2 劳动争议处理的范围

劳动争议处理分为协商解决、企业调解、劳动仲裁和诉讼四个阶段，具体处理流程如图8—3所示。

第八章 事业单位员工关系管理

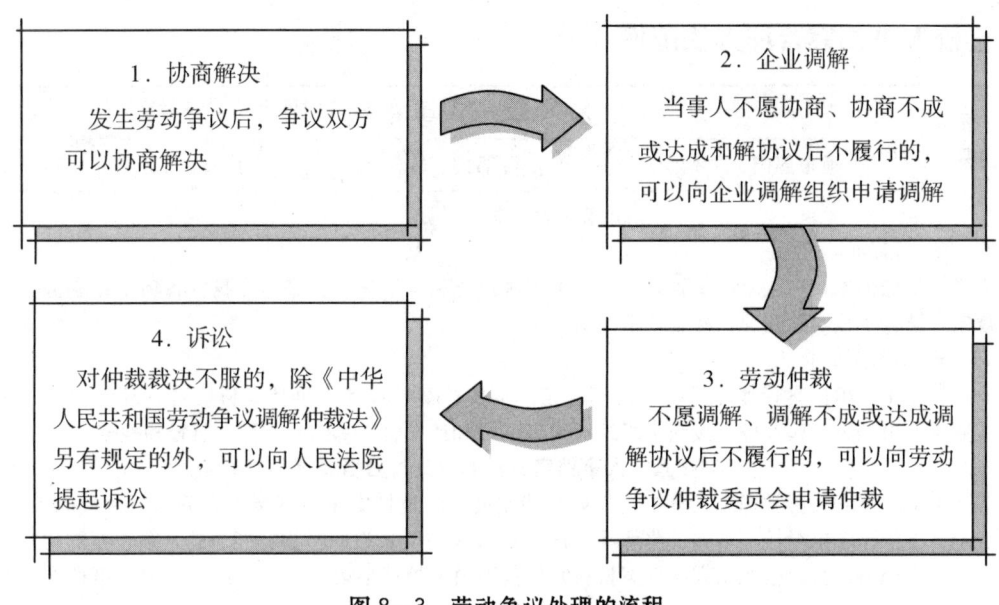

图 8—3 劳动争议处理的流程

第三节 人事档案管理

一、人事档案管理岗位职责

人事档案管理人员在单位人事处处长的领导下开展工作，其具体职责如图 8—4 所示。

1	按照相关人事档案管理工作的规定，负责接收单位各部门人事档案材料，并将档案材料及时整理归档
2	建立科学的管理制度，便于对档案的利用，确保人事档案安全
3	负责接待外单位人员查阅人事档案
4	负责为本部门各岗位提供相关人事信息
5	严格遵守档案保密制度，遵守有关人事档案保密的法律法规
6	做好借阅、转递、库房防火防盗管理等各项工作

图 8—4 人事档案管理岗位职责

二、学校人事档案管理办法范例

版本 ___年___月	××学校人事档案管理办法		
	颁布部门:	执行部门:	执行日期:

第1章 总 则

第1条 目的

为进一步加强本校的人事档案管理，使之更加规范化和科学化，更好地为我校各项工作服务，根据相关规定，结合本校实际情况，特制订本办法。

第2条 管理部门

本校教职工人事档案管理部门是学校档案馆。学校档案馆设置人事档案科负责管理教职工人事档案。教职工人事档案工作业务上接受上级组织人事部门和档案管理部门的指导、监督和检查。

第2章 人事档案材料的收集与归档要求

第3条 建立和完善教职工人事档案收集归档制度。学校档案馆负责接收有关部门在教职工任免、调动、上挂下派、考察考核、培训、奖惩等工作中新形成的反映教职工德、能、勤、绩、廉的材料，充实教职工人事档案内容。教职工人事档案材料归档范围由学校档案馆根据中组部《干部人事档案材料收集归档规定》另行制订。

第4条 学校党办、校办、组织部、人事处、纪委、监察处、宣传部、统战部、工会、团委、科技处、研究生处、教务处及各学院等形成教职工人事档案材料的部门，应确定一名政治思想素质高、作风正派、原则性强的同志为兼职档案员。兼职档案员应认真学习有关教职工人事档案材料的收集归档的规定，接受学校档案馆的业务指导，负责将本部门形成的教职工人事档案材料在形成后半个月内送交学校档案馆，同时承办有关事宜。

第5条 收集的人事档案材料，必须经过认真的鉴别，归档的材料应真实准确、完整齐全、文字清楚、对象明确、手续完备，具有保存价值。需经组织、人事部门审查盖章或本人签字的，盖章签字后方能归入人事档案。

第6条 不属于档案范围的材料，不得擅自归档，经过鉴别，可分情况予以处理。凡销毁材料必须详细登记，并报请组织、人事部门和档案馆负责人审查后，呈报分管校领导批准，由专人负责监销。

第3章 人事档案的管理与利用

第7条 对人事档案应建立登记和统计制度，建立各类档案名册。每年检查核对一次档案，做到档号与档案名册编号一致，发现问题及时解决。严格执行保密制度，确保档案的绝对安全和准确无误。

第8条 因工作需要查阅和借阅人事档案，须遵守以下规定：

1. 查阅档案者须是党员干部。
2. 查阅单位填写"查阅档案审批表"，按查阅规定办理有关手续。
3. 各分院党委、总支书记、副书记可查阅本单位职工的档案，但不得跨单位查阅。
4. 查阅副处以上级别的干部档案须经党委组织部或人事处批准，方可查阅。
5. 任何个人不得查阅或借用本人及其亲属的档案。

第9条 查阅档案注意事项

1. 查阅档案必须严格遵守保密制度，严禁在档案卷内涂改、圈划及撤换档案材料，不得向无关人员泄漏被查档案内容，违者应追究责任。
2. 查阅档案时，不得抄录档案内容，如遇特殊情况，须经人事处主任允许后方可抄录，抄录的材料应尽快送回档案室处理。

第10条 外调人员一般不得查阅档案，如遇特殊情况需查阅时，必须持县级以上组织、人事部门

续表

介绍信,并有两名正式党员陪同方能查阅。

第11条 在特殊情况下,经批准后档案可以借出,但借出时要及时登记,按期归还,如未按时归还,要及时催收,以免遗失。

第12条 对人事档案的接收、传递必须严格手续,有案可查。查借阅人事档案应严格按《人事档案查(借)阅制度》办理。

第4章 档案的转递

第13条 工作调动或辞职时,档案管理部门应及时将档案转出。

第14条 人事档案应通过机要交通渠道转递或派专人传送,不准邮寄或交本人自带。如外单位派专人来提取,必须持人事或组织部门出具的介绍信。

第15条 调出人员持"调档通知"要求转递档案,必须经学校(院)人事部门负责人同意并签署意见方可转出。有关部门同时把本人的现实表现、体检表或技术档案转入人事档案室,由人事档案室统一转递。档案转出后,一个月满未见对方退回回执应写信催回,以防丢失。

第5章 人事档案的保管

第16条 严格遵守保密制度,坚持保密原则,做好保密工作,防止失密和泄密。

第17条 学校档案馆对教职工人事档案的转入、转出要及时登记,对库内档案定期进行统计,做到账物相符。

第18条 定期进行档案保管状况的检查,对破损和载体变质的档案要进行修补和复制,并定期进行清理核对,做到账卷相等,发现问题要速报有关部门处理。

第19条 人事档案室、柜要有防盗、防潮、防火、防虫、防尘、防鼠、防高温、防强光等"八防"设备,确保档案的绝对安全,并搞好室内的清洁卫生工作。

第6章 附 则

第20条 本办法由学校档案馆负责解释。

第21条 本办法自公布之日起执行。

修订记录	修订标记	修订处数	修订日期	审批签字

三、人事档案保管制度范例

版本 ___年___月	××单位人事档案保管制度		
	颁布部门:	执行部门:	执行日期:

第1条 为了保证人事档案的安全、保密、完整、准确、无损,对人事档案保管有关事项制订本制度。

第2条 档案管理部门应定期与有关部门取得联系,及时收集档案材料,人员调动或职务变动后应及时将人事档案转移给新的主管部门。

第3条 转移档案要及时、完整、齐全,其转递手续与方式按国家规定执行。

第4条 接待查阅档案,必须严格手续,否则不予接待。

第5条 借出档案必须先登记,后提供档案,送还时先按档案目录核对后接收。对借出档案逾期未还者,及时催还。

第6条 保管的人事档案必须登记造册,每半年或一年核对一次,发现问题及时解决。

续表

	修订标记	修订处数	修订日期	审批签字
修订记录				

第7条 为保证人事档案的安全，必须有档案专用库房。
第8条 档案库房设专人管理，要随开随关并定期开窗、除湿、防蛀，非本室人员未经许可禁止入内。管理人员因工作调动时，应事先办好交接手续。
第9条 档案库房严禁吸烟和放置易燃易爆等物品，要保持库房干净、整齐，无灰尘，定期打扫卫生。
第10条 单位工作人员离开库房时要关灯、锁好门窗。
第11条 牢固树立人事档案保密观念，增强保密意识，严格遵守保密规定，严防失密、泄密事件发生。
第12条 档案管理室内灭火器、空调、防盗门窗等设施齐全、完好；档案库房做到防火、防潮、防蛀、防盗、防光、防高温，且要经常进行检查，并有记录，确保档案资料完好。

第四节　职业健康与劳动保护管理

一、职业安全健康管理

（一）医院职业安全健康管理

1. 医院职业危害因素

医生是医疗系统人力资源的重要组成部分，其身心健康是此系统得以运行的基础。在工作过程中，其受到的职业危害因素大体可归纳为如图8—5所示的六个方面。

2. 医院职业安全健康管理

医院职业安全健康管理重点关注的内容及相关预防策略如图8—6所示。

（二）教师职业健康管理

解决好教师的职业健康问题是学校人力资源管理的重要组成部分，因教师的职业特点而产生的职业健康问题常表现为下肢静脉曲张、颈椎疼痛、慢性咽喉炎、脑力疲劳、心理疲劳等。

以心理疲劳为例，工作强度、升学压力等都是影响教师心理健康的因素。面对这一现象，一方面，学校人力资源管理者需要在教师中普及心理知识，让他们掌握疏导不良情绪的方法；另一方面，作为教师，要注意自身的劳逸结合，参加体脑交替、动静交替的活动，以缓解心理压力。

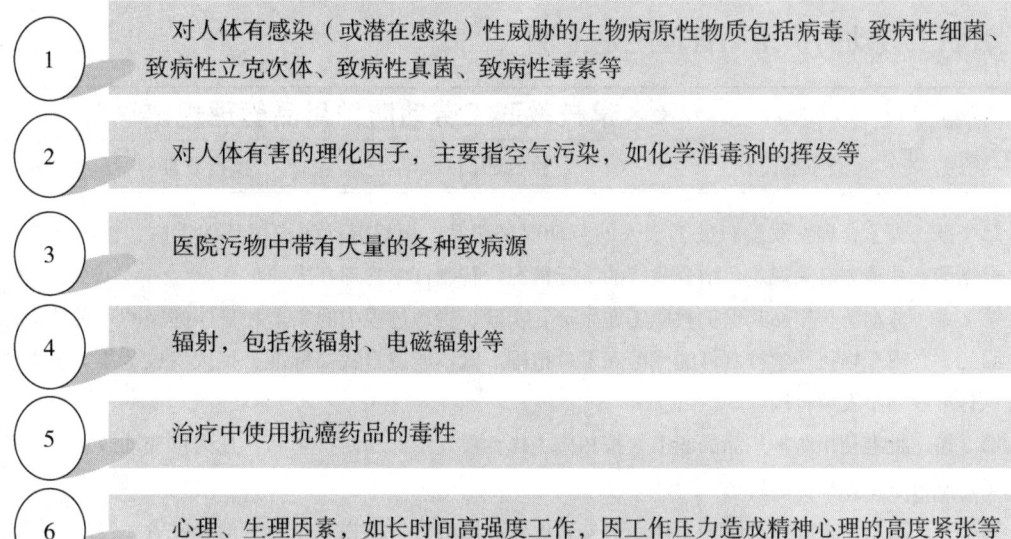

图 8—5 医院职业危害因素

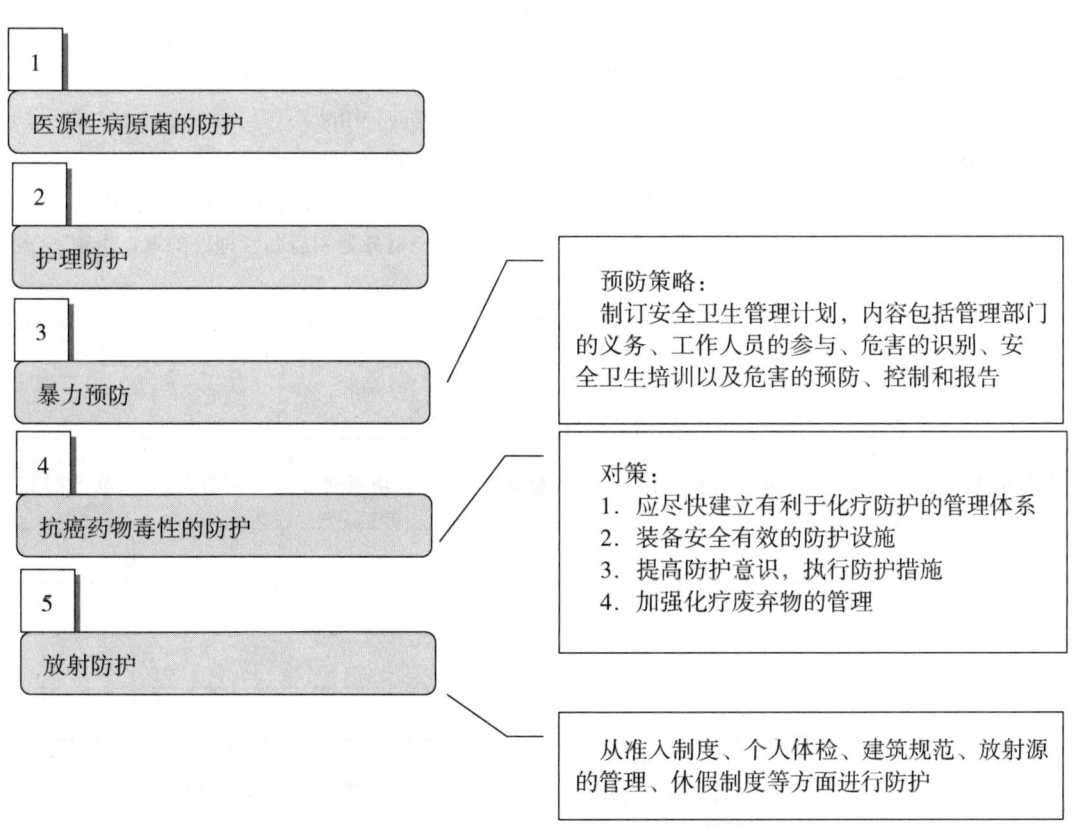

图 8—6 医院职业安全健康管理内容及相关预防策略

二、教职工劳动防护用品管理规定范例

版本 ___年___月	××学校教职工劳动防护用品管理规定			
	颁布部门：	执行部门：		执行日期：

第1条 为了合理发放教职员工个人的劳动保护用品，做好劳动防护用品的供应、使用和管理工作，根据国家和地方有关规定，结合我校的实际情况，特制订本管理办法。

第2条 劳动防护用品是保护教职工在生产、实验、管理过程中的安全和身体健康的一种辅助性措施。因此，必须严格执行学校制订的标准和发放范围。既不能擅自提高标准、扩大发放范围，也不能随意降低标准、缩小发放范围。

第3条 批准使用防护用品的职工，按相应工作性质发给劳动防护用品，凡岗位变动或调离原单位的职工，不再享受原岗位的待遇。

第4条 发给个人的劳动防护工作服要妥善保管。因丢失、被盗等原因申请补发者，经所在部门领导签署意见，批准后方可补发，但必须按原防护用品剩余价值赔偿。

第5条 特殊工种作业人员，由本部门申请、人事处审核、报实验设备处审批后按规定发给防护用品。

第6条 需要在实验室工作或指导实习的教师，可发给备用工作服；因临时性工作需要劳动防护用品的，由使用人说明情况，经所在部门领导同意，也可领用劳动防护用品。

第7条 从事多种工作的教职工，以从事主要工种的标准发放劳动防护用品。

第8条 学校委托后勤集团负责劳动防护用品的采购。后勤集团要确保所购劳动防护用品质优价廉、经济适用。特殊劳动防护用品需职工自行购买的，须事先经财务处和后勤管理处同意，否则不予报销。

第9条 后勤处应根据规定标准和明细卡登记内容核发。对于不符合规定标准的，保管员有权拒发。领用劳动防护用品时由领用人在明细卡的备注栏内签字。

劳动防护用品发放登记卡

适用人员类型	物品名称	计量单位	定量标准	领用周期	领用人	领取时间

第10条 后勤管理处要加强劳动防护用品的管理，建账建卡，严格执行发放制度。人事、财务部门要不定期检查劳动防护用品的管理和发放情况。

第11条 实验室工作人员劳动防护用品由物资管理处参照本规定和发放标准执行。

续表

第12条　劳动防护用品的发放由学校人事处核定岗位标准,后勤处负责采购、发放,各部门不得自行采购、发放或以币代物。采购劳动防护用品以符合安全要求为主,其用料质量应符合《劳动防护条例》的规定。劳动防护用品的发放岗位及标准详见"学校劳动保护用品发放标准表"。

第13条　本规定由后勤管理处负责解释。

第14条　本规定自发布之日起执行。

修订记录	修订标记	修订处数	修订日期	审批签字

三、实验室劳动保护用品管理规定范例

版本 ___年___月	××学校实验室劳动保护用品管理规定		
	颁布部门:	执行部门:	执行日期:

第1条　目的:为做好劳动保护用品的发放,本着合理、节约、有利于教学、科研顺利进行的原则,根据国家有关规定,结合我校实际情况,特制订本规定。

第2条　适用对象:适用于从事实验教学、科研实验工作的专职教师和科研人员,实验技术人员,实验室工人和仓库保管员等。

第3条　劳动保护用品是保障职工安全健康的必备护具,必须根据安全工作和防止职业性危害的需要,按照不同工种、不同劳动条件发放。

第4条　实验室劳动保护用品的采购和管理由后勤服务中心负责,实验设备处统一领用发放。

第5条　实验室与设备管理处根据人事处确定的岗位、工种以及编制,按照国家有关劳动防护用品发放标准,审批和管理全院各工种劳动防护用品的发放,经常检查防护用品领发、使用和管理情况,发现问题及时解决。

第6条　发放标准:一般实验室工作人员发放毛巾、肥皂、手套和工作服等劳动保护用品。从事特殊工种的现岗人员,按校有关规定享受劳动保护待遇。

第7条　发放时间及办法:毛巾、肥皂等用品每年发放3次,在每年_____、_____、_____月发放。工作服每隔_____年发放一次,在当年_____月发放。在发放期内,各院级单位必须指定专人负责办理劳动保护用品的登记和发放。

第8条　使用劳动保护用品的教职工,调离本校时,应交回未满使用年限的劳动保护用品,或根据使用时间酌情折价交回补足款;校内调动工作或变换岗位时,按新岗位或新工种的标准执行。

第9条　领用的防护用品应在工作时间内使用,要妥善保管,节约使用,丢失不补。长期病假、休养或长期脱离工作岗位者,应视不同情况,停发或顺延发放。

第10条　兼职人员的劳动保护用品标准,根据统筹兼顾、合理安排的原则,由各部门如实上报后,由实验设备处酌情核定。

续表

第 11 条　各教学单位也要重视本单位教学、管理人员的劳动保护问题，要根据本单位实验教学、管理实际情况做好相关的劳动保护工作。

第 12 条　本规定自公布之日起执行。

修订记录	修订标记	修订处数	修订日期	审批签字